我国侦查权程序性控制研究

On the Procedural Control of
Investigation Power in China

詹建红　崔　玮◎著

人民出版社

前　　言

　　对侦查权进行程序性控制是基于这样一种认识:作为一国成员的公民当然地享有该国宪法所保障的基本权利,这种权利不受公权力的不正当侵犯。但是,为了公共利益的需要,公民对侦查行为有容忍义务,这种义务是公民要求安宁生活所应付出的代价。然则,作为私权保护原则的公民基本权利不受侵犯和作为公权力行使要求的公民容忍义务都有一个限度问题,过度地强调任何一方都会导致法律价值天平的失衡,从而侵害公民利益或损害公共利益。因此,在保护与容忍之间寻找平衡点就成了现代法治国家处理侦查权与公民权关系的不二选择。在一定程度上讲,侦查权控制的方式和程度体现了一个国家法治文明和法制体系的现代化水平。

　　通常而言,侦查权是由国家公权力机关来行使的。由此,侦查所指的是特定的国家机关(侦查机关)基于一定的目的,通过行使具有强制性的国家侦查权,所从事的刑事案件的事实查明工作。在侦查过程中,侦查机关的侦查行为或者侦查措施具有较强的张力和较广的效力范围。侦查机关可以对犯罪嫌疑人的人身自由和财产权进行必要的限制,以满足查明案件事实的目的需求。侦查权控制模式的形成与刑事诉讼模式有着紧密的联系。大陆法系国家采职权主义的诉讼模式,其侦查程序的传统构造带有明显的纠问式色彩。第二次世界大战后,欧陆国家对传统的预审制度进行改革,加强了对犯罪嫌疑人的沉默权、律师帮助权等诉讼权利的保障。德国和意大利等国废除了纠问式的预审制度,将强制侦查措施的审查权交由独立的法官行使,法国的预审制度则向着司法化的方向转变。而英美法系国家采当事人主义的诉讼模式,其侦查程序的构造带有明显的弹劾式色彩,强调控辩双方的平等对抗和审判的中心地位。近年来,英美法系国家面临着社会治理的困境和反恐怖主义的压力,为此在一定程度上加强了侦查机关的权力,两大法系国家的侦查权控制模式在相互借鉴中逐渐走向趋同。受历史传统等多种因素的影响,我国的司法体制对于侦查行为的规制和约束,与成熟法治国家存在较大的差异,侦查权的行使在整体上还缺乏足够的控制以满足司法公平正义的要求。近些年,我国的刑事冤假错案频发,引起了社会各界的高度关注和广泛热议,严重损害了司法公信力。这些冤假错案的发生,在很大程度上缘于侦查权的滥用和控制机制的缺失。冤假错案中的侦查机关在查明案件事实过程中,普遍存在着非法取证、超期羁押等问题,而侦查环节出现的这些问题在后续的诉讼程序中,没有被及时发现或得到有效的纠正,导致法院在错误认定的案件事实基础上进行裁判,并最终导致冤假错案的产生。

侦查理论一般认为,侦查行为分为强制侦查与任意侦查。在我国,立法并没有严格区分强制侦查与任意侦查。实践中的强制侦查措施主要包括拘传、取保候审、监视居住、拘留、逮捕这五种强制措施以及其他具有强制性特征的调查行为,如强制采样、强制检查、搜查、扣押、监听、通缉等。事实上,在犯罪嫌疑人的人权保障程度和侦查法治化水平还亟待提高的当下,对侦查行为进行精细化的划分并没有多大的现实意义。鉴于此,本书并不刻意区分侦查行为的强制性与任意性,而拟从侦查权整体行使的角度探究我国侦查权程序性控制存在的问题及其改革路径。在我国侦查权的控制这一问题上,国内学者早些年的研究主要立足于强制侦查,并将解决方案聚焦于司法审查、检警关系、侦查结构等方面。这些研究或是立足于国外经验或是关注于未来变革,为进一步研究侦查权的法律控制提供了丰富的资料和坚实的基础。总体而言,从在体制上建构司法审查制度的呼吁到在机制上完善监督制约程序的建议,现有的研究逐渐由点到面走向体系化,然而在如何构建中国特色的侦查权控制模式,以及如何协调侦查权的程序控制机制的问题上却存在不同认识。现有研究对侦查权的控制虽有体系化的思路,但对于侦查权控制由实体性控制向程序性控制转型的研究思路和理论模型,则有待进一步的挖掘。

侦查权的先天扩张性与公民基本权利的防御性存在着天然的紧张关系。这种紧张关系在不时被披露的刑事冤假错案的冲击下进一步加剧,并在现代信息技术快速发展的助力下,一次次撞击着司法公信力之于社会公众内心的最后防线。为此,审视我国侦查权控制的现状,检视问题的根源和症结,提出侦查权控制的未来发展路径确属当务之急。进而言之,随着人类法治文明的发展,在现代法治国家的司法体系中,侦查权的法治化已不能单纯依靠侦查机关的内部控制,而应转向对侦查权实行由第三方主导的程序性控制。反观国内,我国侦查权控制仍偏重于侦查机关的内部控制,侦查权行使主体之外第三方的程序性控制机制尚未成熟定型。基于此,本书以我国侦查权的程序性控制为主题,从侦查权行使的整体性出发,立足于我国司法制度的现实与发展趋势,探讨我国侦查权程序性控制所面临的困境,从体制和机制上分析造成这种困境的制度环境和社会文化原因,并在此基础上从近景和远景的双重维度,立足于模型建构和要素分析,提出有针对性的改革及完善建议。

在我国现行的制度框架下,刑事案件的事实查明责任主体主要包括公安机关(包括国家安全机关)、监察机关和检察机关。其中,公安机关负责普通刑事案件的侦查,监察机关负责职务犯罪案件的调查,检察机关在对诉讼活动实行法律监督中发现司法工作人员利用职权实施的侵犯公民权利、损害司法公正的犯罪,可以进行立案侦查。此外,军队保卫部门、中国海警局、监狱也负责其工作领域内发生的刑事案件的侦查。由于当前语境下,监察机关的调查行为是否等同于侦查行为存在认识分歧,故本书主要以刑事诉讼法所界定的"侦查",特别是具有普遍意义的公安机关行使侦查权的情况作为主要的研究对象。考虑到监察机关调查权的特殊属性以及其负责调查的案件范围较为广泛,且同样是决定刑事案件的公诉及审判活动能否开启的前提行为,与研究主题密切相关,本书最后设立专章来分析思考我国监察机关调查权的运行机制及其发展完善。具体而言,全书共分八章。第一章从基本范畴的角度围绕主题探讨侦查及侦查权的内涵、侦查权的构成及发展趋势,从程序主体、权力伦理、制度立场和关联系统分析阐述侦查权程序性控制的理论表达,论证侦查权程序性控制的法理基础。第二章归纳我国侦查权程序性控制的基本模式,讨论内部自律的科层式控制和外部他律的分权式控制以及由这两者构成的关系格局。第三章对我国侦查权程序性控制机制进行实证考察,分析内部自律和外部他律控制模式的现状,并对这两种控制机制的实施效果进行评析。第四章和第五章揭示我国侦查权程序性控制面临的表层困境和深层困境,表层困境表现为控制体系的残缺,深层困境表现为控制理念的内卷化。第六章和第七章在前述所提出问题的基础上思考我国侦查权程序性控制的完善路径,为我国侦查权程序性控制模式的制度实现提供近景和远景解决方案。第八章尝试对监察机关调查权的运行情况及其对刑事诉讼程序的影响进行分析,并初步提出规范监察机关调查权的未来设想。

本书是我所主持的 2015 年度国家社会科学基金项目"我国侦查权程序性控制的困境与出路研究"(15BFX069)的最终成果,其中有部分内容作为项目的立项前期成果和阶段性研究成果已分别在《法学研究》《中国法学》《法商研究》《法学评论》《法学论坛》《中国法律评论》等期刊上得以发表,特此致谢。同时还要特别感谢我的女儿,她不仅为书稿的整理和校对付出了辛苦的劳动,还在数据资源库和学术搜索软件运用方面给我提供了不少协助。受学识、时间以及实证调研条件的限制,书中的不尽完善之处在所难免,我们两位作者的行文表达和学术主张也不一定彼此周延,敬请读者诸君批评指正。

詹建红

2021 年 6 月 20 日

目　　录

第一章 侦查权程序性控制的
基本范畴

　　任何涉及司法体制和法律制度的改进措施都必然建立在一定的理论基础之上,侦查权的程序性控制亦不能例外,它的理论产生和实践发展都需要有一系列的理论研究作为支撑。为深入研究侦查权的程序性控制问题,有必要首先对侦查权程序性控制的内涵等诸多基础问题进行全面的梳理和阐释,以发现我国侦查权程序性控制的理论基点和发展源泉,这也是研究侦查权程序性控制这一问题的起点所在。

第一节　侦查及侦查权的语义界定

一、侦查的内涵

　　对于侦查权及其控制进行研究,始终绕不开研究的原点——侦查。对侦查进行必要的梳理可以为侦查权研究提供清晰的历史发展轨迹,并为思考侦查权程序性控制的理论和实践问题提供有益的支持。

（一）侦查的起源

"侦查"一词的拉丁语为"vestigar"，意思是"寻迹、跟踪或追踪。"①要全面理解侦查这一概念，就有必要对其起源进行探究。关于侦查的起源，人们存在着不同的认识和理解。

第一种观点认为，侦查起源于人类社会早期。西方圣教徒认为侦查的起源来自于《圣经》中的神话故事。据《圣经》记载，上帝发现亚当因裸体产生了羞耻感不敢出来见他，在通过分别询问亚当和夏娃，得知他们在蛇的诱骗下偷吃了禁果后，惩罚了蛇，并将亚当和夏娃赶出伊甸园，罚其承受终身劳役之苦，人类社会由此因为一起盗窃案件的侦破而诞生，②侦查行为也产生自人类社会形成伊始。无独有偶，我国古代文籍也记载了类似的神话故事。《尚书·尧典》和《史记·五帝本纪》中记载道：帝尧在位 70 年，年事已高，意欲选取一位接班人。尧令众人推荐，被推荐的丹朱等三人不合尧意。后有人推荐舜，尧说："我其试哉。"尧安排了一系列考察了解舜德行、能力的方案。其中包括"尧乃以二女妻舜以观其内，使九男与处以观其外。"经过 3 年的考察，尧收集到大量关于舜的信息，并最终做出禅让舜的决定。故事中尧安排二女和九男暗中收集有关舜的信息的行为，可以视为人类社会初级形态的侦查。部分学者也认为，尽管人类社会早期不存在政治共同体和法律的概念，但出现杀害或伤害他人、盗抢物品等在当时被认为违反社群规则的行为时，人们也会通过足印比对等方式进行原始阶段的"侦查"。③

第二种观点认为，侦查起源于人类早期的军事侦察。从词源来看，"侦查"与"侦察"具有千丝万缕的联系。"侦查"是中国在近代进行法律制度引进

---

① ［美］韦恩 W·贝尼特、凯伦·M.希斯：《犯罪侦查》，但彦铮等译，群众出版社 2000 年版，第 6 页。

② 参见周欣：《侦查权配置问题研究》，中国人民公安大学出版社 2010 年版，第 1—2 页。

③ 参见任惠华：《新时代侦查概念体系的反思与重构》，载《中国刑警学院学报》2019 年第 2 期。

时,将"侦察"中的"侦"与"调查"中的"查"相匹合而形成的新词。① 新中国成立后的很长时间内,理论界和实务界多将侦查等同于侦察予以使用,早期侦查学的名称中所使用就是侦察二字。而"侦"和"察"两字联用,首次出现在中国的史书中,是被作为军事术语来使用的。② 《词源》中的"侦察"最早见于《后汉书九十·乌桓传》中的"为汉侦察匈奴动静",意指采用秘密方法暗中探听和观察匈奴的动静情况,也就是指为获知某事物而暗中察看。其实,根据《左传·哀公元年》记载,在夏朝少康时期就已出现侦察行为。少康为夺回政权"使女艾谍浇,使季杼诱豷,遂灭过、戈,复禹之绩。"女艾到过国后侦察了解到过国首领浇的行踪,最终率领军队杀死浇,灭掉过国。

第三种观点认为,侦查是伴随着阶级社会的出现而产生。根据马克思主义犯罪观,犯罪作为孤立的个人反对统治关系的斗争,是与国家同时产生的。③ 犯罪是人类社会发展到阶级社会后才出现的一种社会现象,它产生于奴隶社会初期,消亡于社会主义社会末期。④ 这一观点立足于阶级国家的视角,将犯罪视为阶级国家特有的社会现象。当犯罪出现后,统治阶级为了实现国家统治,就会制定惩治犯罪的法律,组织专门的国家机关实施法律对犯罪人实施惩罚。而统治阶级查清犯罪行为的过程,就是侦查的具体体现。在古代各国侦查实践的发展过程中,世界各国形成了展现自身智慧的侦查方法。例如,我国西周时期的成文法典《尚书·吕刑》记载:"两造具备,师听五辞。"这里的五听法就是侦查、审讯时观察犯罪嫌疑人的语言、脸色、呼吸、听力和眼睛的方法。

---

① 任惠华:《新时代侦查概念体系的反思与重构》,载《中国刑警学院学报》2019 年第 2 期。
② 倪铁:《中国侦查学的近代化探源——以侦查概念的演绎历程为中心》,载《犯罪研究》2007 年第 4 期。
③ 参见《马克思恩格斯全集》(第 3 卷),人民出版社 2006 年版,第 379 页。
④ 刘广三:《论犯罪的相对性》,载《中国法学》1994 年第 4 期。

(二)侦查的语义厘定

侦查是侦查权形成的必要前提和重要基础,决定了侦查权的具体内涵和外观形态。对于侦查权进行分析,就需要先对侦查的概念进行界定厘清。当前学界中对于侦查的概念分析,主要包括以下几类。

一是规范视角下的侦查。法律规范是明确侦查内容的主要载体,也是对侦查进行限定的主要途径。不同国家的法律规范对于侦查的表述方式和内容各不相同,大多数国家没有关于侦查的概括性规范,而是通过明确具体侦查措施的方式"拼装"侦查的意蕴。英国和我国等少数国家通过概括式规范明确了侦查的概念。我国的历部《中华人民共和国刑事诉讼法》(以下简称《刑事诉讼法》)都以专门的条文形式对侦查的概念予以了明确。1979 年《刑事诉讼法》①第 58 条规定,侦查是指公安机关、人民检察院在办理案件过程中,依照法律进行的专门调查工作和有关的强制性措施。之后的 1996 年《刑事诉讼法》第 82 条和 2012 年《刑事诉讼法》第 106 条均完整保留了这一表述。2018 年《刑事诉讼法》第 108 条将这一条款的内容修改为,"'侦查'是指公安机关、人民检察院对于刑事案件,依照法律进行的收集证据、查明案情的工作和有关的强制性措施"。第 115 条进一步明确,"公安机关对已经立案的刑事案件,应当进行侦查,收集、调取犯罪嫌疑人有罪或者无罪、罪轻或者罪重的证据材料。对现行犯或者重大嫌疑分子可以依法先行拘留,对符合逮捕条件的犯罪嫌疑人,应当依法逮捕。"至此可以推知,立法者对于侦查的内涵理解包括了两个方面:一是侦查是特定的国家机关对于已经立案的刑事案件,收集、调查犯罪嫌疑人有罪或无罪、罪轻或罪重的证据材料的活动。二是在侦查活动中,特定的国家机关可对特定情形中的犯罪嫌疑人予以拘留或依法逮捕。这两个

---

① 为便于表述,本书在需要区别不同年份的刑事诉讼法法典时,将其统一表达为"制定或修改年份+《刑事诉讼法》"的形式。不带年份的情况下所指的则是 2018 年修改通过的《中华人民共和国刑事诉讼法》。

方面的内容侧重点不一。第一个方面注重对于犯罪嫌疑人有罪或无罪、罪轻或罪重的证据材料的收集、调查,是围绕客观存在的"物"而展开;而第二个方面则是强调对于符合特定条件的犯罪嫌疑人的人身自由控制,是围绕构成特定犯罪嫌疑的"人"而进行。为此,高等政法院校规划教材《刑事诉讼法学》在对侦查概念界定时就突出了"缉获犯罪嫌疑人"的内容。① 虽然侦查也包括了对于特定情形犯罪嫌疑人人身自由的控制,但是我国的刑事司法活动一向将口供视为一项极为重要的证据,对犯罪嫌疑人进行拘留和逮捕固然有保证其到案的目的,但是获取犯罪嫌疑人口供的意图不容忽视。所以整体看来,侦查的核心是对犯罪嫌疑人是否构成犯罪以及其罪行轻重的证据材料的收集、调取,侦查工作可以说是针对刑事犯罪进行调查取证的一系列活动。

二是程序视角下的侦查。侦查是刑事诉讼程序开启,也就是立案后的第一个程序环节,是"刑事案件立案后至审查起诉前的诉讼阶段。"②立案是公安机关、检察机关发现案件事实或犯罪嫌疑人后启动刑事诉讼程序。立案的标准相对于移送审查起诉和定罪量刑的标准较为宽松,并非所有予以立案的刑事案件都会历经整个诉讼程序。这就意味着,立案之后的侦查环节对于立案实际上起到了甄别筛选和补充完善的复合作用。一方面,为了充分保障国民免受到刑事侵害及受到侵害后能及时得到救济,立法者设定刑事立案的标准普遍较低,只要有一定的犯罪事实就可以立案。但门槛的降低难免导致"入门"主体和事项的"鱼龙混杂",需要有后续的甄别筛选工作。侦查环节相对立案则是通过特定的国家机关对于立案后的刑事案件进行证据材料收集、调查和对犯罪嫌疑人采取强制措施,以查明案件事实,进而决定是否继续进行后续刑事诉讼程序的中间环节。根据《刑事诉讼法》的规定,侦查对于立案的甄

---

① 高等政法院校规划教材《刑事诉讼法学》认为:"侦查是指由特定的司法机关为收集、查明、证实犯罪和缉获犯罪人而依法采取的专门调查工作和有关的强制性措施。"樊崇义主编:高等政法院校规划教材《刑事诉讼法学》,中国政法大学出版社1996年版,第266页。

② 宋英辉、陆敏主编:《中华法学大辞典·诉讼法学》,中国检察出版社2001年版,第171页。

别结果是,发现不应对犯罪嫌疑人追究刑事责任的,应当撤销案件。另一方面,侦查环节对于立案也起到了补充完善的作用。立案时的案件事实情况仍处于需要进一步查清核实的阶段,远未达到移送审查起诉和定罪量刑的程度,这就需要特定机关通过采取必要的侦查措施缉捕犯罪嫌疑人到案,进一步查清案件事实,形成完整的证据链,为后续的起诉和审判做好准备。

三是学科视角下的侦查。侦查活动围绕的活动对象是刑事案件,是直接对抗刑事犯罪的国家行为。[1] 由于犯罪是一种社会现象,研究同犯罪作斗争的学科有很多,包括刑事诉讼法学、刑法学、侦查学和犯罪学等。共同研究对象的存在,使得这些学科在侦查这一话题中出现了"竞合",形成了对于侦查的综合性理解。同时,学科之间的交叉又进一步促进了各学科理论的发展。在侦查学领域,侦查侧重于如何发现或制止犯罪、揭露证实犯罪和查获犯罪嫌疑人。侦查是指特定的国家机关以犯罪案件为目标,采取公开和秘密的方式或方法,发现、收集、审查核实证据,以排除嫌疑或揭露犯罪,查缉犯罪嫌疑人的专门活动。[2] 在犯罪学领域,侦查则主要着眼于犯罪行为的产生原因,重视如何对犯罪行为的产生进行避免或防范。在刑法学领域,法律侧重于对行为人是否构成犯罪进行实体认定,以及在确定行为人构成犯罪时应否对其处以刑罚或处以何种刑罚。侦查的任务主要是查明犯罪嫌疑人的犯罪构成事实和量刑情节事实。在刑事诉讼法学领域,刑事诉讼法虽然也要求对案件事实进行及时充分的查明,赋予国家特定机关必要的侦查职权,但其更为重视犯罪嫌疑人的基本权利保障,为此会明确侦查的基本原则和程序规则,强调特定国家机关侦查活动的合法性,以对国家特定机关的侦查权力进行必要的限制。可见,侦查活动不仅是侦查学、犯罪学的主要研究内容,也是刑法和刑事诉讼法正确实施的前提及保证,并因此成为了刑事法学体系的重要链接点。

---

[1] 在部分域外国家,刑事案件的侦查也可以由个人或公司组织,比如英美两国的私人侦探(公司)承担。

[2] 参见瞿丰:《关于侦查学若干理论问题探讨》,载《中国法学》2002 年第 4 期。

二、侦查权的内涵

在现代刑事司法体制的运行过程中,侦查权扮演着极为重要的角色。纵观刑事诉讼程序,侦查权处于诉讼流程的"上游"位置,其运行情况可以对下游的审查起诉和审判环节构成重要影响。就侦查权的具体实践来看,侦查权直接在"一线阵地"承担披露错综复杂的案件事实、缉捕遁形无踪的犯罪嫌疑人的重任,其工作的难度远非公诉和审判所能比拟,这也是各国立法者赋予侦查机关诸多权限内容的重要原因之所在。博登海默说过:"概念乃是解决法律问题所必须的和必不可少的工具",①基于此,对于侦查权进行界定,准确概括侦查权的概念,既符合理论研究的逻辑,又具有重要的现实意义。

(一)侦查权的定义模式

"侦查"到"侦查权"的转变,是从一个学科性和实践性的概念向一个权力属性的概念的转化,是从各种侦查措施的具体层面到国家统治的抽象层面的升华。学界对于侦查权的概念研究由来已久,学者们出于不同的角度和立场,提出了不同的主张。具体可分为以下三种定义模式。

一是目的型模式。这种定义模式直接明确了侦查机关行使侦查权的目的,表明了国家创设及运行侦查权的目标导向。依据是否涉及犯罪嫌疑人到案这一要求,这种定义模式又可以分为两类。第一类只强调侦查是为了查明案件事实。如有学者认为侦查权是"国家赋予侦查机关依法查明案件事实真相的权力。"②还有人认为侦查权是"指侦查主体为实现侦查目的,依照法定程序,运用特定手段进行侦查的各种权力。"③第二类在坚持侦查应查明案件事

---

① ［美］埃德加・博登海默:《法理学——法律哲学与法律方法》,邓正来译,中国政法大学出版社 1999 年版,第 63 页。

② 王德光:《侦查权原理——侦查前沿问题的理性分析》,中国检察出版社 2010 年版,第 5 页。

③ 周欣:《侦查权配置问题研究》,中国人民公安大学出版社 2010 年版,第 11 页。

实的基础上，也要求查获犯罪嫌疑人。如有观点认为："侦查权是依照法律对刑事案件进行专门调查工作，以收集证据，查明犯罪事实和查获犯罪人，以及采取强制措施的权力。"① 还有人认为"侦查权应当被定义为政府机关为搜集证据材料、抓获犯罪嫌疑人、查明案件事实而享有的行使专门调查工作的权力"。②

二是概括型模式。这种定义模式不对侦查权的内涵进行具体细化，而是采取高度抽象的方式进行概括。如有学者认为，侦查权是"实施侦查行为的权力"。③ 还有学者认为，"侦查权力是国家权力体系中的一种，是实现国家刑罚权的重要途径。"④概括式定义模式通过采取语意幅度较大的词语表达侦查权，注意了侦查权面对日益复杂犯罪方式的扩张性和张力性，可以较好地满足侦查机关查清案件事实的客观需要，确保侦查机关具备必要的权力武装。

三是列举型模式。该种定义模式采取对侦查权的内容进行分类列举或逐一明确的方式，较为清晰地列明侦查权的内涵范围。如有学者认为"侦查权是法定侦查主体，为实现侦查目的，依照法定的侦查程序，运用法定的措施和方法实施与监督侦查活动的权力。侦查权包括侦查活动实施权和侦查活动监督权两个方面。"有人进一步将侦查权进行了明确，认为"侦查权是一个权力集合，包括侦查程序启动决定权、侦查措施决定权、侦查行为执行权与监督侦查行为的权力。"⑤

四是综合型模式。综合型模式批判性借鉴了其他定义模式的可取之处，形成了综合性的概念表述。有学者指出"侦查权，是指国家侦查机关对刑事

① 杨春洗等主编：《刑事法学大辞书》，南京大学出版社 1999 年版，第 645 页。
② 徐美君：《侦查权的运行与控制》，法律出版社 2009 年版，第 59 页。
③ 汪建成：《冲突与平衡——刑事程序理论的新视角》，北京大学出版社 2006 年版，第 226 页。
④ 樊崇义、刘辰：《侦查权属性与侦查监督展望》，载《人民检察》2016 年第 12 期。
⑤ 姜南：《关于检察机关侦查权配置模式的几点思考》，载 http://www.chinajudicialreform. cn/info/newsdetail.php？newsid=690，2019 年 11 月 25 日访问。

案件依法进行专门调查工作和采取有关强制性措施,以查明犯罪事实,收集证据,查获犯罪嫌疑人的一系列权力。"①有学者进一步综合了人权保障、程序正义的内容,认为侦查权是"针对已经立案的刑事案件,公安、检察等法定国家机关为收集罪证、查明案情和查获犯罪嫌疑人,严格依据刑事实体和程序法,切实保障犯罪嫌疑人、被害人、证人等程序参与人的权利,所进行的侦查、预审等专门性刑事调查工作,以及采取刑事强制措施的一项刑事调查权力。"②

(二)侦查权定义模式评析

上述四种类型的定义模式,反映出学者们基于不同的专业背景和不同的价值立场形成的观点差异。每一种定义模式类型都是学界的学术贡献,从不同角度反映出侦查权的局部轮廓,并在多种角度分析的叠加下逐渐揭示了我国侦查权的整体样态。目的型定义模式的优点在于揭示侦查行为的目的,明确了侦查机关行使侦查权力的动机驱动。但单纯明确目的的做法,导致对于侦查权的属性、具体内涵等方面的阐释乏力。概括型定义模式在明确性上往前进了一步,指明了侦查权的权力属性和权力特征,在一定程度上肯定了侦查权的正当性。同时,概括型定义模式宽泛的语义空间为侦查权的发展保留了余地,可以适应刑事犯罪高科技化、犯罪手段隐蔽化和犯罪事实复杂化的发展趋势。但是抽象概括的做法在具体侦查措施的明确性上也有漏洞,存在侦查机关过度使用侦查措施的滥权可能。列举型定义模式在概念明确性上更进一步,采取明确侦查权类别或具体侦查措施的方式,使得对侦查权的展示剖析更为生动具体,概念的层次感突出。但是列举型定义的学术研究色彩浓厚,定义内容与法律规范之间的关联不强,致使定义的法律依据不足。另外,列举具体侦查措施的方式稍显僵化,在与侦查实践发展的同步性上存在差距。综合型模式在分析其他定义模式的基础上,吸纳了目的型模式中明确侦查目的的做

---

① 瞿丰、吴秋玫:《侦查权若干问题研究》,载《中国人民公安大学学报》2002年第5期。

② 倪铁等:《程序法治视野中的刑事侦查权制衡研究》,法律出版社2016年版,第9页。

法,规避了列举型模式无法穷尽侦查权措施的缺陷,适当保留了侦查权定义的抽象性以适应未来侦查犯罪的需求,并突出了侦查权的权力法定性和人权保障性特征。但综合型定义模式执着于概念内涵的面面俱到,导致具体内容出现了叠加甚至紊乱,比如将"侦查"和"预审"并列,未能对二者之间的关系进行必要的梳理。

笔者认为,对于侦查权进行概念化必须基于侦查的基本内容,不能脱离侦查的目的追求和运行形态进行空泛的定义。一般而言,权力所指向的是一种支配力,即一方基于自身之优势地位而对他人之人身、财产等方面的影响与控制。① 侦查权直接产生于侦查的客观需要,国家需要明确专门机关承担侦查工作,而这个专门机关就成为了侦查机关,其享有的开展侦查工作的权力就被称为侦查权。由此可以看出,侦查权受制于侦查,并服务于侦查。如前文所述,侦查是刑事诉讼中的一个环节,连接了立案和审查起诉。侦查的作用就是完成立案后的后续工作,为移送审查起诉做好准备。日本学者也认为"侦查的目的,是为了查明是否有犯罪嫌疑,决定是否提起公诉,是为了提起公诉而准备"。② 所以"我国侦查的一个最主要的目的是收集证据,为检察官提起公诉提供依据。"③侦查权的行使就应当以围绕移送审查起诉展开,展开的任务包括查明案件事实和查获犯罪嫌疑人两个方面。至于侦查措施,2018 年《刑事诉讼法》第 108 条将其明确为"强制性措施",但法典及相关解释并未明确"强制性措施"的具体内涵,以及其与"强制措施"的区别,造成了学界对于侦查措施的认识分歧。准确来讲,平时常见的侦查措施是狭义的侦查措施,是指侦查机关实施的查明案件事实、查获犯罪嫌疑人的强制性措施。广义的侦查措施还应包括刑事诉讼法所规定的保障犯罪嫌疑人到案接受移送审查起诉的强制措施。具体包括了 2018 年《刑事诉讼法》第二编第二章所规定的"讯问

---

① 胡平仁主编:《法理学》,中南大学出版社 2016 年版,第 33—36 页。
② [日]田口守一:《刑事诉讼法》,刘迪等译,法律出版社 2000 年版,第 24 页。
③ 徐美君:《侦查权的运行与控制》,法律出版社 2009 年版,第 57 页。

犯罪嫌疑人""询问证人""勘验、检查""搜查""查封、扣押物证、书证""鉴定""技术侦查措施""通缉"等侦查措施,①以及第一编第六章规定的由侦查机关决定的"拘传""拘留""取保候审""监视居住"和由侦查机关执行的"逮捕"。需要指出的是,我国侦查机关没有逮捕的决定权,只有逮捕的执行权,但并不影响逮捕作为抓获犯罪嫌疑人进而获得口供、物证等证据以查明案件事实的重要方式。逮捕的决定权和执行权的分离,恰恰体现了对于侦查权的分权和制约。但考虑到未来犯罪的智能化、有组织化以及犯罪嫌疑人反侦查能力的不断强化,刑事立法肯定会随着刑事犯罪侦查难度的增加而进一步扩充侦查措施,所以对于侦查定义中侦查措施的界定应该适度抽象化,不宜过于明细以致概念缺失必要的前瞻性和灵活性。换言之,强化侦查权运行过程中程序正义和人权保障的重要性,在我国当前刑事司法文明发展阶段显得十分必要,因此应当作为加强侦查权规范运行的基本原则。

综上,立足于中国语境,笔者认为,侦查权是基于人权保障和程序正义的原则,为提起公诉提供必要准备,由法定的侦查机关行使侦查措施查明案件事实、查获犯罪嫌疑人的一种国家权力。

第二节 侦查权的构成及发展趋势

一、侦查权的构成

(一)侦查权的主体

侦查权的主体,是指负责行使侦查权的组织或个人,其在一国的司法体系

---

① 从宽泛意义上理解,侦查措施还包括《公安机关办理刑事案件程序规定》所规定的"询问被害人""查询、冻结""辨认"。其中"询问被害人"虽被《刑事诉讼法》第127条提及,即只是原则性规定询问被害人适用询问证人的有关规定,但在条文的章节目录上并未明确将其列为侦查措施,故此处也将其列为宽泛意义的侦查措施。

中,多被称为侦查机关。根据国家法人理论,国民行使国家主权的主要方式是选举权,国民通过选举产生一系列国家机关,国家权力也相应划分给相应的国家机关行使,而具体行使侦查权的应该是国家机关中的公职人员。为此,现代法治国家普遍规定只有司法警察、检察机关等法定机关才有权进行侦查,法律规定以外的其他组织或个人则无权进行侦查。

在大陆法系国家,侦查权的主体包括了警察、检察官和预审法官。在法国,司法职能在历史上是国家集权的,侦查、起诉和裁判职能都由刑事长官一人承担。法国刑事诉讼程序的发展史就是侦查、起诉和裁判职能的重新分配史,但重新分配的结果是权力在主体之间并未"泾渭分明",而是部分权力在多个主体之间重叠分配。① 整体看来,法国的司法警察、预审法官、检察官、省长都是侦查权主体。根据《法国刑事诉讼法》第 14 条的规定,对于尚未开始侦查的违反刑事法律的案件,由司法警察负责查证、勘验、收集犯罪证据和查找犯罪行为人;对于已经开始侦查的案件,司法警察仅限于执行预审法官委派的事务,并服从预审的意见要求。第 41 条规定,检察官的职责是领导警察开展侦查和起诉犯罪。第 51 条、第 72 条规定预审法官在现行重罪或轻罪案件中有权实施司法警察的侦查行为。第 79 条规定应检察官或民事当事人的请求,预审法官可以进行侦查。此外,在战争状态、紧急状态等严重情况下,省长对一切犯罪都可以进行侦查。在德国,检察机关是法定的侦查权主体,检察官负责侦查和起诉犯罪,司法警察在检察官的指挥下提供侦查辅助工作。② 但在实践中,大部分刑事案件都是刑事警察依职权独立完成的,所以在德国,警察也可以视为侦查权主体。

在英美法系国家,刑事诉讼模式采取对抗式,国家机关和被追诉方都有权

---

① 参见[英]杰奎琳·霍奇森:《法国刑事司法——侦查与起诉的比较研究》,张小玲、汪海燕译,《中国政法大学出版社》2012 年版,第 93 页。

② 参见李明:《论警察的刑事自由裁量权》,载《政治与法律》2009 年第 8 期;任克勤、艾明:《从侦审一体化困境看我国侦诉关系的重构》,载《铁道警官高等学校学报》2004 年第 1 期。

调查取证。在国家机关方面,侦查权主要由警察行使,检察机关不行使侦查权。在美国,有超过 17000 个大大小小的警察部门,[①]大体可以分为联邦、州和地方三级,各级警察部门的职能、权限各不相同,且相互独立,没有隶属关系。美国联邦调查局等联邦层级的机关侦查的案件数量有限,美国大部分案件是由地方或州级警察部门查办。一般而言,美国警察对案件侦查阶段处理享有完全的自主权,侦查结束后,警察将案件移交给检察官,由检察官在法庭前指控被告人,这种警检分离和警察不向检察官负责的局面,已是美国的长期规则。[②] 值得注意的是,在联邦系统和部分州,大陪审团还拥有对重罪案件的调查权,这种调查权实质上也是一种侦查权,所以大陪审团也是美国的侦查权主体。[③] 在英国(英格兰和威尔士),警察也是主要的侦查机关。英国没有全国统一的警察机关,警察系统主要由中央警务管理机关、地方警察机构和专门警察机构组成。各级警察机构分别组建了各式各样的犯罪侦查部门。[④] 以大伦敦警察厅为例,设有凶杀侦缉队、诈骗侦缉队、盗窃侦缉队、集团犯罪侦缉队、危险毒品侦缉队、恐怖犯罪侦缉队、特警队等专门侦探队。在 1986 年之前,英国的警察不仅负责侦查,还负责对刑事被告人发起指控,通过委托当地私人律师出庭代理案件。1986 年,在多种竞争势力相互妥协的基础上创设的英国皇家检控署不享有侦查权,也没有特定的官员负责监督或实施侦查。近年来,皇家检控署逐渐获得对侦查活动的影响力,但这种影响是通过与警察讨论个案或发布指引、公开声明等形式进行的。[⑤] 严格意义来说,皇家检控署仍

---

① Brian D.reaves, Bureau of Justice Statistics, Census of State and Local Law Enforcement Agencies, 2004(Washington, DC: U.S.Department of Justice, June2007).

② 参见[美]大卫·A.哈里斯:《美国检警关系及其对警务改革的影响》,载[美]艾瑞克·卢拉、[英]玛丽安·L.韦德主编:《跨国视角下的检察官》,杨先德译,法律出版社 2016 年版,第43 页。

③ 参见孙长永:《侦查程序与人权——比较法考察》,中国方正出版社 2000 年版,第 46 页。

④ 参见何家弘:《从它山到本土——刑事司法考究》,中国法制出版社 2008 年版,第 33 页。

⑤ 参见[英]克里斯·路易斯:《英国皇家检控署的演进》,载[美]艾瑞克·卢拉、[英]玛丽安·L.韦德主编:《跨国视角下的检察官》,杨先德译,法律出版社 2016 年版,第 206 页。

然不是侦查权主体。除了警察,还有一些享有侦查权的主体,这些侦查机关数量众多、分散于政府机构内部,负责专门领域的案件侦查。如反严重欺诈局负责"保护社会人士免受无所不在的、打击公众对金融体系信心的故意刑事诈骗",通过"专业侦查知识和特殊的权力来获取和评估证据,以便成功起诉诈骗犯、冻结资产并赔偿受害人"。① 英国税务海关总署拥有在刑事和民事领域的侦查、结案和起诉权。英国关税和消费税总署拥有预防、侦查和威慑税务欺诈行为的权力。社会保障局负责侦查福利诈骗案件。在当事人方面,被追诉人及其辩护律师可以自行进行侦查,收集有利于己方的证据。在美国,"侦查或审判中,被告(或辩护人)为搜集有利证据,得访谈证人,对谈话内容得录音或制作笔记。"②英美法系国家的私人侦探业和私人保安业较为发达,被告方还可以聘请私人侦探等协助调查取证。

我国侦查权的主体设置类似于大陆法系国家,即由多种国家机关共同行使侦查权。根据《刑事诉讼法》第3条的规定,公安机关负责刑事案件的侦查,检察机关负责直接受理的案件的侦查。第19条还进一步明确了检察机关可以直接立案侦查的案件范围。同时,虽然国家监察体制改革将职务犯罪的侦查权"转隶"到监察机关,但保留了检察机关对于监察机关和侦查机关移送案件的补充侦查权,以及检察机关对于公安机关管辖的国家机关工作人员利用职权实施的重大犯罪案件的机动侦查权。此外,《刑事诉讼法》第308条还基于方便侦查的原则,将军队内部发生的刑事案件、海上刑事案件、罪犯在监狱内犯罪案件的侦查权分别交由军队保卫部门、中国海警局、监狱来行使。

(二)侦查权的客体

客体,最早来源于哲学,是与主体相对应的概念。长时间以来,人们对于

---

① Serious Fraud Office, https://www.sfo.gov.uk/about-us/#whatwedo, 2019 年 11 月 20 日访问。

② 王兆鹏:《美国刑事诉讼法》,北京大学出版社 2005 年版,第 444 页。

客体的理解受制于哲学对于客体的认识,认为客体是人的意志以外的"客观存在"。在传统的主客体关系认识中,主要是突出主体对于客体的作用力,强调客体对于主体目的的实现。这一认识对人类社会科学的影响极为深远。我国侦查学的各类教材普遍将刑事犯罪作为侦查客体,就是哲学中这种客体认识观的朴素体现。如认为,侦查的客体是已经立案的刑事案件,为此不得对还未被刑事司法机关立案的事件展开侦查,①强调"刑事案件"是侦查活动指向的客体。② 或者认为,宪政之下的侦查权客体是案件的事实真相。③ 随着法学学科的逐渐"自醒",以法理学者和民法学者为代表的法学理论界对于客体的认识也逐步突破权利客体是客观存在"物"的禁锢,开始将权利客体"拟物化",并将法律关系视为虚拟"物"和作为权利客体展开研究。"权利的客体一般被定为物;或者即便不存在物,也将其拟制为物,如有价证券、知识产权乃至权利等。"④上述权利客体理论研究的新发展,也为权力的研究提供了新动力。笔者认同理论界关于客体理论研究的新成果。在借鉴客体理论的基础上,笔者认为,侦查权客体所指的是以犯罪嫌疑人为主的,包括被害人、证人等在内的诉讼参与主体的权利,案件事实只是侦查权的对象。主要理由如下:

一是将犯罪嫌疑人、被害人、证人等的权利作为侦查权的客体,有利于澄清侦查权客体与侦查权对象的关系。目前学界对于侦查权客体与侦查权对象的区分度不够,容易产生混淆。对于侦查权对象,有观点认为:"侦查的对象必须是需要依法追究刑事责任的犯罪行为。"⑤也有观点认为:"刑事侦查的对象只能是已经立案的刑事案件。"⑥这些观点与前文介绍的有关侦查权客体的

---

① 参见杨正鸣、倪铁主编:《侦查学》,复旦大学出版社 2013 年版,第 4 页。
② 黄豹:《侦查构造论》,中国人民公安大学出版社 2006 年版,第 263 页。
③ 王德光:《侦查权原理——侦查前沿问题的理性分析》,中国检察出版社 2010 年版,第 123 页。
④ 曹相见:《权利客体的概念构造与理论统一》,载《法学论坛》2017 年第 5 期。
⑤ 王传道:《刑事侦查学》,中国政法大学出版社 2013 年版,第 2 页。
⑥ 赵光全主编:《刑事侦查》,中国政法大学出版社 2015 年版,第 3 页。

观点并无差异。对象与客体存在着本质的不同,二者必然属于不同的概念。侦查权对象应是侦查的具体目标,是客观存在的事实,需要经过侦查机关的侦查行为去发现、挖掘,侦查权的客体则是侦查权对象背后的拟制物。客体与对象的混淆无疑会损害侦查权概念的清晰稳定和表述的科学严谨,阻碍侦查权理论研究的深入发展。

二是将犯罪嫌疑人、被害人、证人等的权利作为侦查权的客体,有利于侦查权理论的逻辑自洽。将案件事实与犯罪嫌疑人等的权利分别作为侦查权的对象和客体,能够体现出侦查权内部逻辑中的事实与价值的关系。侦查权的对象(案件事实)是法律关系产生的事实因素,侦查权的客体(犯罪嫌疑人等的权利)是法律所保护的利益关系。表面看来,各种侦查措施所聚焦的是刑事案件事实,但其行使的过程中必然会与犯罪嫌疑人、被害人、证人等的权利产生交集。对于犯罪嫌疑人而言,侦查权行使过程最为突出表现就是对其权利进行限制。比如传唤、搜查、查封限制了犯罪嫌疑人的人身自由权、财产权,技术侦查措施中的电子侦听、电话监听、邮件检查、电子监控、秘密拍照或录像等限制了犯罪嫌疑人的通信自由权、个人隐私权。对于证人、被害人等而言,依据《刑事诉讼法》第 62 条第 1 款的规定,包括被害人、证人以及鉴定人等在内的知道案件情况的人,都有作证义务,他们均是查明案件事实的信息来源,也都可以成为侦查机关侦查措施的对象。犯罪嫌疑人、被害人、证人等主体的权利也就成为了侦查权的客体。[①] 如此一来,侦查权的对象和客体就可以相应地形成逻辑结构严谨的理论机制。具体而言,案件事实是客观实在的对象,属于事实范畴,只能凭借科学眼光去揭示它。而客体则属于价值范畴,是在特定情境下的观念建构。[②] 将犯罪嫌疑人、被害人、证人等的权利作为侦查权的

---

① 在侦查程序中,权利保障的范围不局限于犯罪嫌疑人。如侦查机关对证人进行暴力取证的案例也是时有发生。参见福建省仙游县人民法院(2015)仙刑初字第 830 号刑事判决书、河南省淮滨县人民法院(2017)豫 1527 刑初 336 号刑事判决书。

② 参见熊文聪:《超越称谓之争:对象与客体》,载《交大法学》2013 年第 4 期。

客体,既满足了社会公众强化侦查程序中权利保障的要求,又呼应了法治国家合理限制侦查权运行的价值追求。

三是将犯罪嫌疑人、被害人、证人等的权利作为侦查权的客体,有利于加强对犯罪嫌疑人、证人、被害人等的权利保障,强化对侦查机关行使侦查权的制约。在早期,理论界对于侦查权客体是犯罪嫌疑人还是案件事实这一问题产生过争论,后出于"法律的'人本主义'要求我们必须把犯罪嫌疑人视为侦查的程序主体,而非侦查客体",①避免将犯罪嫌疑人置于侦查客体地位,进而导致侦查机关刑讯逼供、违法侦查等随意侵犯犯罪嫌疑人权利现象的发生,理论界开始将侦查权的客体界定为案件事实。但这种认识并不能起到全面保护犯罪嫌疑人合法权利的作用,侦查机关为了查明案件事实仍然会对犯罪嫌疑人实施侵害,层出不穷的刑讯逼供案件即是例证。笔者认为,不能以加强权利保障为由而刻意回避侦查权客体的理论应然,将犯罪嫌疑人等参与主体的权利明确为侦查权客体,不仅旨在强调侦查机关不得任意行使侦查权侵害刑事诉讼参与主体的权利,还可以通过侦查权与犯罪嫌疑人等所拥有的合法权利的"直接碰撞",借助各项权利的保障机制实现对侦查权的有效制约。以通信自由权和通信秘密权为例,《中华人民共和国宪法》(以下简称《宪法》)第40条将其明确为公民的基本权利,并受到宪法保护。侵犯公民的通信自由权和通信秘密权,必须是基于国家安全或侦查犯罪的需要,由特定的国家机关依照法定程序来进行。如此,就形成了通信自由权、通信秘密权与侦查权的"对峙",公民可以通过法定的权利保障机制对抗侦查权的非法行使。

(三)侦查权的内容

学界将侦查权的内容一般解释为侦查行为。如有学者认为,侦查权的内容主要表现为侦查机关依法实施的各种侦查行为,包括各种专门性调查手段

---

①　杨正鸣、倪铁主编:《侦查学》,复旦大学出版社2013年版,第4页。

和强制性措施。① 还有观点认为,所谓侦查权的内容,就是指侦查主体可以实施哪些侦查行为。② 将侦查权的内容等同于侦查行为的做法,保持了与《刑事诉讼法》所规定的侦查措施的一致性,强调了侦查措施种类的法定性。但是这种认识的弊端同样明显,即将侦查权的内容局限于侦查措施,并不能准确概括侦查权的全部内容,因为侦查行为或者侦查措施只是侦查权内容的组成部分之一。"侦查权不是单项权力,而是一系列权力的有机体,其内容极其丰富。"③基于此,笔者认为,侦查权的内容是指侦查主体在侦查过程中享有的相关权力,具体包括侦查启动权、侦查实施权、侦查终结权和侦查监督权。

侦查启动权,是指侦查机关启动侦查程序的权力。根据《刑事诉讼法》第109条和第115条有关立案和侦查的规定不难理解,我国刑事诉讼中的侦查启动权是与立案紧密联系在一起的,侦查机关作出立案决定后,即启动了侦查程序,应着手进行收集、调取犯罪嫌疑人涉嫌犯罪的证据材料。侦查启动权的一种比较特殊的形式是,公安机关侦查终结后,向检察机关提交起诉意见书、案卷材料、证据,由检察机关对案件进行审查,认为需要补充侦查的,可以退回公安机关补充侦查,或者自行侦查。这种情形下,检察机关可以对公安机关侦查终结的案件启动补充侦查程序,相当于对案件第二次启动了侦查程序。侦查启动权是一项专属性权力,只有公安机关、检察机关以及军队保卫部门、海警局、监狱等享有,其他组织和个人无权行使。

侦查实施权,指侦查机关实施侦查行为的权力。侦查程序启动后,侦查机关有权实施侦查行为进行查清案件事实、抓捕犯罪嫌疑人的工作。日本学者田口守一根据行为目的上的差异,将侦查行为分为人身保全的侦查行为、收集物证的侦查行为和收集言词证据的侦查行为。④ 我国法定的侦查行为类型也

---

① 兰跃军:《论侦查权的行使与被害人权利的保护》,载《刑事法评论》2009 年第 2 期。
② 参见刘为军:《论侦查权的合理配置》,载《犯罪研究》2010 年第 5 期。
③ 周欣:《侦查权配置问题研究》,中国人民公安大学出版社 2010 年版,第 14 页。
④ 参见[日]田口守一:《刑事诉讼法》,刘迪等译,法律出版社 2000 年版,第 49—84 页。

可以分为以上三类。根据《刑事诉讼法》第二编第二章的规定,侦查机关实施的侦查行为包括讯问犯罪嫌疑人,询问证人,勘验、检查,搜查,查封、扣押物证、书证,鉴定,技术侦查措施和通缉。笔者认为,根据侦查的目的和实践情况,《刑事诉讼法》中的拘传、拘留、逮捕、取保候审和监视居住五种强制措施也应属于侦查机关可以实施的侦查措施。此外,《公安机关办理刑事案件程序规定》(以下简称《公安办案规定》)中规定的询问被害人,查询、冻结犯罪嫌疑人的存款、汇款、债券、股票、基金份额等财产,辨认物品、文件、尸体、场所或者犯罪嫌疑人等措施也属于侦查机关可以实施的侦查措施。

侦查终结权,指侦查机关决定终结侦查程序的权力。具体包括两种情形,一种是经过侦查,案件事实情况符合移送审查起诉或移送起诉的,侦查机关(部门)办理移送手续。在我国,公安机关和检察机关对刑事案件进行侦查后,对于犯罪事实清楚,证据确实充分,依法应当追究刑事责任的,应当终结侦查程序,公安机关依法向检察机关移送审查起诉,检察机关对于自行侦查案件在内部移送审查起诉。对于其中因犯罪情节轻微,依法不需要判处刑罚或者免除刑罚的案件,还可以提出不起诉的建议。另一种是经过侦查,发现案件不需要移送审查起诉的,侦查机关应采取相应的措施,并终结侦查程序。在侦查过程中,公安机关发现不应当对犯罪嫌疑人追究刑事责任的,应撤销案件;犯罪嫌疑人已被逮捕的,应立即释放,并且通知原批准逮捕的检察机关。检察机关对于办理的自行侦查案件,有权决定终结侦查程序,作出不起诉或者撤销案件的决定。

侦查监督权,指特定机关或机构对侦查机关实施侦查措施进行监督制约,以确保侦查权的合法行使。这主要是通过相应的立法或内部规范,对侦查措施的行使进行监督制约,将部分侦查措施实施的决定权赋予特定的机关或机构,侦查机关实施这类措施前须办理审批手续。具体而言,侦查监督分为内部监督和外部监督。内部监督是通过科层制的内部审批程序,限制侦查权的行使。以技术侦查措施为例,根据《刑事诉讼法》第150条的规定,对于危害国家安全犯罪、恐怖活动犯罪、黑社会性质的组织犯罪、重大毒品犯罪或者其他严重危害社会的犯罪案件,公安机关可以采取技术侦查措施。但在实施之前,必须"经过严格的批准手续"。检察机关对于利用职权实施的严重侵犯公民人身权利的重大犯罪案件也可以实施技术侦查措施,但同样必须"经过严格的批准手续"。外部监督是特定的国家机关对侦查机关采取侦查措施或延长侦查期限等进行的审批。在侦查启动方面,检察机关认为公安机关应当立案侦查而不立案侦查的案件,可以要求公安机关说明理由,检察机关认为理由不成立的,应当通知公安机关立案,公安机关接到通知后应当立案。在侦查措施方面,公安机关无权自行决定实施逮捕,必须经过检察机关批准或法院决定,公安机关才能实施逮捕。同时,《刑事诉讼法》第100条还规定检察机关在审查批准逮捕过程中,有权对公安机关的侦查活动进行监督,要求公安机关纠正违法侦查行为,公安机关应当将纠正情况通知人民检察院。在侦查期限方面,检察机关享有延长侦查羁押期限的决定权,侦查机关需要延长侦查羁押期限的,应当依据具体情况经上一级或省(自治区、直辖市)人民检察院批准,甚至由最高人民检察院报请全国人民代表大会常务委员会批准。

二、侦查权的发展趋势

侦查权的行使可以视为国家公权力介入私人主体的活动领域、干预私权利的过程。纵观侦查权的发展历程,随着人权保障意识的启蒙和强化,侦查权逐渐受到了较多的限制,侦查权的行使在程序正义方面也日益得以强化。但进入21世纪以来,国际安全形势发生了新变化,恐怖主义的抬头和兴起给世界各国带来了安全危机,部分西方国家更是深受其害。为了有效应对恐怖主义,及时查获恐怖分子的行径,避免恐怖袭击的发生,西方国家降低了对侦查措施实施的程序管制要求,扩展了侦查机关的侦查权限。同时,巨大的诉讼拖延压力,也逼迫立法者实施司法改革,以提升刑事诉讼的效率。各国提高刑事诉讼效率的做法不一,部分国家将更迅速的侦查作为其重要的方法。此外,信息技术的发展也刺激侦查机关开始"通过计算机技术对存储于网络与计算机技术中的海量数据进行收集、共享、清洗比对和挖掘",①因此而形成了大数据侦查模式。

（一）反恐怖主义背景下侦查权的扩张

基于恐怖主义犯罪的特征,世界各国普遍对侦查权进行了扩张,表现在以下几个方面:一是扩张秘密侦查权。各国不断放宽秘密侦查的对象范围和适用条件,监听、电子监控、邮件检查等措施在实践中被广泛使用。如"9·11"事件后,美国立即通过了《爱国者法案》,授权执法机构可以对个人进行漫游监听,并且将对不具有美国公民身份的外国间谍的监听最长期限延长至1年。意大利2001年颁布的《打击国际恐怖主义的紧急措施》明确了执法人员有权监听恐怖主义犯罪,并可实施预防性监听措施。二是扩张搜查权。如美国的《爱国者法案》将搜查令的区域范围扩展至地方法官所在区域之外的人员和财产。英国的《2000年反恐法》允许警察为防止恐怖主义犯罪发生,可以在没有合理怀疑的情况下对任何人和交通工具进行截停搜查。三是扩张信息收集权。如英国2016年11月通过的《调查权力法（草案）》,允许情报机构批量获取电信数据,突破了之前情报机构只能具体、针对性地收集数据的限制。四是扩张羁押权。这主要表现在羁押标准的降低和羁押期限的延长。如《2001年加拿大反恐怖法》规定,执法人员有合理依据相信恐怖主义犯罪即将发生,或者强制犯罪嫌疑人缴纳保证金或将其拘留是防止恐怖主义犯罪发生的必要手段时,可以向法官提出指控,赋予执法人员实施预防性拘留的权力。在紧急情况下,执法人员还可以直接实施无证拘留。② 在法国,2002年执政的拉法兰政府出台了一系列关于刑事司法的改革议案,其中对于警察拘留制度的议案提

---

① 程雷:《大数据侦查的法律控制》,载《中国社会科学》2018年第11期。
② 参见王林、章立早:《反恐背景下侦查权的扩张与规制》,载《中国人民公安大学学报（社会科学版）》2018年第4期。

出,对涉嫌恐怖主义和毒品交易犯罪嫌疑人适用的羁押期限延长可以适用于一系列严重的犯罪,并适用于所有涉及"有组织犯罪"的罪行。①

(二)诉讼效率提升背景下的侦查权扩张

与日俱增的刑事案件数量是世界各国普遍面临的难题。为了应对刑事案件办理压力,英格兰、威尔士等国家或地区选择通过简化审判方法,扩大简易速决审判的适用范围,提高法院处理案件的效率。而法国则将化解案件压力的重心落在简化冗长的侦查程序上,即检察官将更少的案件提交预审法官,而将更多的案件直接交付法院,原本预审法官监督下的侦查转向了警察与检察官的合作主导。以前只能在预审程序中授予警察的侦查权,可以由检察官向自由与羁押法官要求而得以授予,无需启动侦查程序,预审法官的职能因此而被边缘化。例如,2004 年 3 月法国司法部长递交的《使司法适应犯罪发展的法律》规定,大量的严重犯罪案件由警察在检察官远距离的监督下进行处理,而不需通过预审程序。在毒品交易和恐怖主义犯罪案件中适用的例外性警察拘留制度扩展至扣押、淫媒谋利、敲诈勒索、贩卖人口,以及有组织犯罪背景下实施的罪行。与之形成鲜明对比的是,刑事诉讼中的平等武装原则被实践措施给与了极大的伤害,被追诉人的权利被弱化,只享有更有限的权利获得告知或者参与侦查。②

(三)信息技术发展背景下的侦查权扩张

近年来,信息技术的发展也给侦查机关带来了挑战和机遇。一方面,快速发展的信息技术被犯罪分子利用为实施犯罪的手段和工具,大量新型的信息

---

① 参见[英]杰奎琳·霍奇森:《法国刑事司法——侦查与起诉的比较研究》,张小玲、汪海燕译,中国政法大学出版社 2012 年版,第 69 页。

② 参见[英]杰奎琳·霍奇森:《法国刑事司法——侦查与起诉的比较研究》,张小玲、汪海燕译,中国政法大学出版社 2012 年版,第 80—88 页。

技术犯罪开始涌现,其犯罪手段的智能性、隐秘性、复杂性给侦查机关查明案件事实制造了巨大阻碍;另一方面,侦查机关也开始学习并运用信息技术,尤其是通过大数据技术从海量数据中比对、挖掘、识别个人信息、企业信息,查获个人犯罪和单位犯罪的案件事实。同时,大数据技术也具有对未然犯罪的预测和预警功能,并在实践中开始实行。① 侦查权对于大数据技术的借鉴,使得侦查权干预权利的普遍性和深刻性增强,公民在不知情的情况下已成为侦查机关进行分析的对象。互联网公司等信息服务公司掌握了大量的数据信息和先进的数据分析技术,也开始介入侦查程序,成为侦查机关的合作伙伴。②

综上,由于打击恐怖主义的客观需要和各国司法体制改革的深入进行,侦查权在整体上呈现出明显的扩张迹象。侦查机关实施侦查措施的门槛逐步降低、条件限制逐渐松绑,侦查措施的对象和适用范围却在不断增加。信息技术的发展进一步推进了侦查权扩张的进程。对于公民及公司组织等主体的日常行为产生的数据信息,侦查机关可以借助大数据技术进行分析比对,实现对于犯罪信息的筛选挖掘。在这种分析过程中,公民的个人隐私信息、公司企业的经营信息等毫无遮掩地暴露在侦查机关面前,而信息主体对此过程往往毫不知情。侦查权的扩张满足了侦查机关查明案件事实、保障被追诉人到案的客观需求,但无疑也增加了侦查机关滥用权力侵害公民等主体合法权益的危险性。

---

① 如 2014 年 5 月初,北京市公安局的"犯罪数据分析和趋势预测系统"预测泉河派出所辖区内北斜街发生盗窃案的可能性较高,辖区派出所于是加大巡逻防控力度,于当年 5 月 7 日 1 时在北斜街南口当场抓获一名盗窃汽车内财物的犯罪嫌疑人。参见金汉军、郭英楼:《智慧城市:大数据、互联网时代的城市治理》,电子工业出版社 2016 年版,第 112 页。

② 实践中,我国的部分互联网公司已开始参与公安部门对集资诈骗、电信诈骗犯罪的侦查活动,特别是在提供资金往来的梳理分析方面。

第三节　侦查权程序性控制的理论解读

一、侦查权程序性控制的理念蕴涵

侦查权本质上属于行政权,而行政权具有扩张性。侦查权的运行会积极主动地干预人们的公共生活和私人生活而必然造成对公民权利的侵害,为此,现代法治国家无不把对侦查权的监督制约作为设立刑事诉讼制度的基础。[①]从刑事诉讼制度实施的角度,对侦查权进行监督制约集中表现为程序层面的控制,在立法上则是通过设立相关制度和规则以实现对侦查权的制衡。法律领域中一项制度的建立,必须以必要的理论指引为前提。纵观我国的立法和司法实践,侦查权程序性控制的理念蕴涵可以从程序主体、权力伦理、制度立场和关联系统四个方面进行解读。

(一)程序主体:司法运作系统中的角色分化

角色划分与市场经济发展中的分工具有异曲同工之妙。专业化的分工可以让一定的机关专职于某一项工作,以提高其工作的效率和精度。同时,也可以基于分工而形成机关之间的密切关联。这种密切关联既可以促进机关之间的配合协调,又可以在客观上形成机关之间的相互制约。在人类社会法治文明发展的进程中,司法系统也经历了从诸多功能集于一身的综合司法机关到功能分化、职能分离的司法机关组织系统设立的过程。司法职能分化为审判职能、公诉职能和侦查职能,相应地在机关设置上也体现出审判机关、公诉机关和侦查机关的分离。职能的分化和机构的分立,导致在司法机关的内部关系中,审判权、公诉权和侦查权之间形成了相互制约。在司法运作系统中,任何一环的职权行为都可以对于其他职权行为产生影响,甚至是起到直接的否

---

① 参见陈少林、顾伟:《刑事诉权原论》,中国法制出版社 2009 年版,第 193 页。

定效果。

由于侦查权与公民生活的接触密切,侦查权具有极大地干预公民生活的影响力,所以各国司法系统都对侦查机关的监管和对于侦查权的制约予以高度重视,而监督侦查权力运行的职责就落在了检察机关和审判机关身上。一方面,侦查机关的侦查工作是刑事诉讼程序的初始阶段,其侦查终结的结果处理需要检察机关和审判机关的"后期加工"。检察机关和审判机关作为刑事诉讼程序中侦查机关的后续机关,通过行使检察权和审判权对侦查权的运行情况进行复核,以保证案件事实得以查明、被追诉人得到公正的裁决。另一方面,为了提高监督制约侦查工作的效果,检察机关和审判机关监督制约的效力体现也不仅拘泥于结果的终局性,而是逐步强化监督制约的过程性,以确保对侦查滥权的尽早发现、尽早处理。司法运作系统中程序主体的角色分离,为司法权力的内部约束提供了主体条件,形成了审判机关和检察机关共同制约侦查机关的格局。

程序本身的首要因素是完成角色分化,其把一定的结构或功能分解成两个以上的角色,将集中于决断者的权力分解于程序的不同角色和各个过程。[1]刑事司法系统中的角色分化不仅仅体现在宏观层面侦查机关、检察机关和审判机关的分工分立,在各机关内部也存在更进一步的机构角色分立。以侦查机关为例,侦查机关内部存在着行使侦查权的分工细化。一是不同级别侦查机关享有的侦查权存在不同,一些具有更大强制力或者对公民权利造成较大影响侦查措施的实施决定权往往掌握在更高级别的侦查机关手中;二是在同一侦查机关内部,侦查措施的实施也被分割为不同内部机构的程序性审查制约,相关机构之间可以进行侦查监督;三是在同一个侦查机关内部机构中,部门负责人以及主管该部门的机关领导也对某些侦查措施的实施享有监督权或者决定权,可以对直接办案的侦查人员构成近距离的监督制约。

---

[1]　郑成良主编:《法理学》,清华大学出版社2008年版,第293—294页。

（二）权力伦理：职权配置中的价值平衡

所谓权力伦理，是指权力运作和行使过程中所产生的伦理意识、伦理规范以及伦理行为实践的总和。①在司法领域，权力伦理不仅是一种对法官、检察官和警察的外在束缚，强调司法工作人员坚守正义与公平、忠诚与信任、正直与无偏袒，也对立法者配置司法权时提出了确保价值平衡的要求。司法权力配置的价值平衡的理论基础来自于司法权力的公共性。

一般认为，"权力"是一个人根据自己的意愿对于他人的控制和影响力。作为一种社会现象，权力自古就被解释为一种能力、权威或权位。人类共同生活的需要产生了公共权力，国家的出现更是推进了权力的公共性。公共权力是属于公众的，是为实现公共利益运行的一种强制力。国家创设司法权力的目的主要在于保障社会安定有序、及时有效化解社会纠纷，以确保社会公共利益能得到司法维护。具体至侦查权，其最初的权力重心在于查明案件事实和查获犯罪嫌疑人。在这一个单向的目标指引下，国家的立法往往允许侦查机关在办案过程中行使强大的侦查权力，以实现尽快查明案件事实、抓获犯罪嫌疑人的目的。此外，在刑事犯罪高发时期，国家的立法往往会进一步加大侦查权力的配置力度，以增强打击犯罪和维护社会秩序的效果。由此伴生的结果便是侦查机关地位的强势化和侦查权配置的扩张化。侦查权在实践中的运行必须依仗侦查人员的具体行为，侦查权的每一项权能都是通过侦查人员实施的侦查行为转化为实践性措施。可以说，侦查人员是侦查权限配置的终端环节，对侦查权的实践运行具有直接影响。侦查人员对于侦查权的伦理操守在一定程度上决定了侦查权在具体个案中的运行样态，影响了刑事案件的具体办理情况。

为了避免重蹈近代社会早期出现的"警察国家"的覆辙，防止侦查滥权致

---

① 陈金华：《应用伦理学引论》，复旦大学出版社 2015 年版，第 196 页。

害公民个人权利,基于职权配置的平衡理念,审判权和检察权被赋予了监督制约侦查权的功能,以维护国家公权力保障社会公共利益的属性要求。为此,在国家的司法体制中,侦查权受到了来自审判权和检察权的制约。侦查机关对于部分侦查措施只有执行权,没有决定权,必须获得法院或检察机关的批准后,侦查机关才有权实施。法院和检察机关还可以对侦查机关进行事后审查,有权对侦查机关的违法侦查行为进行纠正。

(三)制度立场:程序自治中的权利关照

"自治"是指某一个系统通过自身的制度设计可以独立地实现某种功能或达到一定的目标,而不需要外部环境的协助与配合。程序是法律的生命,是现代政治和法律系统的枢纽,实现程序自治是法律自治的基本制度条件。在法律领域,程序自治是指一种法律程序与其外界环境相对隔离的状态,在这种状态下,程序自身的展开过程同时也就是程序功能的实现过程。[①] 在这种立场下,程序依靠自身的制度设计,而无需借助或依赖于外界的力量就可以实现自身的价值和目标。

立足于刑事诉讼,程序自治的内涵可以分为司法权的独立、当事人的意思自治和裁判结果依据程序规则作出。其中,司法权的独立包含着司法权的运行应遵循法治规律,在符合法治精神的轨道上不受阻碍地行驶。司法权的独立常用来强调司法裁判应该由司法机关独立作出。但司法权的独立也要求对控辩双方予以平等对待。但是在司法实践中,控辩之间的地位均势常常会因为权力规范的抽象性和国家机关权力的张力性,而呈现出控诉一方处于强势、辩护一方处于弱势的景象。针对这种情况,享有司法裁判权的司法机关应当基于维护程序自治的精神对控辩之间的力量失衡予以必要的纠正,尤其是在辩护一方申请权利救济及司法机关主动发现追诉机关侵犯辩护一方合法权利

---

① 吴泽勇:《从程序本位到程序自治——以卢曼的法律自治理论为基础》,载《法律科学》2004 年第 4 期。

时。当事人的意思自治要求强调尊重被追诉人等诉讼主体的自主行动意愿,使其能有机会和条件通过人性化的制度安排对诉讼结果施加有效果的影响。① 这就需要基于权力平等武装原则,赋予被追诉人必要的权利及相应的保障措施,使其可以抗衡公权力,自由地表达个人意思,自主地行使自身的权利。裁判结果应该依据程序规则作出,则是为了突出法律程序本身的价值和意义,也就是说,任何一项裁判结果应当按照既定的法律程序规则作出,不得违背程序法治规范。在现代法治国家,诸如非法证据排除、辩护方申请排除行使权利阻碍等已经写入程序法律规范,司法机关在裁判案件时亦应当严格贯彻上述规范,以维护辩护一方的合法权利。

随着刑事法治文明的发展,程序自治的理念已突破了适用于审判阶段的局限,开始适用于侦查阶段。面对张力极强的侦查权,犯罪嫌疑人的意思自治往往会受到较大的威胁和挑战,单纯依靠对于犯罪嫌疑人的权利赋予并不能保障其抗衡侦查滥权的侵害。所以,在制度设计层面,应当构建依靠审判权监督制约侦查权的机制,实现公权力间的相互制约,体现程序自治中对于弱势群体的权利关照,而这也是司法权独立和裁判结果依照程序规则作出所蕴含的法治精神的必然要求。

(四)关联系统:政治社会的法治运作方式

对于政治社会,西方17世纪时期的思想家们,如格劳秀斯、霍布斯、普芬道夫等在构建道德哲学和政治哲学体系的理论中就有所述及。洛克在前人的基础上,在其代表作《政府论》中对于政治社会的概念进行了进一步的深入阐释,其将政治社会作为其国家政府学说的起点,从而成为其所构建的自由秩序大厦的基石。洛克指出,政治社会区别于"夫妻社会""主奴社会"最重要的特征是"独立性",而"独立性"来自于政治社会的"立法权"。至此,政治社会就

---

① 詹建红:《刑事诉讼契约研究》,中国社会科学出版社2010年版,第51页。

以一个规范性概念从原理上解释了国家的内在属性,阐明了一种不依赖于任何人的自然倾向或者人性学说的国家合法性原理。① 从社会进步的角度,政治社会的概念还是需要回归到具体的政治现实中来进行理解。具体来说,政治社会需要将其权力委托给政府行使。而这一个委托的过程隐含了多种不确定性因素,政府可能会对受委托的权力进行滥用,甚至会借助权力将自己异化为立法者,进而实施不具有公共善的统治。这种不具有公共善的统治也包含了司法机关对于司法权力的滥用。司法权力滥用是一种特殊领域内国家权力的不正当行使,接受委托行使司法权的国家机关违背了公平正义的原则和国家立法,在具体个案的办理过程中侵犯当事人的合法权益。司法机关滥用司法权力的危害性不可低估。因为司法机关可以借助司法权力的强制性对公民的人身自由和财产自由进行限制,在部分具有秘密性的司法办案环节,司法机关还可能严重侵害被追诉人的生命健康权。当包括司法权滥用在内的国家机关不当行使人民委托的权力情形积累到一定程度的时候,就会引起另一个新的"大时代"的到来:人民发动革命推翻政府,新的政治社会随之出现。

为了避免政治社会沦入不良的循环,政治社会的法治化开始登上历史舞台。通过对权力运行的法治化,实现政府权力运行的规范化,避免政府权力陷入不受公民限制、不受规则约束的肆意境界。政治社会的法治化运作催生了责任政府的出现,政府在享有权力的同时,也应承担相应的责任。政府责任的明确,"使统治者被限制在他们的适当范围之内,不致为他们所拥有的权力所诱惑"。② 侦查权作为打击刑事犯罪的一项重要权力,在实践中往往行走在合理限制被追诉人合法权利与非法侵害被追诉人及其他公民合法权利的边际,必须通过法治化予以规范,以严格限制侦查权的行使,保障公民的合法权利不受侦查滥权的侵害。

---

① 王涛:《洛克的政治社会概念与自然法学说》,载《清华法学》2011 年第 6 期。
② [英]洛克:《政府论》(下篇),叶启芳、瞿菊农译,商务印书馆 1964 年版,第 87 页。

二、侦查权程序性控制的法理基础

侦查权程序性控制的法理基础,是指对侦查权进行程序性控制所体现的基本准则和规律。侦查权程序性控制的法理基础贯穿于一国刑事司法制度建设和发展的全过程,不仅体现着侦查权程序性控制所追求的价值目标,也显现了对侦查权进行规范的基本原则。从域外法治国家侦查制度的历史发展来看,侦查权程序性控制的法理基础主要包括权力制约理论和人权保障理论。

(一)权力制约理论

寻求对权力的制约一直是人类社会的不懈追求。中外政治学家、哲学家、法学家、经济学家等都从不同的视角对权力问题进行过深入的分析和探讨。权力问题是一个复杂的系统性问题,涉及到国家体制构建、政治组织结构、民族历史、社会文化、民众心理等方方面面。只要人类社会存在,就会一直伴随着权力问题。如果权力运行得当,则社会安定有序,经济快速发展。如果权力运行失当,则极易引起民众的反对,甚至激起流血冲突乃至革命斗争。因此,可以说对权力问题进行研究,是一个永恒的课题。为了确保权力的良性运行,人们认识到一系列诸如权力的本性、判断权力善恶的标准、权力良性运行的保障条件等问题,并最终形成了防范权力滥用的权力制约理论。侦查权的程序性控制是制约侦查权的必要途径,必须以权力制约理论作为自身发展的一项重要理论基础。

1.权力制约理论的内涵

权力制约理论的形成经历了数代法律人的智识积累和实践探索,是对国家权力进行监督和制约的各种学说和思想的总和。在西方哲学中,人们对于政府具有高度的不信任,担忧权力会被政府滥用。所以,西方社会对于政府权力具有与生俱来的制约意识倾向。诸多先哲、思想家因之而形成了各具特点的权力制约思想。制约权力的方式方法也是种类繁多,有依据宗教力量制约权力,有强调借助道德力量制约权力,有主张以神的力量制约权力,等等。资产阶级在资产阶级革命的过程中逐渐培育发展了现代的权力制约观念,并对后世产生了深远影响。基于此,本书仅对权力制约理论进行概括分析,从以下三个方面对其进行理解。

(1)权力制约的前提:权力分立

权力制约的思想萌芽于西方国家。早在古希腊、古罗马时代,就有一些思想家提出了初步的权力分立思想。柏拉图把分工的思想用于解释国家的形成和职责,将分工原理视为国家存在的基础,指出国家应当有治国、护国和生产三个阶级。亚里士多德在此基础上,进一步指出"一切政体都有三个要素——议事职能、行政职能和审判职能",①这三个要素构成了一个政体的基础。到了公元前2世纪,波里比阿继承了亚里士多德的三要素划分,把政府分为人民、元老院和执政官三部分。波里比阿指出:"任何越权的行为都必然会被制止,而且每个部门自始就得担心受到其他部门的干涉。"②在西方政治法律思想史上,权力制约理论的系统性提出始于文艺复兴时期。英国的光荣革命之后,封建国王受到了资产阶级宪法限制,为各位思想家提出分权制约理论提供了现实参照。继而由英国哲学家洛克开先河,法国思想家孟德斯鸠完备之,他们在对国家权力演进的历史和运行规律作深入剖析的基础上,提出了"三权分立"理论。这一理论对于人类摆脱封建专制桎梏,推动社会的进步,无疑起了举足轻重的作用。③ 洛克在《政府论》一书中将国家权力分为立法权、行政权、外交权,通过三种国家权力的分别行使、相互制约来保证行使公权力的人依法履职。严格而言,洛克的权力分立理论中,立法权是最高权力,执行权和外交权从属于立法权。立法权制约执行权和外交权,但却受制于人民。另外,洛克的分权制约其实只是二权分立制约,他没有意识到司法权对于国家

① 　[古希腊]亚里士多德:《政治学》,吴寿彭译,商务印书馆1983年版,第214页。
② 　[古罗马]波里比阿:《罗马史》)(第6卷),任炳湘译,三联书店1957年版,第53页。
③ 　参见齐延平:《略论完善人大监督职能》,载《法学论坛》1993年第1期。

权力构成的重要意义。之后的孟德斯鸠敏锐地指出："一切有权力的人,都容易滥用权力,这是万古不变的一条经验。"①并进一步将国家权力划分为立法权、行政权、司法权,从此形成了相互制衡的"三权分立"理论。权力的划分使得原本专权的局面变成了多种权力之间的交织和制约。

权力分立理论的最终形成得益于资产阶级的兴起和资产阶级革命的进行。尤其是孟德斯鸠提出的"三权分立"理论,更是成为法国和美国资产阶级大革命的重要理论基础和强大的动力来源,演进成资产阶级反对封建专制的有力武器,并在近代资产阶级国家建立过程中被作为重要的指导思想。整体看来,"三权分立"的理论在现代国家建设中得到了广泛实践。但各国的制度实践存在差异,各国的权力划分情形不一,其中以美国的贯彻最为彻底。美国独立战争之后,美国的"先父"们面对国内外复杂的局势,围绕国家制度和政体设计进行了长时间的争论,以汉密尔顿为代表的联邦党人极力主张建立联邦制和共和政体,要求充分借鉴"三权分立"理论并运用于国家机构构建和宪法制定过程中,将国家权力分为立法权、行政权和司法权,分别由议会、政府和法院享有。为反对联邦党人过于集权的倾向,杰弗逊等民主党人主张进行双向分权,在横向和纵向上对政府权力进行层次分权,即在联邦和州之间进行纵向分权,将行政权分为行政管理权、侦查权、检察权等;对立法权进行横向分权,将其分为联邦立法权和州立法权。随着社会主义国家的建立,无产阶级专政的政体也出现了独具特色的权力分立实践。列宁主张在国家权力统一行使的模式下,将国家权力分为立法权、行政权、军事权、审判权和法律监督权五种权力,分别由相应的机关专门行使。在我国,各级人民代表大会是国家的权力机关,人民通过人民代表大会行使权力。在人民代表大会制度下,国家权力又被划分为行政权、监察权、审判权、检察权等。国家权力的分立是人类社会进步发展的显著标志,为实现权力制约提供了必要的前提。

---

① [法]孟德斯鸠:《论法的精神》(上),张雁深译,商务印书馆1961年版,第154页。

（2）权力制约的基础：以权力制约权力

掌握国家权力的人同样存在人性的缺陷，也有滥用国家权力以谋取私利的可能与倾向。亚里士多德从人性恶的角度分析了权力制约的必要性，认为"人类倘若由他任性行事，总是难保不施展他内在的恶性。"①基于此，为保证国家权力能够被合理、合法地行使，不被部分掌权者滥用，并确保国家权力服务于促进与保障公民的权利与自由，必须对国家权力进行科学的划分和合理的配置，以实现国家权力之间的互相制约。

"以权力制约权力"的基本思路，是在一国内部对权力进行横向和纵向的划分，实现权力的横向水平分布和纵向层次分布，各分立的权力分别由不同的国家机关行使。原本"铁板一块"的国家权力镶嵌入了条块结合的国家机关系统，丰富了国家机构设置体系的具体内容，同时也将国家权力进行了"机构化"，使得国家权力的任何分支机构都会受到其他国家机关的牵制，从而不能随心所欲地行使权力。任何一种权力都具有两面性，一方面权力的正当行使有利于保护公民权利，促进国家和社会的良性发展；另一方面权力被不正当行使时往往会造成对公民权利的侵害，甚至影响到国家和社会的安定有序。需要指出的是，对权力进行制约是为了防止权力滥用和权力腐化，防范权力的"恶"的方面，并不是以限制国家权力的积极行使为目的，反而要激励权力主体积极履职担当，充分发挥权力"善"的方面。可以说，通过权力制约权力，既可以避免因国家权力不当行使而对公民造成"积极伤害"，又可以监督国家机关不要因懈怠用权或不充分履行法定职责对公民造成"消极伤害"。

（3）权力制约的补充：以权利制约权力

随着时代的发展，以权利制约权力日益受到重视。作为民主社会所独有的治国策略，"以权利制约权力"的意义在于通过正确理解权利与权力的关

---

① ［古希腊］亚里士多德：《政治学》，吴寿彭译，商务印书馆1983年版，第319页。

系,恰当地配置权利,从而使权利能够发挥限制、阻遏权力滥用的作用。① 通过明确公民权利对于国家权力的制约作用,可以对司法领域的国家权力和公民权利进行细化,进一步界定国家权力的效力范围。在为公民权利设置好"防线"之后,还赋予公民遇到国家权力不法侵害时可以进行监督和救济的权利。监督国家权力是指任何公民发现国家机关滥用权力时,均可以向有关国家机关进行举报、检举,要求对滥用权力的国家机关进行调查。救济权利是指公民个人的合法权益受到国家机关不法侵害后,可以向相应的国家机关提出申诉、控告,要求对侵权的国家机关进行查处,责令停止侵权行为。

根据马克思主义理论,国家的一切权力属于人民。人民虽然不直接行使国家权力,但人民群众有权监督权力的行使,这也是对国家权力真正有效的制约。人民群众的监督具有普遍性、全程性、及时性的特点。国家机关滥用权力要么会直接对部分人民群众的合法权利造成侵害,要么虽无直接的利益被侵害人,但是国家权力的滥用往往是国家资源的不合理分配,仍会对潜在的人民群众构成侵害,所有人民群众对于国家机关滥权的监督是一种普遍性的监督,即只要是权力滥用行为,就会成为人民群众监督的对象。人民群众监督的全程性是指国家机关滥用权力的整个过程,包括权力滥用的初始、过程和结果都会受到人民群众的监督,包括了事前监督、事中监督和事后监督三种类型。只要国家机关准备实施滥权行为或已经实施滥权行为,人民群众都可以对此予以监督。人民群众监督的及时性所强调的是,国家机关滥用权力的行为是发生在市民社会中,人民群众作为滥权行为的周围"环境",能够及时发觉国家机关的滥权行为。尤其是权力滥用存在明确致害对象的,受到侵害的公民往往会第一时间知晓,可以对国家机关进行及时的监督制约。

2.权力制约理论对侦查权程序性控制的要求

权力制约是人类社会发展的经验总结,也是法治文明前进的必然趋势。

---

① 参见郭莉:《权力制约视野下的网络舆论监督法理分析》,载《江西社会科学》2011 年第10 期。

侦查权作为被赋予强大职权属性的一项国家权力,既可以对刑事犯罪进行及时有效的打击,又存在因滥用侵害被追诉人以及其他公民合法权利的可能。因此,对侦查权进行程序性控制必须依照权力制约理论,根据理论的指导开展制约侦查权的具体实践。

(1)合理分立侦查权

权力的分立是权力制约的前提。侦查权作为一项强大国家权力,在确保控制和打击犯罪的功能和能力的基础上,必须进行适当的权力分立。前文已介绍了侦查权包括侦查启动权、侦查实施权、侦查监督权和侦查终结权。在各国的实践中,侦查权的分立也在一定程度上得以确立,已基本不存在由一个侦查机关专享上述四项职权的现象。权力制约理论下的侦查权分立,必须是彻底的、具有实效性的权力分立。不彻底的侦查权分立不能起到合理分离侦查职能的作用,侦查权的部分重要职能仍然会被某一专门机关垄断,存在侦查滥权的可能性。具有实效性的权力分立所要求的是,侦查权的分立能够让侦查权的各部分职能之间形成有效的制约或约束关系,从而使享有侦查权的国家机关可以相互监督,共同约束侦查权的运行符合法律的要求,确保侦查机关行使侦查权时不逾越公民合法权利的保护范围。

在侦查权的四项职权中,侦查实施权和侦查监督权是应该关注的重点。顾名思义,侦查实施权是指实施各种侦查措施的权力。任何一项科学技术都具有两面性。随着侦查科技的进步,侦查措施的张力会显著增加,侦查范围的广泛性、侦查手段的隐秘性、侦查结果的精确性等也均会得以大幅度提升,所以对于侦查措施的实施权进行二次分立确有必要。尤其是对于具有较大强制性的侦查措施和借助高科技手段的侦查措施的运用,必须进行决定权与执行权的分立,即由特定的国家机关决定是否实施相应的侦查措施,另外特定的国家机关则只具有执行权,不能自行决定侦查措施的实施和执行。侦查机关在办理案件过程中认为需要实施某类侦查措施时,必须向特定的国家机关提出申请,并由该机关审批,审批认可的,侦查机关才能实施该类侦查措施。如未获得批准,则不能实施。当然,侦查工作的情况往往错综复杂,有些侦查措施的实施具有紧急性,对于事前来不及申请批准的情况,可以允许侦查机关实施侦查措施,但应在事后的法定期限内,报请特定的国家机关批准认可。侦查监督权是监督侦查权行使的权力。一定程度上讲,侦查实施权的分立也具有权力监督的色彩,但分立侦查实施权在本质上是侦查权行使的必经程序要求,属于侦查权实施的范畴,而侦查监督权则是侧重于第三方主体对于侦查权行使的监督,侦查监督权一般不会直接介入侦查过程,而只需对侦查结果进行肯定或否定性的评价。根据权力制约理论,侦查监督权也应进行二次分立,将监督权分为内部监督和外部监督。内部监督是指在侦查机关系统内部设立或委托某一内部机构负责对侦查机构行使侦查权的情况进行监督。外部监督则是在侦查机关系统外部设立或委托某机关负责对侦查机关行使侦查权的情况进行监督。内部监督的优势在于监督机构对于侦查机构的物理距离和业务关系更近,两者均在同一机构系统之内,监督机构可以对侦查机构的侦查行为进行及时、详细的掌握。但是内部监督的劣势同样显著,那就是由于隶属同一机关系统,机关内部的天然亲近关系会影响监督机构对于侦查机构的监督效果。另外,二者共同的上级领导或领导机构会成为监督权行使的"缓冲器",使得监督的效果大打折扣。在外部监督下,虽然监督机关对于侦查机关行使侦查权的具体情况无法做到动态清楚的了解,监督的及时性存在先天不足,但是通过借助建立畅通监督侦查违法行为的信息获知渠道、开拓监督机关介入侦查程序的通道等方式,也可以有效弥补这一缺陷。外部监督最难能可贵的地方就在于,其可以摆脱内部监督的机构关系束缚,确保监督机关可以对侦查机关进行具有时效性的监督制约。

(2)强化对侦查权的监督制约

对侦查权进行分立是强化对侦查权监督制约的前提条件。在权力分立之后,侦查权的各职权处于分散的状态,各种侦查职权之间的关系构建是实现有效监督制约侦查权的必然要求。依据权力制约理论,对侦查权进行分立后,必须对分立的侦查职权进行系统性的关系构建,以确保各项职权的功能得以有效发挥,达到对侦查权进行监督制约的目的。否则,仅仅分立侦查权,但分离后的权力之间不能形成实效性的监督制约,就仍会存在具体实施侦查措施的侦查机关不受有效约束的可能。此外,侦查权的外部监督制约也必不可少。在司法程序中,侦查权与审判权、检察权、辩护权共同构成了刑事诉讼中主要的权利(权力)内容。侦查权的行使过程中伴随着辩护权、检察权和审判权的行使,侦查机关合法合理行使侦查权离不开辩护权、检察权和审判权的监督功能发挥。

　　具体而言,强化对侦查权的监督制约需要在监督制约途径的构建和监督制约效果的生成两个方面着手展开。在监督制约途径的构建方面,应明确侦查权外部制约和侦查权内部制约的程序路径。任何一种权力制约模式不能停留于制约权力的简单分立或明确,必须对监督制约的程序路径进行细化完善。细化措施包括设立监督制约的国家机关以明确监督制约的责任主体;规定监督制约的期限以明确监督制约的起止时间;规范监督制约的程序以明确监督制约的实施流程和步骤。通过这三个方面内容的明确,将侦查权的监督制约机制进行程序化设置,以确保监督制约侦查权的路径畅通。在监督制约效果的生成方面,应进一步明确监督制约措施的强制力。无论是侦查机关的内部监督制约,还是侦查机关的外部监督制约,都必须具有实质性的效果。要保证侦查权行使的克制性,就必须加强对侦查机关违法行使侦查权的后果责难,同时这种后果责难必须具有实效性。为此,一方面应该增强对于监督制约机关的权力赋予,提高监督制约的威慑力和强制力。威慑力和强制力不应只局限于侦查机关本身,对具体实施违法侦查行为的侦查人员也应当进行必要的追责。另一方面,也应当建立健全监督机关不当履职的责任承担机制。监督机关疏于职责履行或放纵侦查机关进行违法侦查的,也应当承担相应的责任后果,对具体负责的工作人员同样可以进行适当的责任追究。

（3）完善权利对于侦查权力的监督制约

以权利制约权力，不仅是权利本身的内在要求，也是制约权力的发展趋势。单纯依靠权力制约权力难免会存在权力监督"黑箱"和"谁来监督制约监督者"的循环疑惑。公民主体以及有关组织的个体权利可以作为监督制约权力行使的必要补充。从主体间的关系来看，私主体所享有的权利与公权力之间存在着天然的对立关系，公权力的行使往往以私主体的权利受到限制或者侵害为代价。二者形成了此消彼长的互动局面，权利的边界会随着公权力的行使而出现相应的进退改变。但更多的情况是，公权力对于私权利势力范围的"入侵"，会引发私主体的权利受损。强化权利制约权力，就是要将公权力与私权利间的单向互动扭转为双方的双向互动，强化私主体的权利武装，壮大其监督制约公权力的力量。

权利对侦查权力的监督制约，可以分为实体上的确权和程序上的赋权两个方面。其一，强化权利监督制约权力的前提是权利的明确确立。对于私主体的权利，尤其是被追诉人的权利确认必须予以高度重视，确权的标准应当与世界范围内被追诉人的权利标准靠拢。在现代刑事司法程序中，被追诉人应当享有的权利具有普适性和广泛性，必要的权利引入和确立应当写入我国的刑事诉讼法。必要且充分的权利确立，可以让被追诉人拥有足够的权利武装对抗侦查机关的滥权。其二，被追诉人对于权利的实质性享有，必然包括救济程序和救济性权利的确立。"有权利必有救济"是权利保障的一个基本原则。如果没有救济程序的确立，被追诉人的权利将会是"空中楼阁"，不具有任何实质效果。所以赋予并保障被追诉人必要且充分的权利救济方式，确保被追诉人在其权益已经或即将受侦查机关侵害时，可以行使救济权利对致害行为进行阻止或对致害结果寻求补救，确实意义重大。

（二）人权保障理论

尊重和保障人权是人类近现代文明进程中的重大成果结晶。时至今日，人权保障已成为国际社会共同认可并共同遵守的国际准则。刑事司法领域中的人权是整个人权保障中的重要组成,处于国家公权力机关打击刑事犯罪和保障当事人合法权利的交汇地带。尤其是在侦查阶段,刑事诉讼活动的进行更是会直接关系到被追诉人以及普通民众的人身自由权、财产权等基本权利。侦查阶段人权受到尊重和保障的情况,成为判断一国刑事司法文明程度的重要指标。正因为如此,对侦查权进行程序性控制应当遵循人权保障理论,并在其指引下付诸实践。

1. 人权保障理论的内涵

人权是一个极其复杂且十分重要的权利概念。对此,古今中外可谓是众说纷纭,莫衷一是,并没有一个能为所有国家和民众接受的人权定义。一般而言,人权是指在一定的社会历史条件下,一个自然人应当享有的人格尊严和必要的基本权利。人权是人类社会长期发展的产物。在奴隶社会和封建社会,古希腊、古罗马和中国古代的文化中都曾出现过民本的思想。现代意义的人权是在反抗封建国家专制统治的过程中形成,最早由欧洲资产阶级启蒙思想家提出的。在 17 至 18 世纪,欧洲资产阶级随着其在经济地位上的日益强大,开始寻求政治地位上的提升,"天赋人权"思想因势而成为资产阶级大革命的理论依据。英国资产阶级革命、法国大革命和美国独立战争之后,掌权的资产阶级将"天赋人权"的启蒙思想转变为国家的宪法制度和政治制度。美国的《独立宣言》和法国的《人权与公民权宣言》确认了人身权利、人格权利、政治权利与自由等方面的权利。19 世纪初兴起的社会主义思想和革命运动又将人权发展推进到新的局面。资本主义社会中工人阶级及其他无产阶级的斗争,又进一步丰富了人权概念。马克思主义认为,要真正实现人权的思想,就必须推翻一切剥削制度,实现共产主义。马克思主义人权观代表了无产阶级解放的全面要求,是人权思想史上的一个里程碑。① 在现代社会,随着政治民

---

① 中共新疆维吾尔自治区委员会宣传部编:《中国新疆人权教育读本》,新疆人民出版社2010 年版,第 3 页。

主化程度的进一步提升,人权保障理论在各国的实践中也得以进一步发展。各国的法治建设围绕人权保障进一步丰富公民的权利种类和范围,国家的法制框架日益凸显人权保障的色彩。同时,关于人权保障的理论研究也逐渐兴起,推动了人权保障理论的持续发展。

经过对人权理论发展脉络的梳理,可以发现人权理论是动态发展的,其内容也在不断得以丰富和完善。同时,在不同的学科领域,人权保障理论的具体内涵也存在差异。概而言之,刑事司法领域的人权保障理论主要包括了以下内容。

(1)终极意义上的人权保障

刑事诉讼的最终目的可以落脚到人权保障,也就是刑事诉讼各种活动的首要目的就是对所有社会成员或所有公民的人权保障。相对应地,刑事诉讼的根本目的就是通过准确打击、惩罚犯罪,维护国家安全和社会秩序,进而保护全体公民的合法权益。终极意义上的人权保障强调的是通过对犯罪行为的及时有效打击,对犯罪分子进行刑事处罚,进而及时保障被害人或补救被害人受到侵害的合法权利。同时,国家机关打击刑事犯罪还会起到威慑和指引作用。威慑作用体现在,通过对已然犯罪的打击,给潜在的犯罪分子予以警示威慑,阻止其犯罪行为的产生或犯罪意念的形成,起到杀一儆百,减少甚至杜绝某类犯罪行为的发生,起到保障其他社会成员权利的示范作用。指引作用体现在,对犯罪分子的刑事处罚是对触犯刑事法律行为的否定性评价,借此告知社会全体成员杜绝实施相同或类似的行为,以避免触犯刑事法律受到刑事处罚,并进而达到保障其他公民的人权不受侵害的目的。不难理解,终极意义上的人权保障实质上是初级的人权保障,因为其关注是社会成员的权利保障,而忽视了进入刑事诉讼程序的被追诉人的权利保障。

(2)实体意义上的人权保障

实体意义上的人权保障从实体结果的角度来理解人权保障,其着重强调的是刑事诉讼的结果应保证真正有罪的被追诉人受到应有的刑事惩罚,无罪的人或者依法不应当以及可以不承担刑事处罚的人及时脱离刑事诉讼程序，不受不应有的刑事处罚。相较于终极意义上的人权保障，实体意义上的人权保障在保障无罪之人不受刑事处罚的同时，也开始关注犯罪嫌疑人、被告人的权利保障。实体意义上的人权保障关注的是结果正义，主要内容有二：一是对于不应受刑事处罚的被追诉人，司法机关应该及时让其脱离刑事追诉程序，避免对其造成更大的伤害。对于已形成侵害事实的，符合条件的当事人可以申请国家赔偿；二是对于应受刑事处罚的被追诉人，司法机关所施加的刑事处罚则必须是适当的，即应当符合罪刑法定、罪责刑相适应原则。也就是说，被追诉人所接受的刑事处罚不能超出适当的范围，量刑畸重或畸轻，均不符合实体意义上人权保障的精神要求。

（3）程序意义上的人权保障

程序意义上的人权保障注重的是刑事诉讼过程中的人权保障。其所强调的是，在刑事诉讼过程中，被追诉人的合法权利可以自由地行使，被追诉人受到了审判机关、检察机关、侦查机关的公平对待。如此强调的主要理由就在于，公权力机关相对于被追诉人处于绝对的优势地位，只有在程序性权利方面给予被追诉人足够的保障，才能保证刑事诉讼构造的平衡。程序性权利属于更高层次的权利保障，其的确立和发展表征着刑事司法的文明程度。一是被追诉人开始从诉讼程序的客体转化为程序主体，主体性地位的提升可以保证其所享有的权利能得以落实。二是刑事诉讼构造从控强辩弱的局面转化为控辩双方的势均力敌，可以使被追诉人从容面对控诉机关的追诉攻势，以更好地保障自身的合法权利。

2. 人权保障理论对侦查权程序性控制的要求

人权保障理论适用范围广泛，凡是涉及公权力运行的领域都应当遵循人权保障理论。刑事诉讼程序是国家公权力主导的司法程序，在此过程中，私主体的权利必然受到不同程度的限制和约束。尤其是在侦查阶段，公权力的运行以各种侦查措施的强制性为基础，更应当遵循人权保障的理论规范。具体来说,人权保障理论对侦查权的程序性控制提出了以下要求。

(1)侦查阶段犯罪嫌疑人的人权保障具有不可或缺性,任何机关和个人不得非法剥夺。社会各界必须认识到,在侦查阶段,赋予犯罪嫌疑人充分的权利保障是人权保障理论的本质要求,也是必然趋势。在实然的层面上,在赋予并肯定犯罪嫌疑人实体权利的同时,也应切实保障犯罪嫌疑人的诉讼权利,这是实现其作为人所享有的自然权利的必然要求。因为犯罪嫌疑人的自由权、财产权、生命权等作为人所应当享有的实体性权利只有通过程序性权利的行使才能得以实现,如果不享有程序性权利,犯罪嫌疑人所有的实体性权利将不具有任何意义。各国刑事诉讼法规定犯罪嫌疑人在侦查阶段享有各种诉讼权利,比如辩护权、知悉权、控告权等,并非是立法者对犯罪嫌疑人的恩赐,立法者仅仅是"权利的搬运工",通过立法的形式确认和保护这些权利,而不是产生它们。从应然的层面上,侦查阶段犯罪嫌疑人的各项权利归根结底来源于人的自然本性,是不可或缺的。侦查权力固然具有强制性和主动性,但侦查机关仍应遵守强制措施运用的合法性原则,其所实施的侦查措施必须具有合法性,不能逾越权力运行的边界。为确保侦查机关合法用权,应当构建侦查权运行的权力制约机制,强化对于侦查机关的监督制约,禁止不当限制和非法剥夺犯罪嫌疑人的合法权利。

(2)侦查阶段犯罪嫌疑人的人权保障具有普遍性。在全球化的人权话语背景下,"人权是普遍的"这一理念开始受到越来越多国家的认可和广泛传播。虽然理论界和实务界对于人权的具体内涵并没有完全形成共识,但是人权的基本内容和范围已逐渐清晰。基于此,侦查权的程序性控制应遵循人权保障的最低限度标准。由于经济发展、民主宪政和历史文化传统等因素的差异,各国立法机关和司法机关对于公民基本人权的确认和保障的理解也存在偏差,导致刑事诉讼中的人权保障在不同的国家也存在一定的差异。对于犯罪嫌疑人而言,人权保障理论要求其在侦查阶段所享有的最低限度的权利保障主要包括:一是确立无罪推定原则。侦查阶段的犯罪嫌疑人仅仅是具有犯罪嫌疑的人员,其在法律上仍是无罪之人,享有无罪之人的独立地位和人格。二是确立侦查措施法定原则。各种侦查措施实施的条件和程序规定必须明确,不能存在侦查机关自行扩大或任意解释适用的空间。三是确立比例原则。侦查机关实施的侦查措施必须与查清案情的必要性、犯罪嫌疑人的人身危害性等相关联,不能不适当地选择较重的强制措施。

(3)赋予侦查阶段犯罪嫌疑人必要的诉讼权利。我国的刑事诉讼法赋予了犯罪嫌疑人一系列的诉讼权利,但离世界公认的权利保障标准还有一定的差距,需要在犯罪嫌疑人的权利武装上进一步加强。首先,明确犯罪嫌疑人具有不受强迫自证其罪的权利。不受强迫自证其罪有时被简称为"不自证其罪",多指通常情况下的沉默权,其已经从国内法上的权利上升为国际法上的基本人权之一。犯罪嫌疑人应享有拒绝侦查机关强制获取口供以及强制作证的权利,犯罪嫌疑人的沉默或拒绝回答的,不能作出对其不利的推论。其次,扩大犯罪嫌疑人的辩护权。辩护权是犯罪嫌疑人通过相应的辩护行为,与侦查机关、公诉机关进行平等对抗和理性协商,以实现自身权利的保障。应确保犯罪嫌疑人享有充分的辩护权,获得值班律师、辩护律师有效的法律帮助和辩护帮助。最后,完善司法审查制度。在法治国家,侦查机关实施的强制性侦查措施或技术性侦查措施,都需经过必要的司法审查,以保障侦查措施所涉及对象的合法权利。而我国司法审查制度的适用范围十分有限,审判机关、检察机关对侦查行为的约束力不足,难以对侦查权滥用行为进行有效的制约,需要完善并强化我国的司法审查制度,以加强对诉讼参与人特别是犯罪嫌疑人的权利保护。

第二章 我国侦查权程序性控制的基本模式

党的十八大以来,党中央对刑事司法领域的改革完善给予了高度关注。党的十八届三中全会、四中全会明确提出了"完善人权司法保障制度""规范查封、扣押、冻结、处理涉案财物的司法程序""完善对限制人身自由司法措施和侦查手段的司法监督""健全冤假错案有效防范、及时纠正机制"以及"推进以审判为中心的诉讼制度改革"等举措,为我国侦查权的程序性控制研究提供了新的课题。

为回应时代的发展需要,解决司法实践中存在的问题,我国于 2012 年和 2018 年修改的《刑事诉讼法》都加强了对侦查权的控制,例如明确了当事人等对司法机关及其工作人员采取强制措施和侦查措施有违法情形时的申诉、控告及处理程序,使强制侦查措施的适用受到一定的限制和监督;明确了非法证据的内涵与排除程序,通过非法证据排除规则限制侦查机关滥用职权,以阻吓违法侦查,防范冤假错案。与此同时,还明确了实践中存在多年的查封、技术侦查等强制性侦查措施的法律地位,规定了其适用程序,扩充了侦查机关的侦查方式,侦查权得到进一步巩固。公安机关、检察机关先前出台的涉及侦查权行使的规范性文件也都进行了相应的修改,塑造了具有中国特色的侦查权程序性控制模式。

第一节 侦查权内部自律的科层控制

侦查权的内部自律是指在行使侦查权的国家机关的内部体系,构建监督制约侦查权运行的自我约束机制,属于侦查机关的自我监督。侦查机关作为直接行使侦查权的国家机关,在自身侦查案件实践和刑事司法领域普遍呼吁限制侦查权的氛围感染下,也开始主动关注侦查权的监督制约,制定并实施了一系列侦查机关内部的规范侦查权运行的制度机制。这些自律措施既有在某一级侦查机关内部实施的自律措施,也有涉及上下级侦查机关的跨级自律措施。由于国家机关的科层属性,侦查机关的这种自律存在于上级机关与下级机关,以及机关内部不同管理层级的部门或机构之间,所以自律式的内部监督具有典型的科层控制特色。

一、公安侦查权内部自律科层控制的法律规范

从现有的规定来看,除逮捕措施需经检察机关批准外,我国公安机关采用其他侦查措施都可以自行决定,也就是"自我授权、自我审批"。由于《刑事诉讼法》只是极为粗略地规定了侦查权行使的自我控制,[①]执行弹性过大,使得公安机关不得不通过一系列的内部规定,对这种控制的程序流程进行细化。根据这些内部规范的属性,公安机关内部对侦查权的自我约束规范可以分为一般的内部自律规范和特殊的内部自律规范。前者是指上述的《公安办案规定》;后者是指公安机关为进一步规范讯问犯罪嫌疑人录音录像、涉案财物管理等方面的工作而制定的专门性规范文件,包括《公安机关讯问犯罪嫌疑人

---

① 《刑事诉讼法》对于侦查措施的内部审批条件和程序均是语焉不详:对于讯问犯罪嫌疑人、询问证人和勘验、检查的审批程序都只是规定了"出示或持有人民检察院或公安机关的证明文件";搜查的审批程序只规定了"必须向被搜查人出示搜查证";扣押邮件和电报的只是明确"经公安机关或者人民检察院批准";而对于技术侦查措施的适用,则只是原则性地强调"经过严格的批准手续"。

录音录像工作规定》《公安机关涉案财物管理若干规定》《公安机关人民警察执法过错责任追究规定》《公安机关领导责任追究规定》《公安机关现场执法视音频记录工作规定》《公安机关办理刑事案件证人保护工作规定》《公安机关办理刑事案件电子数据取证规则》等。

（一）一般的内部自律规范

为了推动分别于 2012 年、2018 年修改后的《刑事诉讼法》的全面贯彻实施，规范办案程序，公安部先后于 2012 年 12 月 13 日、2020 年 7 月 20 日发布了修改的《公安办案规定》，①从以下方面对公安机关行使侦查权的内部自律进行了相应的规定。

1. 强制措施的内部审批程序

《公安办案规定》对公安机关适用强制措施普遍设置了机关负责人的审批程序，以保障侦查权的规范行使。公安机关认为需要拘传犯罪嫌疑人时，应填写呈请拘传报告书，报县级以上公安机关负责人批准。拘传后，发现案情特别重大、复杂，需要拘留或逮捕犯罪嫌疑人的，经县级以上公安机关负责人批准，拘传持续时间可以延长至 24 小时。② 被取保候审的犯罪嫌疑人违反应当遵守的规定，需要没收保证金的，应报经县级以上公安机关负责人批准，并制作没收保证金决定书。③ 公安机关认为需要对犯罪嫌疑人监视居住的，应制作呈请监视居住报告书，说明理由、监视居住的方式以及应当遵守的规定，报

---

① 2018 年修改的《刑事诉讼法》除了为对接国家监察体制改革调整了侦查的概念和检察机关的侦查职权，补充了"诉讼权利""认罪认罚"的相关内容外，对于"侦查"章的其他内容基本保留了 2012 年修改的《刑事诉讼法》的规定。虽然 2020 年发布实施的《公安机关办理刑事案件程序规定》所修改的内容并不影响本书的相关立论和分析，但为保持研究成果在时间段上的持续性和说服力，下文除特别指明的外，在分析《公安机关办理刑事案件程序规定》有关内容及列举条文序号时，均以 2020 年修改后的版本为对照。

② 参见《公安机关办理刑事案件程序规定》第 78 条、第 80 条。

③ 参见《公安机关办理刑事案件程序规定》第 97 条。

县级以上公安机关负责人批准。① 需要拘留犯罪嫌疑人的,应填写呈请拘留报告书,报县级以上公安机关负责人批准,制作拘留证。公安机关执行拘留时,必须出示拘留证。犯罪嫌疑人被拘留后,公安机关经审查发现需要逮捕的,应在拘留后的 3 日内报请检察机关审查批准。在特殊情况下,经县级以上公安机关负责人批准,提请审查批准的时间可以延长 1—4 日。对流窜作案、多次作案、结伙作案的重大嫌疑分子,经县级以上公安机关负责人批准,提请审查批准逮捕的时间可以延长至 30 日。② 公安机关认为需要提请批准逮捕犯罪嫌疑人的,应当经县级以上公安机关负责人批准,制作提请批准逮捕书,连同案卷材料、证据,一并移送同级检察机关批准。接到检察机关批准逮捕决定书后,应当由县级以上公安机关负责人签发逮捕证。公安机关执行逮捕时,必须出示逮捕证。③ 案件复杂,侦查羁押期限不能侦查终结的,应先经县级以上公安机关负责人批准后,才能向相应的检察机关报请批准延长。

2. 侦查措施的内部审批程序

相对于公安机关适用强制措施的内部审批制度,《公安办案规定》对公安机关适用各种侦查措施也设置了相应的内部审批制度,并且审批的类型更加多样,存在着办案部门内部、机关内部和系统内部的审批。

一是讯问犯罪嫌疑人的内部审批。公安机关对于不需要拘留、逮捕的犯罪嫌疑人,经办案部门负责人批准,可以传唤到犯罪嫌疑人所在市、县公安机关执法办案场所或者到他的住所进行讯问。传唤后,公安机关发现案件特别重大、复杂,需要采取拘留、逮捕措施的,经办案部门负责人批准,传唤持续的时间不得超过 24 小时。④

二是询问证人、被害人的内部审批。公安机关在侦查过程中,到证人、被

---

① 参见《公安机关办理刑事案件程序规定》第 110 条。
② 参见《公安机关办理刑事案件程序规定》第 125 条、第 129 条。
③ 参见《公安机关办理刑事案件程序规定》第 137 条、第 142—143 条。
④ 参见《公安机关办理刑事案件程序规定》第 198 条、第 200 条。

害人所在单位、住处或者证人、被害人提出的地点询问证人、被害人,应当经办案部门负责人批准,并制作询问通知书。在开始询问前,侦查人员应出示询问通知书和人民警察证。①

三是强制检查的内部审批。公安机关为了确定犯罪嫌疑人的某些特征、伤害情况或生理状态,可以对犯罪嫌疑人进行人身检查,提取指纹、采集血液、尿液等生物样本。犯罪嫌疑人拒绝检查、提取、采集的,侦查人员认为必要的时候,经办案部门负责人批准,可以强制检查、提取、采集。为了查明案情,在必要的情况,经县级以上公安机关负责人批准,公安机关还可以进行侦查实验。②

四是搜查的内部审批。公安机关为了收集犯罪证据、查获犯罪嫌疑人,经县级以上公安机关负责人批准后,公安机关工作人员可以对犯罪嫌疑人以及可能藏匿罪犯或犯罪证据的人、物品、住处和其他有关的地方进行搜查。公安机关进行搜查时,应当向被搜查人出示搜查证。③

五是查封、扣押的内部审理。公安机关在侦查过程中认为需要扣押财物、文件的,应当经办案部门负责人批准,并制作扣押决定书。如果是在现场勘查或者搜查中需要扣押的,由现场指挥人员决定。但扣押的财物、文件价值较高或者可能严重影响正常生产经营的,应当经县级以上公安机关负责人批准,并制作扣押决定书。需要查封土地、房屋等不动产,或者船舶、航空器、设备等特定不动产的,应当经县级以上公安机关负责人批准并制作查封决定书。④

六是查询、冻结金融资产的内部审批。公安机关向金融机构等单位查询或冻结犯罪嫌疑人的存款、汇款、证券交易结算资金、期货保证金等资金,债

---

① 参见《公安机关办理刑事案件程序规定》第 210 条。
② 参见《公安机关办理刑事案件程序规定》第 217 条、第 221 条。
③ 参见《公安机关办理刑事案件程序规定》第 222—223 条。
④ 扣押犯罪嫌疑人的邮件、电子邮件、电报的,也应当经县级以上公安机关负责人批准,并制作扣押邮件、电报通知书,通知邮电部门或网络服务单位检交扣押。参见《公安机关办理刑事案件程序规定》第 228 条、第 232 条。

券、股票、基金份额和其他证券,以及股权、保单权益和其他投资权益等财产,应当经县级以上公安机关负责人批准,分别制作协助查询财产通知书和协助冻结财产通知书,通知金融机构等协助办理。①

七是鉴定的内部审批。公安机关为了查明案情,解决案件中某些专门性问题,经县级以上公安机关负责人批准后,可以聘请有专门知识的人进行鉴定。②

八是技术侦查措施的内部审批。公安机关采取的记录监控、通信监控、场所监控、行踪监控等技术侦查措施,统一由设区的市一级以上公安机关负责技术侦查的部门实施。公安机关需要采取技术侦查措施的,应当制作呈请采取技术侦查措施报告书,报设区的市一级以上公安机关负责人批准,制作采取技术侦查措施决定书。③

此外,公安机关实施的侦查人员或指定的其他人员隐匿身份实施侦查、涉毒案件的控制下交付、发布通缉令都需要县级以上公安机关负责人决定或签发。

(二)特殊的内部自律规范

1.适用查封、冻结措施的自律规范

2013 年 9 月,最高人民法院、最高人民检察院、公安部联合印发了《公安机关办理刑事案件适用查封、冻结措施有关规定》(以下简称《查封冻结规定》),进一步对公安机关办理刑事案件适用查封、冻结措施进行了规范。其

---

① 参见《公安机关办理刑事案件程序规定》第 238—239 条。

② 对于存在鉴定内容有明显遗漏、发现新的有鉴定意义的证物、对鉴定证物有新的鉴定要求、鉴定意见不完整等需要补充鉴定情形的,应当经县级以上公安机关负责人批准,进行补充鉴定。发现鉴定程序违法或违反相关专业技术,鉴定机构、鉴定人不具备鉴定资质和条件,鉴定人故意作虚假鉴定或者违反回避规定,鉴定意见依据明显不足,检材虚假或者被损坏等应当重新鉴定情形的,经县级以上公安机关负责人批准,应当重新鉴定。参见《公安机关办理刑事案件程序规定》第 248 条、第 254—255 条。

③ 参见《公安机关办理刑事案件程序规定》第 264—265 条。

中,公安机关内部的监督制约措施被广泛应用。

关于查封适用的规定主要涉及以下内容:一是查封协助的内部审批程序。公安机关查封涉案财物需要国土资源、房地产管理、交通运输、农业、林业、民航等有关等部门协助的,应当经县级以上公安机关负责人批准。查封涉案土地和房屋面积、金额较大的,应当经设区的市一级以上公安机关负责人批准。① 二是延长查封期限的内部审批程序。查封期限届满前可以申请延长一次,应当经作出原查封决定的县级以上公安机关负责人批准。对于案情重大复杂,确实需要再次延长查封期限的,应当经设区的市一级以上公安机关负责人批准。② 三是查封不动产的内部审批程序。公安机关查封土地、房屋等涉案不动产的,应当经县级以上公安机关负责人批准。需要查封的不动产如果是以公益为目的的教育、医疗、卫生以及社会福利机构等场所、设施或保障性住房的,应当经设区的市一级以上公安机关负责人批准。③

关于冻结适用的规定主要涉及以下内容:一是冻结财产的内部审批程序。公安机关在侦查过程中需要冻结财产的,应当经县级以上公安机关负责人批准。④ 但冻结股权、保单权益的,应当经设区的市一级以上公安机关负责人批准。其中,冻结上市公司股权和人寿险、养老险、交强险、机动车第三者责任险等提供基本保障的保单的,应当经省级以上公安机关负责人批准。二是延长冻结期限的内部审批程序。冻结存款、汇款、证券交易结算资金、期货保证金等资金,债券、股票、基金份额等证券或投资权益等其他财产的期限届满前,如需延长冻结期限的,应当经作出原冻结决定的县级以上公安机关负责人批准。案件属于重大、复杂案件的,应当经设区的市一级以上公安机关负责人批准。⑤ 三是出售、变现金融财产的内部审批程序。公安机关依法冻结市场价

---

① 参见《公安机关办理刑事案件适用查封、冻结措施有关规定》第6条。
② 参见《公安机关办理刑事案件适用查封、冻结措施有关规定》第7条。
③ 参见《公安机关办理刑事案件适用查封、冻结措施有关规定》第12第、第21条。
④ 参见《公安机关办理刑事案件适用查封、冻结措施有关规定》第24条。
⑤ 参见《公安机关办理刑事案件适用查封、冻结措施有关规定》第26条。

格波动较大或者有效期即将届满的债券、股票、基金份额等财产的,如当事人或其法定代理人、委托代理人书面申请出售或者变现的,应当经作出冻结决定的县级以上公安机关负责人批准。①

2. 讯问犯罪嫌疑人录音录像的内部自律

2012 年《刑事诉讼法》增加了办理重大犯罪案件时,侦查人员对讯问犯罪嫌疑人的过程进行录音录像的规定。为此,公安部于 2014 年 9 月出台了《公安机关讯问犯罪嫌疑人录音录像工作规定》(以下简称《讯问录音录像规定》),要求各级公安机关切实做到依法讯问取证,实现对重大犯罪案件讯问过程全程录音录像。具体主要体现在以下几个方面:

一是实行办案人员与保管人员分离的录音录像资料保管制度。在办案部门内部,由办案人员以外的其他人员负责保管工作,办案人员不得自行保管,保密要求应当与本案讯问笔录一致。侦查终结后,应当将讯问录音录像资料和案件卷宗一并移交档案管理部门保管。②

二是调取正本光盘的部门内审批程序。办案过程中,一般不得启封讯问录音录像资料的正本光盘。除非副本光盘损坏、灭失需要重新复制的,或对副本光盘的真实性存在疑问需要查阅的,经办案部门负责人批准后才能启封正本光盘。③

三是归还光盘的核验报告程序。调取人归还光盘时,保管人员应当进行检查、核对,发现光盘存在损毁、调换、灭失等情况的,应当如实记录,并报告办案部门负责人。④

此外,公安机关的讯问录音录像工作和录音录像资料管理工作,已被纳入公安机关的案件审核和执法质量考评体系,以督促办案部门切实做好讯问录

---

① 参见《公安机关办理刑事案件适用查封、冻结措施有关规定》第 34 条。
② 参见《公安机关讯问犯罪嫌疑人录音录像工作规定》第 16 条。
③ 参见《公安机关讯问犯罪嫌疑人录音录像工作规定》第 18 条。
④ 参见《公安机关讯问犯罪嫌疑人录音录像工作规定》第 20 条。

音录像和资料管理工作。

3.涉案财物管理的内部自律

公安机关在侦查过程中,经常会查封、扣押、冻结、扣留、调取大量与案件有关的物品、文件或款项。随着社会经济的发展,刑事案件涉案财物的金额和经济价值越来越大,这些财物的管理无疑成为了公安机关强化侦查权内部自律的新课题。为加强公安机关涉案财物管理,保护涉案个人、法人等的合法财产权益,公安部于2015年7月修改完善并重新印发了于2010年11月出台的《公安机关涉案财物管理若干规定》(以下简称《涉案财物规定》)。主要措施如下:

一是实行办案部门与保管部门、办案人员与保管人员相互制约的制度。公安机关应当指定一个部门作为涉案财物管理部门,负责对涉案财物实行统一管理,并设立或者指定专门保管场所,对各办案部门经手的全部涉案财物或者价值较大、管理难度较高的涉案财物进行集中保管。对于价值较低、易于保管,或者需要作为证据继续使用,以及需要先行返还被害人、被侵害人的涉案财物,可以由办案部门设置专门的场所进行保管。办案部门应当指定不承担办案工作的民警负责本部门涉案财物的接收、保管、移交等管理工作;严禁由办案人员自行保管涉案财物。未经涉案财物管理部门或者管理涉案财物的办案部门负责人批准,除保管人员以外的其他人员不得进入保管场所。①

二是逾期移交财物的审批程序。办案人员提取涉案财物后,应在24小时内移交涉案财物管理部门或本部门的管理人员。需要在提取涉案财物后24小时内进行鉴定、辨认、检验、检查等工作的,经办案部门负责人批准,可以在上述工作完成后24小时内将涉案财物移交管理人员。②

三是调用涉案财物的审批程序。办案人员根据讯问、询问、鉴定、辨认等工作需要,经办案部门负责人批准,可以向管理人员调用涉案财物。因宣传教

---

① 参见《公安机关涉案财物管理若干规定》第8条、第11条。
② 参见《公安机关涉案财物管理若干规定》第12—13条。

育等原因调用涉案财物的,应当经公安机关负责人批准。调用人归还后,管理人员应当进行检查、核对。存在损毁、短少、调换、灭失等情况的,管理人员应如实记录,并报告调用人所在部门负责人和涉案财物管理部门负责人。调用被扣押、扣留的涉案车辆、船舶、航空器,必须经公安机关负责人批准。①

四是变卖、拍卖的批准程序。对于易发生腐烂变质等不宜长期保存、长时间不使用易导致性能下降的物品,以及市场价值波动大的金融票据,权利人明确,且本人书面同意或申请,经县级以上公安机关主要负责人批准,可以依法变卖、拍卖。②

五是上级公安机关的监督。上级公安机关发现下级公安机关在对涉案财物采取措施、管理和处置过程中存在违法违规行为,或者对当事人等的投诉、控告、举报或者复议事项不按照规定处理的,应当责令下级公安机关限期纠正,下级公安机关应当立即执行。③

4. 现场执法的内部自律

为贯彻落实党的十八届四中全会《关于全面推进依法治国若干重大问题的决定》提出的关于建立执法全过程记录制度的要求,公安部于 2016 年 6 月印发了《公安机关现场执法视音频记录工作规定》(以下简称《现场执法规定》)。《现场执法规定》明确了公安机关现场执法活动的全过程视音频同步记录要求,并对视音频资料的收集、保存、管理、使用等工作进行了细化,要求公安机关办理刑事案件中的现场勘验、检查、搜查、扣押、辨认、扣留要全过程视音频记录,以对公安机关行使侦查权进行规范约束。

一是现场执法设备、执法视音频资料管理与执法工作相分离。公安机关应当指定专人负责现场执法设备和现场执法视音频管理工作,调阅、复制现场

---

① 参见《公安机关涉案财物管理若干规定》第 15—17 条。
② 参见《公安机关涉案财物管理若干规定》第 21 条。
③ 参见《公安机关涉案财物管理若干规定》第 30 条。

执法视音频资料,必须由管理员统一办理。①

二是现场执法视音频记录特殊情况报告制度。公安机关在现场执法视音频记录过程中,因视音频设备故障、损坏、电量、存贮空间不足等原因而中止记录的,工作人员在重新开始记录时应对中断原因进行语音说明。确实无法继续记录的,应当立即向办案部门负责人报告,并在事后书面说明情况。②

三是严格现场执法视音频资料使用管理。公安机关工作人员超出权限调阅、复制本部门采集的现场执法视音频资料的,应当经部门负责人批准;调阅、复制其他部门采集的现场执法视音频资料的,应当经采集资料的部门负责人批准。因对社会宣传、教育培训等工作需要向公安机关以外的部门提供现场执法视音频资料的,应当经县级以上公安机关负责人批准;对于内容复杂、敏感,易引发社会争议的,应当报经上级公安机关批准。③

5.证人保护的内部自律

刑事案件中的证人保护也是侦查机关办理案件过程中的一项重要工作。为提高证人作证的积极性,强化证人保护工作,公安部于 2017 年 1 月印发了《公安机关办理刑事案件证人保护工作规定》(以下简称《证人保护规定》)。刑事案件中的证人是公安机关重要的侦查信息来源,保障证人安全对于刑事案件的侦破具有重要意义。为此,《证人保护规定》明确规定,对于危害国家安全犯罪、恐怖活动犯罪、黑社会性质的组织犯罪、毒品犯罪案件,证人、鉴定人、被害人因在侦查过程中作证,本人或其近亲属的人身安全面临危险,确有必要采取保护措施的,公安机关应当采取相应的保护措施。对证人实施保护的过程中,公安机关实施的内部自律式控制主要体现在证人保护措施的决定和取消,以及保密义务的确立上。办案部门经评估认为确有必要采取保护措施的,应当制作呈请证人保护报告书,报县级以上公安机关负责人批准。出现

---

① 参见《公安机关现场执法视音频记录工作规定》第9条、第16条。
② 参见《公安机关现场执法视音频记录工作规定》第8条。
③ 参见《公安机关现场执法视音频记录工作规定》第14条。

被保护人的人身安全危险消除、被保护人主动提出书面终止保护申请、证人有作虚假证明等不履行作证义务行为、证人不再具备证人身份等不再需要采取证人保护措施情形的,经县级以上公安机关负责人批准,证人保护工作才能终止。① 《证人保护规定》还明确了办理案件及参与证人保护工作的民警和其他工作人员对证人及证人保护相关信息的保密义务,违反者按照规定给予处分,构成犯罪的,依法追究刑事责任。②

6.电子数据取证工作中的内部自律

为规范公安机关办理刑事案件电子数据取证工作,2019 年 2 月,公安部印发了《公安机关办理刑事案件电子数据取证规则》(以下简称《电子数据取证规则》),对公安机关办理刑事案件过程中电子数据取证工作的内部制约进行了详细规定。

一是实施网络远程勘验统一由县级公安机关负责。上级公安机关对下级公安机关刑事案件网络远程勘验提供技术支援。对于案情重大、现场复杂的案件,上级公安机关认为有必要时,可以直接组织指挥网络远程勘验。③ 对于严重危害国家安全、公共安全,电子数据是罪与非罪、是否判处无期徒刑、死刑等定罪量刑的关键证据,社会影响较大,犯罪嫌疑人可能判处 5 年有期徒刑以上刑罚等犯罪案件,公安机关进行网络在线提取、远程勘验应当全程同步录像。④

二是公安机关冻结电子数据的,应当经县级以上公安机关负责人批准。对于数据量大、提取时间长等情况,公安机关可以冻结电子数据。电子数据冻结期限为 6 个月。有特殊情况需要延长的,公安机关应在期限届满前办理继续冻结手续。不需要继续冻结的,也应报县级以上公安机关负责人批准。⑤

---

① 参见《公安机关办理刑事案件证人保护工作规定》第 2 条、第 6 条、第 18 条。
② 参见《公安机关办理刑事案件证人保护工作规定》第 21—22 条。
③ 参见《公安机关办理刑事案件电子数据取证规则》第 28 条。
④ 参见《公安机关办理刑事案件电子数据取证规则》第 34 条。
⑤ 参见《公安机关办理刑事案件电子数据取证规则》第 37—39 条。

三是公安机关调取电子数据的,应当经办案部门负责人批准。公安机关在侦查过程中,认为需要向有关单位和个人调取电子数据的,必须经办案部门负责人批准,并开具《调取证据通知书》注明需要调取电子数据的有关信息。必要时,公安机关应当通过录音或录像等方式固定证据内容及取证过程。①采取技术侦查措施收集电子证据的,应当严格依照有关规定办理批准手续。②

四是经县级以上公安机关负责人批准,可以进行电子数据侦查实验。③

(三)公安机关的内部追责机制

近年来,我国公安机关还进一步明确了机关内部的责任承担,以通过加强内部责任追究的方式倒逼侦查权的规范运行。2016 年 1 月,公安部修订了《公安机关人民警察执法过错责任追究规定》(以下简称《人民警察责任追究规定》),实施执法办案责任制,对公安机关人民警察故意或者过失造成的事实认定错误、适用法律错误、违反法定程序等执法过错进行责任追究,以保护当事人的合法权益。同年 3 月,公安部修订了《公安机关领导责任追究规定》(以下简称《领导责任追究规定》),以加强对公安机关领导干部的监督,增强领导干部的责任意识。

修订后的《人民警察责任追究规定》完善了公安机关执法过错责任追究机制,对具体办案人、鉴定人、审核人和审批人存在故意或者过失造成执法过错的,依法追究各自应承担的责任。其中,办案人员或审核人弄虚作假、隐瞒真相,导致审批人错误审批造成执法过错的,办案人或审核人承担主要责任。审批人在审批时改变或者不采纳办案人、审核人的正确意见造成执法过错的,由审批人承担责任。《人民警察责任追究规定》还确立了公安机关(系统)内

---

① 参见《公安机关办理刑事案件电子数据取证规则》第 41 条。
② 参见《公安机关办理刑事案件电子数据取证规则》第 33 条。
③ 电子数据侦查实验是一种新型的侦查实验,主要是为了验证一定条件下电子设施发生的异常或电子数据发生的变化,以及一定时间内能否完成对电子数据的某种操作等。参见《公安机关办理刑事案件电子数据取证规则》第 50—51 条。

部科层式的责任追究程序。公安机关内部纪检监察、督察、审计、法制以及执法办案等部门,在各自职责范围内要主动、及时检查、纠正和处理执法过错案件。有关部门调查后,认为需要法制部门认定执法过错的,应将案件材料移送法制部门认定。上级公安机关发现下级公安机关应当查处而未查处的执法过错案件,应当责令下级机关查处,或直接查处。

《领导责任追究规定》将领导责任分为主要领导责任和重要领导责任。主要领导责任是公安机关领导在职责范围内,对直接主管的工作不履行或者不正确履行职责,对造成的损失或者后果应负的直接领导责任。重要领导责任,是指领导干部在其职责范围内,对应管的工作或者参与决定的工作不履行或者不正确履行职责,对造成的损失或者后果应负的次要领导责任。《领导责任追究规定》第5条规定,公安机关或者公安机关职责范围内发生的重大、复杂事项不按规定程序决策、擅自作出决定或者因决策失误造成人员伤亡、较大财产损失和恶劣影响等重大责任事故,应当追究公安机关领导班子、领导干部的责任。《领导责任追究规定》第6条对人民警察的严重职务违纪违法行为的责任追究予了明确,规定人民警察违法使用枪支、警械,滥用强制措施或者刑讯逼供,致人重伤、死亡的;玩忽职守造成被监管人员脱逃的;玩忽职守造成涉案人员非正常死亡的;因故意或者重大过失造成错案的;私分涉案财物的;违反规定收费、罚款,造成恶劣影响的等严重违法违纪行为,除追究人民警察的责任外,还应当追究负有领导责任的公安机关领导班子、领导干部的责任。

二、检察侦查权内部自律科层控制的法律规范

2018年修改的《刑事诉讼法》实施后,检察机关对贪污贿赂等案件所行使的侦查权整体转隶至监察机关。但鉴于检察机关是国家法律监督机关的宪法定位,其重要职责是对诉讼活动进行法律监督,立法机关仍保留了检察机关一定范围内的侦查权。其一,直接侦查权。检察机关在诉讼监督中发现的司法

工作人员利用职权实施的侵犯公民权利、损害司法公正的犯罪可以立案侦查。为增加实践中的可操作性,最高人民检察院于 2018 年 11 月 24 日印发《关于人民检察院立案侦查司法工作人员相关职务犯罪案件若干问题的规定》,对检察机关立案侦查案件的范围予以了细化。① 其二,补充侦查权。检察机关补充侦查权的适用对象有两类:一类是监察机关移送审查起诉的案件,检察机关经审查后认为需要补充调查的,可以退回监察机关补充调查,也可以自行补充侦查。另一类是公安机关移送审查起诉的案件,检察机关审查后认为需要补充侦查的,可以退回公安机关补充侦查,也可以自行补充侦查。② 检察机关决定自行补充侦查的,可以行使一定的自行补充侦查措施,但实践中各地检察机关对自行补充侦查措施的规定不一。③ 其三,机动侦查权。检察机关的机动侦查权由来已久,1979 年《刑事诉讼法》、1996 年《刑事诉讼法》和 2012 年《刑事诉讼法》都规定检察机关享有机动侦查权。④ 2018 年《刑事诉讼法》将检察机关的机动侦查权限定为,对于公安机关管辖的国家机关工作人员利用职权实施的重大犯罪案件,需要由人民检察院直接受理的时候,经省级以上人民检察院决定,可以由人民检察院立案侦查。

虽然检察机关自行立案侦查的案件范围越来越小,但检察机关对于侦查

---

① 具体包括以下 14 个罪名:非法拘禁罪;非法搜查罪;刑讯逼供罪;暴力取证罪;虐待被监管人罪;滥用职权罪;玩忽职守罪;徇私枉法罪;民事、行政枉法裁判罪;执行判决、裁定失职罪;执行判决、裁定滥用职权罪;私放在押人员罪;失职致使在押人员脱逃罪;徇私舞弊减刑、假释、暂予监外执行罪。

② 在检察实践中,检察机关行使补充侦查权的情形也时有发生,并取得了一定成效。以福州市鼓楼区检察院为例,2017 年上半年共对 16 起公诉案件启动自行补充侦查,其中已对 2 件作出不起诉处理,排除非法证据 3 件,并对 5 人开展立案侦查。参见江伟等:《检察机关自行补充侦查实务难点》,载《人民检察》2017 年第 24 期。

③ 如江苏省检察机关规定,检察机关自行补充侦查,适用最高人民检察院《人民检察院刑事诉讼规则(试行)》规定的侦查措施和程序。但有的地方检察机关则规定自行补充侦查只能适用部分常规侦查措施。参见洪春等:《检察机关自行补充侦查权的制度设计》,载《人民检察》2019 年第 10 期。

④ 关于检察机关机动侦查权的发展沿革,详见董坤:《检察机关机动侦查权研究——从 2018 年修改的《刑事诉讼法》第 19 条第 2 款切入》,载《暨南学报》(哲学社会科学版)2019 年第 1 期。

权的行使也存在机关内部的制约机制。检察机关对其保留的直接侦查权和机动侦查权也设定了必要的内部制约,采取的同样也是科层制的控制模式,即由上级检察机关通过行使领导权监督下级检察机关,检察机关内部则实行以检察长为顶点的层级控制。① 主要的规范文件有 2012 年通过的《人民检察院刑事诉讼(试行)》(以下简称 2012 年《检察规则》)、2019 年 12 月修订的《人民检察院刑事诉讼规则》(以下简称 2019 年《检察规则》)、《关于人民检察院立案侦查司法工作人员相关职务犯罪案件若干问题的规定》等。②

需要指出的是,对比 2019 年《检察规则》和 2012 年《检察规则》有关强制措施具体适用的规定,不难发现,2019 年《检察规则》对检察机关侦查办案的程序性限制予以了一定程度的弱化,表现为 2019 年《检察规则》大幅度删减了对检察机关适用强制措施时层报业务部门负责人和检察长审批的条文内容。如检察机关对犯罪嫌疑人采取拘传措施的,按照 2012 年《检察规则》的规定,是应当经检察长批准,并签发拘传证;对被拘传的犯罪嫌疑人变更强制措施的,应当经检察长或者检察委员会决定。但 2019 年《检察规则》删去了检察机关采取拘传以及将拘传变更强制措施时需经检察长批准的条文。再如,2012 年《检察规则》规定对犯罪嫌疑人采取监视居住,应当由办案人员提出意见,部门负责人审核,检察长决定,但 2019 年《检察规则》同样将检察机关采取监视居住强制措施需要经过部门负责人审核、检察长决定的条文予以删除。

这些规范条文的删减似乎反映出最高人民检察院有意弱化检察机关行使侦查权的程序性限制。但是结合 2019 年《检察规则》的修改背景以及全文内

---

① 参见最高人民检察院于 2007 年 8 月 14 日印发的《关于加强上级人民检察院对下级人民检察院工作领导的意见》和最高人民检察院于 2009 年 9 月 2 日印发的《关于省级以下人民检察院立案侦查的案件由上一级人民检察院审查决定逮捕的规定(试行)》。

② 检察机关规范直接侦查权行使的相关规定还有《关于省级以下人民检察院立案侦查的案件由上一级人民检察院审查决定逮捕的规定(试行)》《人民检察院直接受理侦查案件立案、逮捕实行备案审查的规定(试行)》,但均已失效。

容,检察机关弱化检察机关行使侦查权的程序性限制的意图并不明显,部分条文的删除是出于修订技术考量,检察机关内部依然对适用强制措施和侦查措施保持了内部审批制度。一方面,2019年修订《检察规则(试行)》的一项原则是"坚持突出重点,力求详略得当。"这里的"重点"是指及时回应《刑事诉讼法》的修改,积极与《监察法》进行衔接,并吸收司法体制改革和刑事诉讼制度改革的成果;"略"应该是考虑到国家监察体制改革后,检察机关的侦查职能被削弱,在检察职能中占比大为缩小的实际情况,而对第九章侦查部分的条文进行了精简。另一方面,新修订的《检察规则》第一章通则部分依然保留了"检察人员——业务部门负责人——检察长"的三级审批制度。第6条第2款还明确规定,业务机构负责人对本部门的办案活动进行监督管理。需要报请检察长决定的事项和需要向检察长报告的案件,应当先由业务机构负责人审核。

基于以上分析,笔者认为,虽然2019年《检察规则》对检察机关适用强制措施和侦查措施的程序性限制规范予以了一定幅度的删除,但结合本次修订的背景及部分条文的修改情况,检察机关依然保留了自身行使侦查权时的内部审批制度。此次修订删减的内容,并非完全是弃之不用,而是考虑为检察官员额制、司法责任制改革留下探索空间,以便于后续以司法解释或规范性文件的形式进行专项规定。基于此,本书对于检察机关内部制约侦查权的规范内容分析,将结合2012年《检察规则》和2019年《检察规则》的内容,以求与检察实践保持一致。

(一)强制措施适用的内部自律

2019年《检察规则》第178条第2款概括规定"对犯罪嫌疑人采取强制措施,应当经检察长批准。"明确了检察长拥有检察机关适用强制措施的决定权。考虑到2019年《检察规则》删减了检察机关适用强制措施的部分程序性限制规范,本部分的分析将以2012年《检察规则》为主。这些限制规定具体主要有：

　　检察机关对犯罪嫌疑人进行拘传，应报经检察长批准，签发拘传证。拘传时，应向被拘传的犯罪嫌疑人出示拘传证。对被拘传的犯罪嫌疑人变更强制错的，应当经检察长或检察委员会决定，并在拘传期限内办理变更手续。① 检察机关对犯罪嫌疑人取保候审的审批流程是，办案人员提出建议，由部门负责人审核，报检察长决定。解除或撤销取保候审的审批程序也是办案人员提出建议，部门负责人审核，检察长决定。② 检察机关对犯罪嫌疑人采取监视居住的审批程序与取保候审一样，先由办案人员提出意见，部门负责人审核，检察长决定。但对于涉嫌特别重大贿赂犯罪的犯罪嫌疑人采取指定居所监视居住的，历经部门负责人审核、检察长审批后，还应报上一级检察机关侦查部门审查。实行指定居所监视居住的，检察机关应在执行后 24 小时内将原因告知被监视居住人的家属。无法通知的，应向检察长报告。同时，检察机关监所检察部门还应当对指定居所监视居住的执行情况进行监督，发现 24 小时内未通知家属、在羁押场所或专门的办案场所执行监视居住等违法情形的，应当及时提出纠正意见。③ 检察机关拘留犯罪嫌疑人的，应由办案人员提出意见，部门负责人审核后报检察长决定。拘留后 24 小时内，检察机关应通知被拘留人的家属，无法通知的，应当向检察长报告，并写明原因附卷。④ 近年来，检察机关逮捕犯罪嫌疑人的内部制约程序变动较为频繁。检察机关侦查司法工作人员职务犯罪案件时，应由设区的市级检察机关立案侦查。需要逮捕犯罪嫌疑人的，经相应的刑事检察部门审核，报检察长或者检察委员会决定，不需要报上一级检察机关审查决定。对担任人民代表大会代表的犯罪嫌疑人逮捕的除外。

---

①　参见《人民检察院刑事诉讼规则（试行）》第 78—79 条、第 82 条。

②　参见《人民检察院刑事诉讼规则（试行）》第 91 条、第 105 条。

③　参见《人民检察院刑事诉讼规则（试行）》第 111 条、第 114 条、第 120 条。

④　参见《人民检察院刑事诉讼规则（试行）》第 130、第 133 条。

（二）侦查措施适用的内部自律

前已述及，随着监察体制和司法责任制的推进，检察机关适用侦查措施的法律规范可能会在后续以专门的规范文件予以明确。所以，本部分对于检察机关适用侦查措施的内部控制规范内容，将结合 2012 年《检察规则》和 2019 年《检察规则》的规定进行考察。

在讯问犯罪嫌疑人方面，对不需要逮捕、拘留的犯罪嫌疑人，经检察长批准，可以传唤到犯罪嫌疑人所在市、县内的指定地点或者其住处进行讯问。[①]犯罪嫌疑人在看守所羁押的，因侦查工作需要，提押犯罪嫌疑人出所辨认、鉴定、进行侦查实验或者追究犯罪有关财物的，应当报经检察长批准。[②]

在勘验、检查及侦查实验方面，进行勘验检查，应当事前申请检察长签发勘查证。[③] 为了查明案情，必要时经检察长批准，可以进行侦查实验。[④]

在搜查方面，经检察长批准，检察人员可以对犯罪嫌疑人以及可能隐藏罪犯或犯罪证据的人的身体、物品、住处、工作地点和其他有关地方进行搜查。[⑤]检察机关在逮捕、拘留犯罪嫌疑人时，遇到犯罪嫌疑人可能随身携带凶器、隐藏爆炸、剧毒等危险物品等紧急情况，不另用搜查证也可以搜查，但搜查人员应当在搜查结束后 24 小时以内补办有关手续。[⑥]

在查封、扣押方面，检察机关在侦查活动中查封或者扣押财物和文件的，应当经检察长批准。[⑦] 对于易损毁、灭失、变质以及其他不宜长期保存的物品，应当通过笔录、绘图、拍照、录像等方法加以保全后予以封存，或者报经检

---

① 参见《人民检察院刑事诉讼规则（试行）》第 193 条。
② 参见《人民检察院刑事诉讼规则》第 186 条。
③ 参见《人民检察院刑事诉讼规则（试行）》第 210 条。
④ 参见《人民检察院刑事诉讼规则》第 200 条。
⑤ 参见《人民检察院刑事诉讼规则》第 203 条。
⑥ 参见《人民检察院刑事诉讼规则》第 205 条。
⑦ 参见《人民检察院刑事诉讼规则》第 210 条。

察长批准后委托有关部门进行变卖或拍卖。① 扣押犯罪嫌疑人的邮件、电报或者电子邮件的,也应当报经检察长批准。②

在冻结方面,检察机关冻结犯罪嫌疑人的存款、汇款、债券、股票、基金份额等财产的,应当经检察长批准,并制作冻结通知书。在扣押、冻结期间权利人申请出售,经审查认为不损害国家利益、被害人利益,不影响诉讼正常进行的,以及扣押、冻结的汇票、本票、支票的有效期即将届满的,经检察长批准,可以在案件办结前依法出售或者变现。③

在鉴定方面,在侦查过程中为解决某些专门性问题,经检察长批准后,可以由检察机关技术部门有鉴定资格的人或聘请其他有鉴定资格的人员进行鉴定。检察人员认为需要补充鉴定或重新鉴定的,经检察长批准后可以补充鉴定或重新鉴定。检察长可以直接决定补充鉴定或重新鉴定。④

在通缉方面,检察机关办理的直接立案侦查案件,犯罪嫌疑人应当逮捕却在逃或被逮捕后逃脱的,经检察长批准,可以在该检察机关辖区内通缉犯罪嫌疑人。如果需要在辖区外通缉犯罪嫌疑人,应由有决定权的上级检察机关批准。⑤

(三)检察机关内部相互监督的自律

严格来讲,检察机关内部相互监督的自律与检察机关对于侦查权内部自

---

① 参见《人民检察院刑事诉讼规则(试行)》第236条。

② 参见《人民检察院刑事诉讼规则(试行)》第238条。《人民检察院刑事诉讼规则》没有明确检察机关扣押邮件、电报、电子邮件,需要经检察长批准。笔者认为,邮件、电报、电子邮件涉及当事人宪法赋予的通信自由权,检察机关扣押邮件、电报、电子邮件,应保留检察长审批的做法。

③ 参见《人民检察院刑事诉讼规则》第212条、第214条。

④ 参见《人民检察院刑事诉讼规则(试行)》第248条、第252条。笔者认为,鉴定意见是刑事诉讼中的一种重要证据类型,往往对案件中专门性事实的认定具有决定性影响,对其适用应保留检察长审批的制度。

⑤ 参见《人民检察院刑事诉讼规则》第232条、第233条。

律的上述两种类型的划分依据并不完全一致,但鉴于在检察机关对强制措施、侦查措施适用的内部自律外,仍存在大量的检察机关内设部门之间、上下级之间的监督制约,确有必要将其单列予以分析。

在同级检察机关的内部监督方面,检察机关承担捕诉职能的部门发现本院承担侦查职能的部门在侦查活动中有违法行为的,应当根据情节予以处理。情节较轻的,可以直接向实施侦查行为的部门提出纠正意见。需要追究检察人员违法违纪责任的,应当报请检察长决定。2018年《刑事诉讼法》第19条保留了检察机关的机动侦查权,但是规定检察机关受理公安机关管辖的国家机关工作人员的重大职务犯罪案件,应当经省级以上检察机关批准,才能立案侦查。同时,当事人和辩护人等可以对办理案件的检察机关及其工作人员的违法侦查行为、阻碍行使诉讼权利的行为,向检察机关负责控告申诉检察的部门提起控告、申诉。负责办理的部门应当在受理之日起15日内提出审查意见,对本院及其工作人员办理案件中的违法行为,应当予以纠正。①

在检察机关系统的上下级监督方面,2019年《检察规则》第10条规定,上级检察机关有权撤销或者变更下级检察机关作出的决定。上级检察机关发现下级检察机关办理案件存在错误的,有权指令下级检察机关予以纠正。第569条进一步明确,上级检察机关发现下级检察机关在侦查活动中有违法情形的,应当通知其纠正。下级检察机关应当及时纠正,并将纠正情况报告上级检察机关。

第二节 侦查权外部他律的分权控制

在人类社会发展的历史长河中,各种法律制度和机制的确立是人类在实践理性累积和筛选的过程中,通过经验的反复验证和纠错而最终生成的结果。

---

① 参见《人民检察院刑事诉讼规则》第556条。

具体至侦查权的控制,对侦查权进行外部控制是人类社会控权理论及实践的发展结晶。侦查权的外部控制主要是通过外部权力分立制衡的方式对侦查权进行约束,其表现的是侦查机关之外的力量控制,是一种权力对另一种权力的他律控制。

对于侦查权的外部他律控制,我国并未制定专门性的法律规范,涉及侦查权外部他律控制的内容散见于相关的规范性文件中。作为主要的侦查权行使主体,公安机关是我国侦查权外部他律控制法律规范的主要约束对象。实施侦查权外部他律控制的主体包括了检察机关、人民法院和全国人民代表大会常务委员会。① 以下结合相关法律规范的规定进行逐项分析。

一、法律层面的侦查权外部他律分权控制

(一)非法证据排除方面的外部控制

2012 年修改的《刑事诉讼法》正式确立了我国的非法证据排除规则,其相关规定也被 2018 年修改的《刑事诉讼法》所承继。《刑事诉讼法》第 56 条规定了非法证据排除规则的基本内容,即在侦查、审查起诉、审判时发现有应当排除的非法证据的,应当依法予以排除,不得作为起诉意见、起诉决定和判决的依据。第 57 条进一步确立了检察机关对于侦查人员涉嫌非法收集证据的调查核实义务。对于确实存在非法收集证据的,检察机关应当提出纠正意见,构成犯罪的,要依法追究刑事责任。第 175 条规定检察机关在审查案件过程中,认为公安机关可能存在以非法方法收集证据情形的,可以要求公安机关对证据收集的合法性做出说明。第 58 条、第 59 条还明确将非法证据排除的职

---

① 根据我国现行的法律规定,对担任县级以上各级人民代表大会代表的犯罪嫌疑人采取拘留、逮捕、监视居住等刑事强制措施,公安机关和检察机关应当报请该代表所属人民代表大会主席团或者常务委员会许可。因此,严格来说,全国县级以上人民代表大会主席团或常务委员会也属于制约侦查权的外部主体。但这种监督制约偏重于人民代表的政治身份,故本书对此不进行具体分析。

责赋予了人民法院。在法庭审理过程中,审判人员认为可能存在非法收集证据情形的,应当对证据收集的合法性进行法庭调查。在法庭调查过程中,检察机关应当证明证据收集的合法性。必要时,检察机关可以提请人民法院通知有关侦查人员或其他人员出庭说明情况,人民法院也可以直接通知有关侦查人员或其他人员出庭说明情况。

(二)强制措施实施的外部控制

在我国,掌握侦查权的国家机关可以自行决定实施拘传、拘留、取保候审和监视居住四种强制措施,只有逮捕实行了决定权和实施权的分离。这种分离体现在公安机关要求逮捕犯罪嫌疑人时,应向同级检察机关提请批准逮捕,并将案卷材料、证据等移送至检察机关审查批准。如案件属于重大案件的,检察机关可以派人参加公安机关的讨论。检察机关审查批准逮捕时,可以讯问犯罪嫌疑人、询问证人、听取律师意见等。但对于侦查活动可能有重大违法行为等情形的,检察机关应当讯问犯罪嫌疑人。辩护律师提出要求的,检察机关应当听取辩护律师的意见。检察机关在审查批准逮捕过程中,如果发现公安机关存在违法侦查行为,应当通知公安机关予以纠正,公安机关应当将纠正情况通知检察机关。检察机关审查批准逮捕犯罪嫌疑人由检察长决定。重大案件的逮捕决定由检察委员会讨论决定。为了进一步规范强制措施的适用,《刑事诉讼法》规定了人民法院、检察机关对于不当采取强制措施的纠正义务。第96条规定人民法院、检察机关和公安机关发现对犯罪嫌疑人、被告人采取强制措施不当的,应当及时撤销或者变更。第117条还规定了犯罪嫌疑人、被告人、辩护人等认为司法机关及其工作人员采取的强制措施法定期限届满,不予以释放、解除或变更的,或者应当退还取保候审保证金不退还的,可以向该机关申诉或者控告。受理申诉或者控告的机关应当及时处理。申诉人或者控告人对处理结果不服的,可以向同级检察机关申诉。检察机关对申诉应当及时进行审查,情况属实的,通知有关机关予以纠正。

（三）阻碍诉讼权利行使的外部控制

阻碍诉讼权利行使是指，公安机关、检察机关、人民法院及其工作人员阻碍辩护人、诉讼代理人依法行使诉讼权利的情形，这些情形往往涉及侦查机关滥用侦查权侵害当事人合法权利的情况。根据《刑事诉讼法》第 49 条的规定，辩护人、诉讼代理人认为公安机关、检察机关、人民法院及其工作人员阻碍其行使诉讼权利的，可以向同级或者上一级检察机关申诉或者控告。检察机关对申诉或者控告应当及时进行审查，情况属实的，通知有关机关予以纠正。

（四）羁押必要性审查的外部控制

在刑事诉讼中，公民的人身自由极易受到不当羁押的侵犯。与西方国家不同，羁押在中国既不是一种独立的强制处分措施，也不需要遵循逮捕前置主义的原则。① 为解决我国刑事司法实践中长期存在的"一押到底、实报实销"等问题，2012 年《刑事诉讼法》确立了逮捕后的羁押必要性审查制度。犯罪嫌疑人、被告人被逮捕后，检察机关仍应当对羁押的必要性进行审查。对于不需要继续羁押的，检察机关应当建议予以释放或变更强制措施。有关机关应当在 10 日内将处理情况通知检察机关。此外，根据《刑事诉讼法》第 97 条和第 99 条的规定，犯罪嫌疑人、被告人及其法定代理人、近亲属或者辩护人有权申请变更强制措施。人民法院、检察机关和公安机关收到申请后应当在 3 日内作出决定；不同意变更强制措施的，应当告知申请人，并说明不同意的理由。对于人民法院、检察机关和公安机关采取强制措施法定期限届满的，犯罪嫌疑人、被告人及其法定代理人、近亲属或者辩护人还有权要求解除强制措施。

---

① 林喜芬：《分段审查抑或归口审查：羁押必要性审查的改革逻辑》，载《法学研究》2015 年第 5 期。

(五)立案侦查的外部控制

在我国的刑事司法领域,立案与侦查具有密切的伴生关系。侦查机关在立案后应进行侦查,侦查行为的实施是以立案为前提的。1996 年《刑事诉讼法》就开始规定了检察机关对于公安机关立案侦查情况的监督权,即检察机关认为公安机关应当立案侦查的而不立案侦查的,或者被害人认为公安机关应当立案侦查的案件而不立案侦查,向检察机关提出的,检察机关应当要求公安机关说明不立案的理由。公安机关说明理由后,检察机关认为不立案理由不能成立的,应当通知公安机关立案,公安机关接到通知后应当立案。此外,根据《刑事诉讼法》第 87 条、第 171 条的规定,检察机关在必要时可以派人参加公安机关对于重大案件的讨论。审查案件时,还应当查明侦查活动是否合法。

(六)侦查措施的外部控制

与针对人身自由的强制措施相比,侦查措施的强制性要弱很多。但是侦查措施种类繁多,且与高科技紧密结合的趋势,使得立法者对于侦查措施的外部控制也予以了高度重视,对此《刑事诉讼法》也有相应的规定。一是查封、扣押、冻结措施的外部控制。当事人、辩护人、诉讼代理人、利害关系人对于司法机关及其工作人员对与案件无关的财物采取查封、扣押、冻结措施,应当解除查封、扣押、冻结不解除,贪污、挪用、私分、调换、违反规定使用查封、扣押、冻结的财物的,有权向该机关申诉、控告。受理申诉或者控告的机关应当及时处理。申诉人或者控告人对结果不服的,有权向同级检察机关申诉。检察机关对申诉应当及时进行审查,情况属实的,通知有关机关予以纠正。二是勘验、检查的外部控制。检察机关审查案件时,如果认为公安机关的勘验、检查需要进行复验、复查的,可以要求公安机关复验、复查,并且可以派检察机关工作人员参加。

（七）侦查羁押期限的外部控制

在我国的刑事诉讼中,拘留和逮捕直接与羁押相连,实施拘留和逮捕的直接后果就是羁押,犯罪嫌疑人、被告人的人身自由权即被剥夺。这其中又以逮捕羁押的期限最需要关注。[①] 我国实行的是逮捕羁押的一体化管理,即逮捕是羁押的前提,羁押是逮捕的后续,是逮捕的必然结果。为了规范逮捕后的羁押适用,立法者对于逮捕后羁押期限进行了外部控制。根据《刑事诉讼法》第156—159条的规定,对犯罪嫌疑人逮捕后的侦查羁押期限的一般要求是不得超过2个月,存在特殊情况需要延长的,应该相应地由上一级或省级人民检察院,甚至是全国人民代表大会常务委员会批准。[②]

（八）侦查终结的外部控制

侦查终结是侦查成效获得内部确立的最后一关。[③] 公安机关通过一系列的侦查活动后,对于达到"犯罪事实清楚,证据确实、充分"的案件,可以终结侦查,并移送检察机关审查决定是否提起公诉。为了规范公安机关的侦查终结行为,立法赋予了检察机关制约公安机关侦查终结的权力。根据《刑事诉讼法》第175条、第204—205条的规定,检察机关审查案件过程

---

① 由于羁押期限的起始时间不确定,导致实践中羁押期限可能被严重延长。在案情特殊的情况下,还可以暂停计算,如发现犯罪嫌疑人另有重要罪行的,自发现之日起重新计算羁押期限;犯罪嫌疑人不讲真实姓名、住址,身份不明的,经县级以上公安机关负责人批准,羁押期间从查清其身份之日起计算,使得羁押期间的初始点待定。参见林喜芬:《解读中国刑事审前羁押实践——一个比较法实证的分析》,载《武汉大学学报》(哲学社会科学版)2017年第6期。

② 案情复杂、期限内不能终结的,可以经上一级人民检察院批准后延长1个月。对于交通十分不便的边远地区的重大复杂案件,重大的犯罪集团案件,流窜作案的重大复杂案件,犯罪涉及面广、取证困难的重大复杂案件,经省、自治区、直辖市人民检察院批准或者决定,可以再延长2个月。对犯罪嫌疑人可能判处10年有期徒刑以上刑罚的案件,经省、自治区、直辖市人民检察院批准或者决定,还可以再延长2个月。基于特殊原因,对于特别重大复杂的案件,在较长时间内不宜交付审判的,最高人民检察院可以报请全国人民代表大会常务委员会批准延期审理。

③ 谢小剑:《以审判为中心背景下侦诉关系的改革》,载《东方法学》2016年第4期。

中,如果认为案件事实没有达到起诉标准,需要补充侦查的,可以退回公安机关补充侦查。在检察机关提起公诉后,检察机关仍然有权提出补充侦查的建议。在人民法院审理过程中,检察机关发现案件需要补充侦查的,可以提出延期审理的建议。法院同意延期审理的,检察机关应当在1个月内补充侦查完毕。检察机关对于公安机关侦查终结的外部控制,包含侦查启动权和监督侦查活动的双重属性。一方面,检察机关对于公安机关侦查终结的案件退回补充侦查,是再次启动对于案件的侦查程序,起到了侦查启动权的适用效果;另一方面,退回补充侦查是对公安机关先前侦查终结的否定性评价,在实质上还起到对公安机关的侦查活动进行监督的效果。

二、司法解释层面的侦查权外部他律分权控制

《刑事诉讼法》确立了我国刑事诉讼中侦查权外部控制的基本规范,但由于受"宜粗不宜细"立法原则的限制,这些规范的内容不够体系化,难以对刑事司法实践提供清晰的指引。基于此,最高人民检察院对2012年《检察规则》进行了相应的完善后出台了2019年《检察规则》,对侦查权外部他律控制的规范内容予以了细化。总体看来,主要涉及以下内容:

(一)非法证据排除方面的外部控制

2019年《检察规则》有关非法证据排除外部控制的规定主要体现在以下方面:

一是关于检察机关调查核实程序的启动。检察机关发现侦查人员以非法方法收集证据的,应当及时开展调查核实工作。当事人及其辩护人或者值班律师、诉讼代理人等向检察机关提供侦查人员涉嫌非法取证的材料或线索的,检察机关应当受理并进行审查。根据现有证据无法证明证据收集合法性的,应当及时进行调查核实。检察机关决定调查核实的,应当及时通

知公安机关。① 此外,对重大案件,检察机关驻看守所检察人员在侦查终结前应当对讯问的合法性进行核查并全程同步录音、录像,核查情况应当及时通知本院负责捕诉的部门。②

二是关于检察机关调查核实的方式。检察机关调查核实证据是否属于非法收集情形的方式主要有两种。第一种是书面要求监察机关或者公安机关对证据收集的合法性作出说明。说明应该加盖监察机关或公安机关的公章,并由调查人员或侦查人员签名。③ 第二种是在审查逮捕、审查起诉和审判阶段,在特定情形下,检察机关可以调取公安机关讯问犯罪嫌疑人的录音、录像,对证据收集的合法性以及犯罪嫌疑人、被告人供述的真实性进行审查。④

三是检察机关调查核实后的处理。检察机关认定证据系非法取证方式收集的,应当予以排除。排除后,不能证明犯罪嫌疑人实施犯罪行为的,应当不批准或者决定逮捕、退回监察机关补充调查或退回公安机关补充侦查,或者作出不起诉决定。检察机关还可以追究侦查人员非法取证行为的责任。侦查人员的非法取证行为,不构成犯罪的,由检察机关向侦查机关提出纠正意见。对于需要补正或者作出合理解释的,应当提出明确要求,不能补正或者无法作出合理解释的,应当对该证据予以排除。侦查人员的非法取证行为涉嫌犯罪需要追究刑事责任的,检察机关应当依法立案侦查。⑤ 检察机关调取公安机关讯问犯罪嫌疑人录音、录像,公安机关未提供,检察机关审查后认为不能排除有刑讯逼供等非法取证行为的,犯罪嫌疑人的相关供述不得作为批准逮捕、提

---

① 参见《人民检察院刑事诉讼规则》第72条。

② 参见《人民检察院刑事诉讼规则》第71条。

③ 参见《人民检察院刑事诉讼规则》第74条。

④ 特定情形包括:认为讯问活动可能存在刑讯逼供等非法取证行为的;犯罪嫌疑人、被告人或者辩护人提出犯罪嫌疑人、被告人供述系非法取得,并提供相关线索或者材料的;犯罪嫌疑人、被告人提出讯问活动违反法定程序或者翻供,并提供相关线索或者材料的;犯罪嫌疑人、被告人或者辩护人提出讯问笔录内容不真实,并提供相关线索或者材料的;案情重大、疑难、复杂的。参见《人民检察院刑事诉讼规则》第75条第1款。

⑤ 参见《人民检察院刑事诉讼规则》第70条、第73条。

起公诉的依据。①

（二）阻碍诉讼权利行使的外部控制

辩护人、诉讼代理人认为公安机关具有阻碍其依法行使诉讼权利行为，②向检察机关申诉或者控告的，检察机关负责控告申诉的检察部门应当及时受理并调查核实，在 10 日内办结并书面答复。情况属实的，通知有关机关予以纠正。

（三）侦查行为的外部控制

2019 年《检察规则》通过设置专节的形式明确了侦查活动监督的内容，对检察机关进行侦查活动监督予以了细化。一是明确了违法侦查行为的具体情形。这就是以列举的方式明确了侦查违法行为，③为检察机关进行侦查活动监督提供了具体的目标对象。二是明确了针对违法侦查行为的监督处理方

---

① 参见《人民检察院刑事诉讼规则》第 75 条第 2 款。

② 这些行为包括未转达在押的或者被监视居住的犯罪嫌疑人、被告人委托辩护人的要求；在规定时间内不受理、不答复辩护人提出的变更强制措施申请或者解除强制措施要求；违法限制辩护律师同在押、被监视居住的犯罪嫌疑人、被告人会见和通信；违法不允许辩护律师查阅、摘抄、复制本案的案卷材料的；等等。参见《人民检察院刑事诉讼规则》第 57 条。

③ 侦查违法行为主要包括：采用刑讯逼供以及其他非法方法收集犯罪嫌疑人供述的；讯问犯罪嫌疑人依法应当录音或者录像而没有录音或者录像，或者未在法定羁押场所讯问犯罪嫌疑人的；采用暴力、威胁以及非法限制人身自由等非法方法收集证人证言、被害人陈述，或者以暴力、威胁等方法阻止证人作证或者指使他人作伪证的；伪造、隐匿、销毁、调换、私自涂改证据，或者帮助当事人毁灭、伪造证据的；违反刑事诉讼法关于决定、执行、变更、撤销强制措施的规定，或者强制措施法定期限届满，不予释放、解除或者变更的；应当退还取保候审保证金不退还的；违反刑事诉讼法关于讯问、询问、勘验、检查、搜查、鉴定、采取技术侦查措施等规定的；对与案件无关的财物采取查封、扣押、冻结措施，或者应当解除查封、扣押、冻结而不解除的；贪污、挪用、私分、调换、违反规定使用查封、扣押、冻结的财物及其孳息的；不应当撤案而撤案的；侦查人员应当回避而不回避的；依法应当告知犯罪嫌疑人诉讼权利而不告知，影响犯罪嫌疑人行使诉讼权利的；对犯罪嫌疑人拘留、逮捕、指定居所监视居住后依法应当通知家属而未通知的；阻碍当事人、辩护人、诉讼代理人、值班律师依法行使诉讼权利的；应当对证据收集的合法性出具说明或者提供证明材料而不出具、不提供的；侦查活动中的其他违反法律规定的行为等。参见《人民检察院刑事诉讼规则》第 567 条。

式。检察机关发现违法侦查行为,应当根据相应的情节程度,分别予以处理。① 检察机关认为确有必要时,可以派员适时介入重大、疑难、复杂案件的侦查活动,参加公安机关对于重大案件的讨论,对案件性质、收集证据、适用法律等提出意见,监督侦查活动是否合法。②

(四)审查批准逮捕和审查起诉过程中的外部控制

审查批准逮捕是检察机关对于侦查机关适用逮捕措施的法定监督权力。在审查起诉阶段,检察机关也有权对侦查机关的侦查行为进行外部控制。2019 年《检察规则》对检察机关审查批准逮捕和审查起诉过程中的程序规范予以了进一步明确。一是在调查核实案件事实方面承担一定的义务并享有相应的权力,如讯问犯罪嫌疑人、询问证人、听取辩护人的意见等。③ 二是针对非法取证行为可以调取并审查公安机关讯问犯罪嫌疑人的录音、录像。④ 三是发现侦查行为不规范或违法时,拥有一定的监督制约手段,如要求补正、纠

---

① 违法情节较轻的,由检察人员以口头方式提出纠正意见。违法情节较重的,应报经检察长批准,以检察机关的名义向公安机关发出纠正违法通知书。对于具有普遍性的违法情形,经检察长决定,可以向相关机关提出检察建议。违法侦查行为构成犯罪的,应移送有关部门依法追究刑事责任。检察机关有权监督纠正违法通知书的落实情况。公安机关没有回复的,检察机关应当督促公安机关回复。经督促仍不回复或者没有正当理由不纠正的,检察机关应当向上一级检察机关报告。参见《人民检察院刑事诉讼规则》第 552—553 条。

② 参见《人民检察院刑事诉讼规则》第 256 条。

③ 检察机关审查逮捕和审查起诉时,应当讯问犯罪嫌疑人;可以询问证人、被害人、鉴定人等诉讼参与人;审查逮捕时,可以听取辩护律师的意见,如辩护律师提出要求的,检察机关应当听取辩护律师的意见;审查起诉时,应当听取辩护人、辩护律师、被害人及其诉讼代理人的意见。犯罪嫌疑人及其辩护人申请排除非法证据的,并提供相关线索或材料的,检察机关应当调查核实。参见《人民检察院刑事诉讼规则》第 258—262 条、第 265 条第 1 款。

④ 对于公安机关提请逮捕、移送起诉的案件,检察机关审查时发现存在刑讯逼供等非法取证行为的,或者存在犯罪嫌疑人、被告人或者辩护人提出犯罪嫌疑人、被告人供述系非法取得,并提供相关线索或者材料的,犯罪嫌疑人、被告人提出讯问活动违反法定程序或者翻供,并提供相关线索或者材料的,犯罪嫌疑人、被告人或者辩护人提出讯问笔录内容不真实,并提供相关线索或者材料等情形的,检察机关可以调取公安机关讯问犯罪嫌疑人的录音、录像并审查相关的录音、录像。对于重大、疑难、复杂的案件,必要时可以审查全部录音、录像。参见《人民检察院刑事诉讼规则》第 263 条。

正、说明理由或排除非法证据等。①

第三节　侦查权程序性控制的总体格局

由上可知,我国侦查权程序性控制的方式主要有两种,即自律和他律。受现行体制和历史传统的影响,我国侦查权的程序性控制表现为以内部自律的科层制控制为主、以外部他律的分权制约为辅的制度格局。② 这种格局深深地影响着我国侦查权行使的整体面貌和具体样态。

一、侦查权内部自律科层控制的类型及其评价

通过前文的分析不难理解,我国较为注重通过机关内部科层式的权力结构对个案中的侦查权行使进行监督制约。无论公安机关还是检察机关,对于强制力较大的强制措施和侦查措施的适用,都规定了严格的内部审批程序。这些内部审批程序既包括了部门间的监督制约,也包含部门领导和机关领导的监督制约,更有机关系统内上下级机关间的监督制约。

(一)我国侦查权内部自律科层控制的类型

为更好地理解公安机关、检察机关对于侦查权内部自律控制的基本面相,

---

① 检察机关经过审查发现公安机关讯问不规范,讯问过程存在违法行为,录音、录像内容与讯问笔录不一致等情形的,应当逐一列明并向公安机关书面提出,要求其予以纠正、补正或者书面作出合理解释。发现讯问笔录与讯问犯罪嫌疑人录音、录像内容有重大实质性差异的,或者公安机关、本院负责侦查的部门不能补正或者作出合理解释的,该讯问笔录不能作为批准或者决定逮捕、提起公诉的依据。经审查认为证据系以非法方式收集的,应当予以排除。无法确定存在非法取证的行为,但也不能排除非法取证可能的,该证据不得作为批准逮捕、提起公诉的依据。参见《人民检察院刑事诉讼规则》第264条、第265第2款、第266条。

② 参见詹建红、张威:《我国侦查权的程序性控制》,载《法学研究》2015年第3期。本书的写作框架和一些观点得益于该文的初步研究。为行文简洁,本书参考和吸收该文相关内容的其他地方不再逐一注明。

以下笔者将依照类型学理论对我国侦查权的内部自律控制方式进行具体分析。侦查权内部自律的控制方式,依据侦查权监督主体是否隶属于侦查部门,可以分为自我监督制约和他体监督制约;依据监督制约侦查权的实效性,可以分为预防性监督制约和救济性监督制约。

1. 自我监督制约和他体监督制约

自我监督制约是指由侦查部门负责人等隶属于侦查部门的主体所实施的监督制约。他体监督则是指来由侦查部门之外的其他部门或上一级的对应机关等主体所实施的监督制约。

自我监督制约属于典型的侦查权内部控制,即侦查人员实施的侦查行为需要经过侦查部门负责人的审批,部门负责人同意后,侦查行为才能实施。在公安机关方面,办案部门负责人对于低强度侦查措施的适用具有审批权。具体包括传唤犯罪嫌疑人,以及延长传唤时间;到证人、被害人所在单位、住处或者证人、被害人提出的地点询问证人、被害人;对犯罪嫌疑人强制检查、提取、采集指纹、采集血液、尿液等生物样本;扣押财物、文件;因讯问犯罪嫌疑人录音录像副本光盘损坏、灭失需要重新复制,或对副本光盘的真实性存在疑问,需要调取讯问犯罪嫌疑人录音录像资料正本光盘;办案人员提取涉案财物后,需要进行鉴定、辨认、检验、检查等工作而不能按时移交;因讯问、询问、鉴定、辨认等工作需要调用涉案财物;办案过程中,因视音频设备故障、损坏、电量、存贮空间不足等原因而中止记录,无法继续记录;工作人员超出权限调阅、复制本部门采集的现场执法视音频资料;在侦查过程中,认为需要向有关单位和个人调取电子数据等。对于以上情形的侦查行为,侦查人员必须经办案部门负责人批准后,才能实施。此外,在现场勘查或搜查中认为某些财物、文件需要扣押的,可以由现场指挥人员决定。在检察机关方面,为贯彻落实党中央关于深化司法体制改革的部署,建立健全符合司法规律的检察权运行机制,各地检察机关相继推进实施了司法责任制改革。通过采取相应的举措,"谁办案谁负责、谁决定谁负责"的改革目标开始逐步实现,员额检察官的办案主体地位也得到了较大幅度的提升,检察机关部门负责人对于员额检察官的职权管理空间逐渐收窄。部门负责人主要负责协调本部门办案组织的办案、进行政策指导、部署调研任务、研究重大法律监督事项以及部门的司法行政管理工作。在检察机关内部,根据办案实际或经员额检察官申请,部门负责人可以召集检察官联席会议讨论具体案件,为承办案件的员额检察官或检察官办案组提供参考意见。

他体监督制约的主体则超出了侦查部门的范围,是机关内的其他部门、机关领导以及上一级机关对侦查权运行所实施的监督制约。他体监督制约的主体虽不隶属于侦查部门内部,但其仍处于侦查机关系统内,因此他体监督制约同样也是侦查机关内部约束侦查权的一种类型。纵观公安机关和检察机关内部对侦查权的他体监督制约内容,主要体现在强制措施适用和侦查措施适用这两个方面。

在强制措施适用方面,公安机关和检察机关都对本机关侦查部门适用强制措施规定了严格的审批程序。以公安机关为例,公安机关拘传犯罪嫌疑人、对犯罪嫌疑人监视居住、拘留犯罪嫌疑人、提请逮捕犯罪嫌疑人等,都应当报经县级以上公安机关负责人审批。在检察机关办案方面,2019年《检察规则》增列了"对犯罪嫌疑人采取强制措施,应当经检察长批准"的内容。

在侦查措施适用方面,公安机关和检察机关的他体监督制约机制具有相似之处,但也存在着细微的差别。公安机关适用侦查措施的内部监督制约分为经县级以上公安机关负责人批准、经设区的市一级公安机关负责人批准和经省级以上公安机关负责人批准三种。需要经县级以上公安机关负责人批准的情形有:进行侦查实验;搜查犯罪嫌疑人以及可能藏匿罪犯或犯罪证据的人、物品、住处和其他有关的地方;扣押的财物、文件价值较高或可能严重影响正常生产经营;扣押邮件、电子邮件、电报;查询、冻结金融资产;聘请专业人士进行鉴定以及进行补充鉴定、重新鉴定;隐匿身份侦查;控制下交付等。为了进一步规范侦查措施的实施,公安机关还出台了一批专门性的规范性文件,规定采取侦查措施存在以下情形的,如查封涉案财物需要有关部门协助;延长查封期限;冻结财产;延长金融财产冻结期限;出售、变现金融财产;变卖、拍卖被扣押的易发腐烂变质等不宜长期保存、长时间不使用易导致性能下降的车辆船舶等物品以及市场价值波动大的金融产品票据,权利人明确,且本人书面同意或申请;对证人、鉴定人、被害人采取保护措施;冻结电子数据及进行电子数据侦查实验等,需要经县级以上公安机关负责人批准。需要由设区的市一级公安机关负责人批准的情形有:实施技术侦查措施;查封涉案土地和房屋面积、金额较大;案情重大复杂需要再次延长查封期限;查封以公益为目的的教育、医疗、卫生以及社会福利机构等场所、设施或保障性住房;冻结股权、保单权益;重大、复杂案件中需要延长冻结金融财产期限。冻结上市公司股权和人寿险、养老险、交强险、机动车第三者责任险等提供基本保障的保单,则应当经省级以上公安机关负责人批准。

检察机关适用侦查措施的内部他体监督形式较为单一,统一实行检察长审批制。在侦查过程中,检察机关实施下列侦查措施需要经检察长批准:提押犯罪嫌疑人出所辨认、鉴定、进行侦查实验或者追缴与犯罪有关的财物;进行侦查实验;对犯罪嫌疑人以及可能隐藏罪犯或犯罪证据的人的身体、物品、住处、工作地点和其他有关地方进行搜查;查封、扣押财物和文件;冻结犯罪嫌疑人的存款、汇款、债券、股票、基金份额等财产,以及在冻结期间在特定情况下依法出售或者变现汇票、本票、支票;通缉犯罪嫌疑人;等等。

除此之外,公安机关和检察机关也都设有监督侦查的专门部门,负责各自内部侦查部门侦查活动的监督工作,并接受当事人、辩护人、法定代理人等的申诉、控告、检举等。需要指出的是,检察机关的机动侦查权的启动决定权在省级以上检察机关,所以检察机关的机动侦查权控制也属于他体监督制约的范围。

2.预防性监督制约和救济性监督制约

预防性监督制约,是指公安机关、检察机关在实施具体的侦查行为前,需要经过相应的内部审批程序,以保证具体侦查行为实施的合法性和必要性,预防侦查部门滥用侦查权的一种侦查权控制方式。救济性监督制约,是指在侦查过程中,公安机关、检察机关的侦查部门违反法律规定,正在实施或已经实施某个侦查行为,同一机关的其他部门、同系统的上级机关以及犯罪嫌疑人、辩护人等作出监督决定或提出救济申请,以及时纠正违法侦查行为,维护当事人合法权利的一种侦查权控制方式。

整体来说,公安机关和检察机关内部的侦查权自律措施多属于预防性监督制约,其着重在侦查行为实施前进行内部审批,以规范侦查权行使,保障犯罪嫌疑人等主体的合法权益。但是由于刑事案件的发生往往具有紧急性,有的案情也较为复杂,侦查机关面对错综复杂的案发现场情况、稍纵即逝的捕获犯罪嫌疑人机会,也不能完全机械地执行侦查行为的内部审批程序。所以,公安机关和检察机关对于部分特定的情形设定了例外,允许侦查机关在特定情况下先实施侦查行为,事后再补办必要的内部审批手续。如公安机关在办案过程中,因视音频设备故障、损坏、电量、存贮空间不足等原因而中止记录的,工作人员在重新开始记录时应语音说明中断原因。确实无法继续记录的,应立即向办案部门负责人报告,并在事后书面说明情况。再如检察机关在逮捕、拘留犯罪嫌疑人时,遇到犯罪嫌疑人可能随身携带凶器、隐藏爆炸、剧毒等危险物品等紧急情况,可以先行搜查,但应在搜查结束 24 小时以内补办有关手续。

侦查活动过程具有长期性和隐蔽性,对侦查行为进行全过程的控制也并非易事。为了构建对侦查权行使的全方位监督制约机制,公安机关和检察机关都在各自的机关系统内部建立了承担侦查监督职能的部门,由这些部门对侦查部门的侦查结果进行评价审核。如公安机关系统中的法制部门、检察机关系统中负责捕诉的部门。承担侦查监督职能的部门对侦查部门的侦查活动及结果进行审核,发现违法侦查行为的给予否定性评价,要求撤销影响犯罪嫌疑人等主体的侦查行为,实际上所起到的是救济性监督制约的效果。此外,公安机关和检察机关还设有申诉、控告部门,负责受理并审查当事人的申诉、控告,情况属实的,对侦查部门提出纠正意见。受理当事人申诉、控告的做法也属于救济性监督制约的一种表现形式。

(二)侦查权内部自律科层控制的评价

我国公安机关和检察机关作为侦查权行使的主要主体,为规范自身系统内各级机关及工作人员行使侦查权的行为,都制定了各自的侦查权行使自律规范。整体来看,公安机关和检察机关对于侦查权的内部自律属于侦查权在机关内部的分化,即将侦查权分立为侦查实施权、侦查决定权、侦查监督权,并分别交由不同的部门或主体行使,从而形成线性结构式的侦查权内部制约机制。这种线性的内部制约机制将侦查权进行分立并交由不同的主体行使,使得侦查权的行使形成了串联效应,在线性结构中的任何一环都可以成为制约侦查权行使的"阻碍因素"。侦查权内部自律的这种程序性控制方式的优势和劣势的区分较为明显。

1.侦查权内部自律科层控制的积极意义

(1)形成内部的分权制约。在人类历史上,由于警察权不受控制,曾经形成了长时间的警察国家局面。在警察国家时期,面对强大的不受节制的警察权力,公民的合法权益得不到有效保护,警察"成为某种社会力量或者'政党'的执行机器,对个人生活领域、行为和财产的干预失去了法律限制"。[1] 随着资产阶级法治思想的发展,权力分立的理论开始形成,并成为限制公权的重要方式,对侦查权内部进行分立,同样体现了权力分立理论的内涵要求,显示了法治国限制公权力行使的发展趋势。在近代,资产阶级思想家针对专制国家、

---

① ［德］汉斯·J.沃尔夫等:《行政法》(第1卷),高家伟译,商务印书馆2002年版,第81页。

警察国家提出了法治国的政治主张,通过实行法治限制公权、保护私权。① 我国公安机关、检察机关对侦查权所进行的内部制约,巧妙地将侦查启动权、侦查实施权、侦查决定权和侦查监督权进行了分置,一方面将侦查权进行了内部分解;另一方面所分立的侦查权之间又形成了相互制约。如此一来,既可以保障侦查权在国家权力体系中原有的法律位阶,不对侦查权形成强大的外在制约,减轻了侦查机关对于制约的抵触情绪;又可以对侦查权进行细化分类,丰富了侦查权的理论成果和实践样态。

(2)优化了机关内部的权力结构。权力之于国家机关具有重要的意义。权力是国家机关得以设置的前提,是国家机关开展活动的依据,也是国家机关内部机构设置的根据。侦查权赋予了侦查机关存在的价值和意义,脱离了侦查权,侦查机关也就难被称为侦查机关。从另一个角度来看,国家权力行使的"好与坏",也受到国家机关职权样态的影响。架构组织完善、内部分工合理的国家机关往往能够承担起履行好国家权力的职责。反之,一个内部结构不合理、分工不完善的国家机关,则往往难以行使好手中的权力。对于我国的公安机关和检察机关,侦查权是这两个机关掌握的极为重要的国家权力。② 两机关对于所拥有的侦查权的行使,终究是要落实在机关内部的具体部门,为此合理的内部机构设置和科学的内部分工则是侦查权力合理行使的必要保证。国家机关的内部机构设置和内部分工受制于国家权力分立的可能。只有国家权力的分立,才能进行国家机关的内部机构设立和内部职责的分工。从理论上看,侦查权力分立得越清晰,侦查机关的内部机构设置和内部分工就可以随之越细化,并形成科学合理的内部权力结构。我国侦查权的分立,为公安机关和检察机关内部权力结构的优化提供了契机。侦查权被分为实施权、决定权

---

① 参见孙国华主编:《中华法学大辞典》(法理学卷),中国检察出版社1997年版,第162页。

② 现阶段,侦查权对于检察机关的重要性可能会有所削弱,但2018年《刑事诉讼法》修改讨论过程中检察机关对保留侦查权的极力追求,足以显现侦查权对于检察机关的重要性。

和监督权,公安机关和检察机关的内部机构和内部分工也随之完善,形成了横向的部门之间的监督制约机制,以及纵向的机关负责人——部门负责人——办案人员之间的监督制约机制。一方面避免了因侦查权力集中于某一内设机构而导致的权力内部分配的过度集中;另一方面形成了机关内部的控权程序,有利于机关负责人对于机关的整体管理。

(3)监督制约成本较低。刑事司法活动是一种需要支付成本、能够产生收益的活动,对于侦查权进行监督制约,必然需要消耗一定的司法资源。这一问题在当前世界各国普遍面临的案件压力过大,司法工作人员工作强度过高的背景映衬下,显得格外引人侧目。侦查权实体内容的特殊性和侦查权行使的隐秘性,使得任何一种监督制约侦查权的方式都"举步维艰",保持对侦查行为的同步了解和实时监控绝非易事。通过侦查机关内部对侦查权的行使进行自律式的监督制约,由侦查机关内设机构及其负责人对侦查部门及侦查人员进行监督,则可以在最低限度的司法成本消耗基础上,实现对侦查权行使的监督制约。侦查权的内部自律监督制约,是通过侦查机关设立特定的监督机构或赋权于某一内设机构,由承担监督职责的内设机构来制约实施侦查行为的内设机构及其工作人员。同时,在侦查权行使的程序上,要求特定的强制措施和侦查措施的实施必须经过部门负责人或机关负责人的审批。这些内部制约方式,实现了侦查权的内部控制,监督者对于被监督者无论在物理距离和业务关系上都存在着紧密关联,可以对侦查权的具体行使情况进行"近水楼台先得月"式的了解掌握,从而对侦查权的行使进行有效的制约。此外,侦查机关内部自律式的监督制约,还可以保证监督制约措施的实效性。对于违法的侦查行为,无论内部的监督者还是外部的监督者,提出纠正意见或改正通知到达侦查部门的时空距离是不一样的。侦查机关的内部监督者的纠正意见或改正通知,可以更快速地传达到侦查部门,减少外部监督的程序性的司法资源损耗。所以,侦查权的内部自律科层控制符合节约司法成本的原则要求,可以在低成本消耗的基础上,保证侦查权监督制约机制的有效进行。

2.侦查权内部自律科层控制的机制缺陷

（1）监督制约的效度存疑。监督制约的效度，指的是监督制约的有效性。监督制约的效度是监督制约工作的结果显现，决定着监督制约机制存续的价值和意义。虽然我国侦查权的内部自律控制具有一定的层次性和多元化特征，但这种监督制约本质上仍是一种"自我监督"。正如"再快的刀刃也不能砍到刀背上"一样，公安机关和检察机关作为法定的行使侦查权的主体，在侦查过程中是代表国家从事查明犯罪事实、收集犯罪证据和查获犯罪嫌疑人等工作。在这一过程中，公安机关和检察机关的各自机关系统及机关的内设机构均需服务于查明犯罪事实、收集犯罪证据、查获犯罪嫌疑人的目的，由公安机关和检察机关自己来监督制约侦查权，侦查权和侦查监督权的主体显然就存在了同质性。部分监督制约措施中，监督制约主体与被监督主体甚至具有同一性，监督制约主体既行使侦查权，又负责监督制约侦查权的行使。侦查权这种内部自律的同质性和同一性的存在，必然使得监督制约的实效性大打折扣。

（2）监督制约的透明度存疑。受传统的司法神秘主义观念的影响，我国实践中的公安机关和检察机关对于侦查信息公开，哪怕是适度公开依然是心存疑虑。从侦查权的内部自律规范来看，绝大部分情况下，侦查机关并不承担对于侦查权内部自律的信息公开义务，承担监督制约侦查权行使的主体也是在神秘性氛围下开展监督制约工作。侦查机关只有在对犯罪嫌疑人实施拘留、逮捕，犯罪嫌疑人、辩护人等申请变更或撤销强制措施，监督侦查部门行使侦查权的专门性机构接受当事人、辩护人、法定代理人等对于侦查部门的申诉、控告、检举等特定情形下，才应当履行一定的结果告知义务。整体看来，我国的公安机关和检察机关对于侦查权进行内部自律式控制的透明度不够，监督制约程序的启动、过程和结果等相关信息的知悉范围一般仅局限于公安机关和检察机关内部，包括犯罪嫌疑人、辩护人在内的外部主体无法详细且动态知晓关于侦查权监督制约方面的信息。

（3）监督制约的公信力存疑。转型时期的中国正处于纠纷多样性、复杂性、尖锐性的上升期,公安司法机关在社会纠纷解决中的重要性日益获得了普遍的认同。但是,不断披露出的冤假错案中侦查权的滥用不仅侵犯了公民的合法权益,也对警察执法的公信力造成了损害。侦查公信力是司法公信力在刑事司法领域最初阶段的具体表现。这种公信力的基础是侦查权自律监督的过程展示和合理的机制架构,能够确保社会公众对于侦查机关自我监督和自我约束有足够的了解和信任。但正如上文所述及的,侦查权自律中主体层面的"同体监督"和程序层面的"神秘面纱",将会严重损害社会公众对于侦查权内部自律的公信力。而侦查公信力的降低,会削弱整个的司法公信力,导致当事人不认可司法裁判的结果,助长上诉、申诉乃至上访现象的蔓延。

总之,权力的行使固然需要内力的牵制,然而内力并非总是万能的监督利器,权力的行使不能单纯依靠掌权者的内部控制。在我国,侦查权的内部控制是通过侦查机关各部门间的分工制约和上级侦查机关对下级侦查机关的系统制约得以体现的。这种制约过度偏爱于对侦查权进行纵向的科层型控制,而忽视对其进行横向的审查型控制,难以实现控制权力不被滥用的初衷,甚至会使侦查权演化为维护部门利益和个人权威的手段。[1] 当内部的科层控制流于形式时,侦查权合理运用的管控责任则会下沉至侦查人员个体自律的层面,但个体自律往往与个人的美德和人性的弱点同时关联。而当整个控权体系开始过度依赖于侦查人员的个体自律时,侦查权被恣意运用的风险就会加大,并极有可能沦为无法自律者的专权工具。

二、侦查权外部他律分权控制的类型及其评价

国家委托特定的国家机关对行使侦查权的机关进行监督制约,既是人类

---

[1]　如在司法实践过程中,有的公安机关插手经济纠纷或出于其他非法目的和非法利益,任意扣押、冻结款物或者采取拘留、取保候审、监视居住等强制措施而不向检察机关报请逮捕或移送审查起诉,并最终以撤销案件或其他方式内部"消化"案件,使得检察机关难以监督。参见高健、双瑞:《公安机关拖延返还扣押物,当事人可投诉》,载《北京日报》2010 年 7 月 29 日第 7 版。

社会法治文明的进步体现,也是现代国家治理的发展必然。对侦查权进行外部控制,是对侦查机关内部自律式控制方式的重要补充,可以有效弥补侦查机关自我监督的先天性缺陷。通过对我国侦查权外部他律控制法律法规的梳理,可以发现,我国侦查权的外部他律分权控制也具有鲜明的中国特色。

(一)侦查权外部他律分权控制的类型

纵观我国侦查权外部他律分权控制的各类具体措施,依据监督的方式和监督的介入时间,可以将其划分为审查型控制、监督型控制和救济型控制。这三种控制方式在我国的立法中均有所体现,但规定较为零碎,分布也较为广泛,并没有形成成熟的制度体系。需要明确的是,在我国的司法实践中,审查型控制和监督型控制基本为检察机关所垄断,带有较强的检察监督色彩;而救济型模式则为检察机关和法院共同行使,带有一定的司法控制色彩。

1.审查型控制

审查型控制是指检察机关通过对强制侦查措施的适用进行程序性授权或进行必要性审查而对侦查活动进行的控制。这种控制方式侧重于事前控制,强调对侦查机关即将实施的侦查行为的合法性进行事前审查,从而决定是否有必要继续行动或可否继续实施该行为。一般而言,为防止侦查权过度扩张并保障公民基本权利不受不必要侦查措施的干扰,在实行令状主义的法治发达国家,采取强制侦查措施之前都要先申请令状,基于此,审查型控制就成为了最重要的侦查权控制方式。然而,我国的审查型控制在制度上并不完善,只有审查批准逮捕、羁押必要性审查和延长侦查羁押期限这三种表现形式。

一是检察机关审查公安机关的提请逮捕申请。检察机关行使审查批准逮捕权就是这种控制方式的典型表现。逮捕是强制措施中对当事人人身自由约束最严重的一种强制措施,为此立法者将逮捕的适用决定权和适用实施权进行了分立,即检察机关和法院享有逮捕的适用决定权,公安机关只享有逮捕的实施权。公安机关认为对犯罪嫌疑人应当实施逮捕的,必须提请检察机关审查批准。

二是检察机关审查羁押的必要性。侦查期间长时间的未决羁押是我国刑事司法领域中的顽疾。犯罪嫌疑人被实施拘留和逮捕后,会遭受到长时间的羁押,其中逮捕后的羁押期限之长更是令人瞩目。长时间的侦查羁押,导致我国司法实践中出现了"一押到底、实报实销"等严重侵害犯罪嫌疑人、被告人人身自由的现象。立法者为了解决超期羁押问题,创设了逮捕后羁押必要性审查制度,由检察机关对犯罪嫌疑人、被告人继续羁押的必要性进行审查。对于羁押的情形已经消失、不满足羁押条件的,检察机关应当建议公安机关予以释放或者变更强制措施。羁押必要性审查制度虽然兼具事前审查和事后救济的特征,但从立法本义来看,其初衷在于预防不必要的羁押行为,因此其更符合审查型控制模式的要求。

三是检察机关审批延长侦查羁押期限。侦查羁押期限的延长,其实等同于侦查期限的延长。延长侦查羁押期限实际上就是延长侦查机关对于具体案件行使侦查权的期限,增加了侦查机关实施违法侦查行为的风险,为此我国的《刑事诉讼法》对侦查羁押期限的延长规定了审查控制,由检察机关来审查决定。为确保检察机关审查侦查羁押期限延长的制约力,我国实施了多层级的检察机关审批制度,将审查批准延长侦查羁押期限的检察机关规定为上一级或省(自治区、直辖市)的检察机关,且审批延长的权限也不一致。需要指出的是,因为特殊原因在较长时间内不宜交付审判的特别重大复杂案件,还需要最高人民检察院报请全国人民代表大会常务委员会批准延期审理。侦查羁押期限的延长是事前型申请,对其进行审查也就是对延长必要性的审查,属于审查型的侦查权外部分权他律控制。

2. 监督型控制

监督型控制是指检察机关通过参与、观察、指导或督促等方式对公安机关的侦查过程进行监督的控制方式。这种方式侧重于对违法侦查行为进行事中控制,突出的是控制一方权力行使的能动性。2010年12月,最高人民检察院发布了《关于适用〈关于办理死刑案件审查判断证据若干问题的规定〉和〈关于办理刑事案件排除非法证据若干问题的规定〉的指导意见》,明确要求检察机关要进一步健全和完善介入侦查,引导取证工作机制。侦查监督、公诉部门要加强与侦查机关(部门)的配合与制约。① 根据我国的相关规定,这种控制方式在具体表现形式上包括检察机关直接参与公安机关重大案件的讨论和其他侦查活动、指导重大案件的证据收集、要求公安机关对证据收集的合法性作出说明等。监督型控制的具体方式主要有:

一是检察机关派人参加公安机关的案件讨论。根据《刑事诉讼法》的规定,在审查批准逮捕阶段,公安机关向检察机关提请批准逮捕犯罪嫌疑人的,如案件属于重大案件,检察机关认为有必要时,可以派人参加公安机关对于案件的讨论。检察人员发现公安机关存在违法行为的,情节较轻的可以口头纠正;情节较重的,可以向公安机关发出纠正违法通知书。检察机关还有权监督纠正违法通知书的落实情况。公安机关没有回复的,检察机关应当督促公安机关回复。

二是检察机关派人参加或自行组织复验、复查。《刑事诉讼法》第 134 条规定,检察机关审查案件时,如果认为公安机关的勘验、检查存在疑问,需要进行复验、复查的,可以要求公安机关复验、复查,并且可以派检察人员参加。2019 年《检察规则》第 335 条进一步规定,检察机关可以自行进行复验、复查,商请公安机关派员参加,必要时可以指派检察技术人员或者聘请其他有专门知识的人参加。

三是检察机关自行组织鉴定。检察机关认为需要对案件中某些专门性问题进行鉴定而公安机关没有鉴定的,应当要求公安机关进行鉴定。必要时,也可以由检察机关进行鉴定,或者由检察机关聘请有鉴定资格的人进行鉴定。检察机关自行进行鉴定的,可以商请公安机关派员参加,必要时可以聘请有鉴

---

① 参见《最高人民检察院关于适用〈关于办理死刑案件审查判断证据若干问题的规定〉和〈关于办理刑事案件排除非法证据若干问题的规定〉的指导意见》第 29 条。

定资格或者有专门知识的人参加。

四是检察机关决定退回补充侦查并提供意见。检察机关审查案件时,发现案件事实不清、证据不足或者遗漏罪行、同案犯罪嫌疑人等情形的,应当提出具体的书面意见,连同案卷材料一并退回公安机关补充侦查。检察机关也可以自行侦查,并要求公安机关提供协助。

五是检察机关对侦查取证合法性的监督。检察机关认为公安机关以非法方法收集证据的,可以书面要求公安机关对证据收集的合法性进行说明。公安机关应在说明上加盖单位公章,并由侦查人员签名。检察机关对公安机关提交的物证、书证、视听资料、电子数据以及公安机关进行勘验、检查、辨认、侦查实验等的笔录的真实性、合法性存在疑问的,可以要求公安机关提供获取该证据、制作笔录的情况说明。检察机关认为必要时,还可以询问具体的侦查人员和见证人了解有关情况,也可以对物证、书证、视听资料、电子数据进行技术鉴定。检察机关对证人证言存在疑问或认为公安机关对证人的询问不具体或有遗漏的,也可以询问该证人。

六是检察机关对不立案的监督。刑事立案决定了侦查程序的启动,而我国的公安机关掌握了大部分刑事案件的立案决定权。为了监督公安机关履行打击刑事犯罪职责的完整性,检察机关承担了监督公安机关立案的职责。检察机关认为公安机关应当立案侦查而不立案侦查的,应要求公安机关说明理由,检察机关认为理由不成立的,应当通知公安机关立案,公安机关接到通知后应当立案。

需要说明的是,监督型控制并不等同于侦查监督。在现有的制度语境下,二者是一种种属关系。我国司法实践中的侦查监督是检察机关的专有职权,是一个非常广义的概念,包含了审查型控制和监督型控制的全部样态,以及救济型控制的部分样态。鉴于侦查活动是一种对效率要求较高的专业性活动,过度的外部干涉会妨碍侦查进程,延误侦查时机。因此,在侦查过程中,监督型控制应保持适度的谦抑性,其重心在于针对侦查活动提出专业性的法律意见而非技术性的侦查方法。除非有实质性的必要,检察机关应尽量不介入一般案件,不干预侦查策略的制定,以保证侦查活动的适度自主性。监督型控制多在重大、疑难案件的侦查过程中发挥指导和监督作用,适用面较为窄。而且,在检警一体化的国家,其往往被检察官的指令权所替代。现代法治国家的侦查权控制多侧重于对侦查开端和侦查终端进行"两端"控制,从而将审查型控制和救济型控制放在较为重要的位置,并不特别重视或过于强调监督型控制。

3.救济型控制

救济型控制是在违法侦查行为发生后,有权机关通过补救或惩戒等手段为遭受违法侦查行为侵害的一方提供救济,以降低或弥补损害,阻吓违法侦查行为。这种控制侧重于对违法侦查行为进行事后控制。根据现行的法律规定,我国的救济型控制种类繁多,包括纠正违法、非法证据排除、国家赔偿、追究刑事责任等方式。而且,随着修改的《刑事诉讼法》和《检察规则》的出台,救济型控制的范围有不断扩大的趋势,其表现在《刑事诉讼法》不仅赋予了法院排除非法证据的权力,还赋予了检察机关针对违法侦查的审查救济权、阻碍律师执业的审查救济权和非法证据的审查排除权等。同时,2019 年《检察规则》第 567—569 条在整合侦查违法行为的基础上进一步扩充了侦查监督的范围,增加了侦查活动监督的启动条件和程序,所补充规定的事项也多属于救济型控制的范围。另外,2019 年《检察规则》第 73 条还细化了纠正侦查人员非法取证行为的处理程序,根据非法取证行为的情节轻重设定了两种处理方式:情节轻微,尚未构成犯罪的,应当向侦查人员所在机关提出纠正意见。对于需要补正或者作出合理解释的,应当提出明确要求;情节严重,涉嫌犯罪需要追究刑事责任的,应当依法立案侦查。

救济型控制的具体方式可以概括为以下方面:

一是排除非法证据。检察机关应该调查核实侦查人员涉嫌以非法方式收集证据的行为。属于非法方式收集的证据,检察机关应当排除,不得作为批准逮捕、提起公诉的依据。检察机关还应当向侦查机关提出纠正意见。侦查人员非法取证行为构成犯罪的,应依法追究刑事责任。此外,法院在审理阶段也承担排除非法证据的职责,可以要求检察人员、侦查人员说明证据的收集情况,这也实质上形成了对侦查机关非法取证行为的制约。

二是纠正侦查机关阻碍诉讼权利行使。辩护人、诉讼代理人认为侦查机关妨碍其行使诉讼权利,可以向检察机关申诉或控告。检察机关受理审查属实的,应当通知侦查机关予以纠正。

三是纠正公安机关侵害犯罪嫌疑人诉讼权利的行为。检察机关发现公安机关应当依法告知犯罪嫌疑人诉讼权利而不告知,影响犯罪嫌疑人行使诉讼权利的,应当予以纠正。

四是纠正强制措施的违法适用。检察机关发现公安机关违法决定、执行、变更、撤销强制措施,应退还取保候审保证金不退还,对犯罪嫌疑人采取拘留、逮捕等强制措施未通知家属等违法情形的,应当予以纠正。

五是纠正侦查措施的违法适用。检察机关对于公安机关违法采取技术侦查措施,贪污、挪用、私分、调换查封、扣押、冻结的财物及其孳息,非法搜查他人身体、住宅,查封、扣押、冻结与案件无关的财物,或应当解除查封、扣押、冻结不解除等采取侦查措施过程中的违法行为,应当予以纠正。

(二)我国侦查权外部他律分权控制的评价

对侦查权进行外部他律的分权控制,是国家为了避免内部监督效力先天不足的缺陷而委托独立于侦查机关之外的第三方,对侦查机关行使侦查权的情况进行的监督制约。我国侦查权外部他律分权控制的主要对象是公安机关,承担监督制约职责的主体是检察机关。《刑事诉讼法》和《检察规则》对检察机关监督制约公安机关行使侦查权进行了相应的规定,依此形成了以检察机关为主要责任机关对以公安机关为主的侦查机关进行监督制约的格局。结合司法实践,我国侦查权的外部控制机制在功能发挥上取得了一定成效,但也存在某些缺陷。

1.侦查权外部他律分权控制的积极意义

（1）优化监督制约机制。监督制约机制是指围绕被监督制约的用权主体,形成的具有层级结构的监督制约方式及其运行机理。进一步讲,侦查权外部他律的分权控制在结构上体现的是有权机关对侦查机关行使侦查权进行监督制约时,所表现出来的稳定性特征和客观性规律。具体包括监督主体和被监督主体之间的权力配置、权力的具体功能定位及权力之间的内部关系等内容。相对于侦查权内部自律的科层控制,侦查权外部他律的分权控制最明显的特征是监督主体结构的优化,即从单纯的侦查机关的系统内部监督制约,到由侦查机关以外的国家机关对侦查行为的合法性进行的系统外部的监督制约。监督主体的增加,优化了侦查权监督制约的结构,形成了侦查机关（系统）内部自我约束和侦查机关之外的特定机关实施外部控制的"双轨并行"局面。在我国,检察机关是侦查权外部他律分权控制的主要主体,人民法院在排除非法证据时也具有一定的监督制约权力。在刑事诉讼流程中,检察机关和人民法院位于公安机关案件办理的后续阶段,在一定程度上,可以在保证公平正义的基础上,负责对公安机关侦查办案情况进行"检查核验"。侦查权外部他律分权控制方式的确立,为检察机关和人民法院赋予了制约侦查权的新权限,优化了侦查权监督制约机制的内部结构。

（2）扩展监督制约的范围。侦查权外部他律分权控制方式的确立和完善,可以有效扩展对侦查权实施监督制约的范围。首先,监督主体的增加会直接带来监督制约范围的扩展。国家确立侦查权外部监督的主体,必然需要赋予其一定的监督制约权力,否则,无权力的监督主体只能是手无实权的"摆设"。而国家对于侦查权外部他律控制主体的职权赋予,多是通过对侦查权进行分立后的新增赋权,而不是将侦查权的内部监督权能进行"嫁接移植"。侦查权外部控制主体的增加,带来的"加法"式扩权,必然会扩展侦查权监督制约的范围。其次,外部控制的程序分布也可以进一步扩展监督制约的范围。

我国侦查权的外部控制措施所分布的程序环节广泛,除了侦查权行使的侦查阶段,立案、审查起诉和审理阶段都可以成为有权机关监督制约公安机关的程序阶段。检察机关、人民法院在刑事立案、审查起诉和法庭审理过程中可以对公安机关的违法行为进行纠正,形成了事前、事中、事后的全程控制格局。

(3)提高权力控制的实效。监督制约的落脚点在于监督制约的实效性,不具有实效性的监督制约将不具有任何意义。我国侦查权外部他律控制机制的构建和实施,可以有效提升侦查权监督制约的有效性。一是有权监督主体的增加提高了监督制约的"密度"。依据我国现行的法律规定,检察机关、人民法院作为侦查权的监督制约主体,可以对公安机关的侦查行为实施外部控制,监督制约的措施也在不断得以扩充。相对于侦查机关的内部监督,有权监督外部主体的增加,审查型、监督型和救济型监督制约权力的扩充,丰富了对侦查权进行监督制约的方式和方法,提升了监督制约的"密度",紧实了对侦查机关的"制约之网"。二是监督制约措施的细化拓深了监督制约的"深度"。近年来,我国出台了一系列有关侦查权外部他律控制的法律规范。这些规范对实践中容易产生侵害当事人合法权利的侦查行为进行了分解,并针对性地明确了监督制约措施,拓深了侦查权外部监督制约的"深度"。三是监督制约措施适用范围的扩展提高了监督制约的"广度"。在对公安机关进行监督的过程中,侦查权的外部控制主体可以实施多种权力监督制约措施。这些监督制约措施不仅适用于侦查阶段,也可以在审查起诉、法庭审理阶段适用,对于公安机关的不立案侦查行为也可以进行监督制约,极大地扩展了对公安机关行使侦查权进行监督制约的时空范围,提高了监督制约的"广度"。

2. 侦查权外部他律分权控制的机制缺陷

(1)运行成本较高。侦查权的外部控制主要由以检察机关为代表的国家机关对公安机关行使侦查权的活动进行监督制约,是一种间接的权力控制方式。这种方式汲取了由侦查机关外部的第三方主体进行监督的客观中立性,但同时也伴随着对监督机关司法资源投入的高要求。由于侦查活动的隐秘性、突发性和不确定性,造成检察机关对其进行监督制约具有较高难度,检察机关必须在人力配置、物力保障、技术支撑等方面予以高强度的司法资源投入。同时,侦查权的外部控制也是一种跨越国家机关系统的权力制约,检察机关对公安机关违法侦查行为提出纠正意见等措施,实质上是检察权对侦查权的监督制约。监督制约目的的实现必须在权力"交锋"的环节设置必要的配套机制,以确保检察机关的监督制约措施能够切实影响侦查机关,监督制约的效果得以顺利实现。而配套机制的构建和运行涉及到司法权力配置的多方面因素,需要较多的资源投入。

(2)运行效率偏低。侦查权外部他律分权控制的运行效率偏低,主要体现在两个方面。一是监督制约的"生效路径"较长。从监督机关发现侦查违法行为,到监督机关提出纠正意见等,再到被监督机关纠正违法侦查行为,监督制约措施的时效性存在先天的不足。二是监督制约的"及时预防"功能欠缺。我国侦查权的外部控制多为事后型救济和事中型监督,事前的预防功能严重匮乏,对当事人权利保护不够及时。监督型和救济型控制发生在违法侦查行为正在实施或实施之后,此时侵权行为已经发生,控权的效果具有滞后性。这种措施的控权原理是通过补救或惩戒性手段威慑潜在的违法行为。然而,威慑效力的发挥依赖于完善的保障措施和优良的司法环境,从这个意义上讲,侦查权外部他律分权控制效用的发挥将会是一个潜移默化的低效率过程。

(3)存在被架空的风险。由于国情的不同,各国的侦查权外部他律控制也各具特色。侦查权的外部控制是国家权力的再分配,涉及司法权领域内的权力关系调整问题。由于我国特殊的国情,司法权力在国家权力体系中并不处于显著高于其他权力的地位。相反,在更多时候,相对于其他国家权力,司法权是一种比较弱小的权力。具体至侦查权的外部控制,检察机关的检察权和人民法院的审判权对公安机关的侦查权进行监督制约,可以被视为司法权对行政权的制约。但由于在我国的语境下,在建国之后较长时期内的国家统治实践中,公安机关对于国家政权的稳定发挥着非常重要的作用,公安机关在国家机关体系的地位一直较高,所配置的侦查权更是具有强大的行使空间。相对于公安机关的强势,检察机关和人民法院则明显处于弱势地位。如此一来,由检察机关、人民法院监督制约公安机关行使侦查权的机制构架的稳定性和可靠性就难以得到保证,存在侦查权外部他律的分权控制被架空的风险。

(4)检察机关侦查权外部他律分权控制的遗漏。在我国,检察机关依然保有一定范围的侦查权,可以立案侦查司法工作人员利用职权实施的非法拘禁、刑讯逼供、非法搜查等犯罪案件以及经省级以上检察机关决定立案侦查的国家机关工作人员利用职权实施的重大犯罪案件。但是,我国当前的侦查权外部他律分权控制的法律规范基本不涉及检察机关行使侦查权的情况,这实际上就意味着检察机关行使侦查权难以受到其他国家机关的制约。当检察机关行使侦查权时,其目的追求和公安机关侦查办案具有高度的相似性,相似的预设目的决定了两机关实施行为方式的同质性,公安机关可能实施的非法侦查行为,同样会出现在检察机关侦查办案的过程中。为全面规范我国侦查权的外部控制,亟待对检察机关行使侦查权的外部监督制约机制进行完善。

第三章　我国侦查权程序性控制的实证考察

　　通过前文的分析不难理解,从法律规范层面上看,我国侦查权的程序性控制表现以内部自律的科层控制为主、外部他律的分权控制为辅的基本格局。但是法律规范的建构,并不一定就代表着实践层面的制度实施状况。制度实施,是指法律制度从制度化向实践化的转变,强调理论层面的法律拟制物进入实务层面的具体适用。一项成功的法律制度不仅体现在制度体系的合理性和制度内容的规范性,更为重要的是制度在实践中的适用有效性。可以说,制度的实施情况决定了该制度创建的价值和意义。而对制度实施状况的掌握往往需要借助实证调研的分析方法。因此,有必要从实证的角度,对我国侦查权程序性控制机制的运行情况进行考察,以全面了解和分析侦查权程序性控制机制的运行效果。

　　实证研究方法是一种对人类社会的各种活动和现象进行解释、分析、证实或预测的研究方法,主要目的在于解释说明实践"是什么",以及解释"为什么"的问题。从研究的范式来看,实证研究方法包括调查研究、行动研究等方法,在具体的运用上形成了观察法、访问法、测验法、个案法、实验法等。立足于研究主题,本书使用调查研究方法了解受访的公安机关、检察机关的侦查权程序性控制的实施状况,分析影响两机关侦查权程序性控制的影响因素。侦查权程序性控制也具有数据特性,可以从量的方面进行观察与研究。某些数量的数值变化可以折射出公安机关、检察机关侦查权行使的动态演变,体现出侦查权程序性控制的实际样态。此部分拟选取相关指标,对公安机关、检察机关侦查权程序性控制机制运行中形成的数据进行统计,并在此基础上进行观察和分析,挖掘数据背后所包含的信息。

不得不承认的是,实证调研存在有限性与无限性间的矛盾。从理论上看,实证调研没有完美的终点,足够精细严密的实证研究可以无限接近表面现象背后的事实本质,而且伴随着实证研究的长时间持续进行和研究范围的不断扩大,获取到的信息会越来越多,距离研究对象的"真相"也将会越来越近。但是受制于现实条件的限制和资源的有限性,研究者往往无法进行理想状态下的全样本数据的收集和分析,而不得不通过抽样的方法进行小样本的分析研究。另受制于时间成本,实证研究也多只能维持短期的研究,无法进行长时间的跟踪分析。同时,在我国的特殊国情背景下,公安机关、检察机关的办案信息不具有完全的透明性,尤其是涉及侦查的有关数据都被贴上了机密标签,局外人难以轻易接触,增加了实证调研的有限性。封闭的国家公权力运行场域,给实证调研的统计指标设计带来了难度,存在着侦查权程序性控制的程序规范没有被量化的可能。

在材料来源上,本书使用的研究材料除了来自于对部分公安机关、检察机关进行调研所收集的相关资料和数据外,还参考了部分学者出版、发表的文献中的相关资料,以及新闻媒体报道材料、官方公布的工作报告、统计年鉴等二手资料。经验性实证研究的基础是资料信息的可靠性,失真的资料信息会导致研究结果的偏差和谬误,只有真实客观且全面的资料信息才能支撑实证研究目的的达成。对此,笔者在收集资料信息时已尽可能地增加一手资料的收集比例和精度,但囿于公安机关、检察机关侦查工作的秘密性,实证调研的资料信息并不能与客观实际完全吻合,本部分的分析和结论也就不可避免地会存在一定的片面性和局限性。

第一节　侦查权内部自律科层控制的实践状况

公安机关作为主要的侦查权行使主体,其对于侦查权的内部自律具有重要意义。由于监察体制改革后检察机关依然保有一定范围的侦查权,检察机关对侦查权的内部自律也应纳入研究的范围。

一、公安侦查权内部自律科层控制的实证考察

可以说,我国公安侦查权内部控制机制的良性运行是公安系统得以存续和正常运转的重要保证。我国公安机关对侦查行为的规范性、合法性也非常重视,在具体的实践过程中也形成了具有一定特色的侦查权自律办法。

经过长期的积累,我国公安机关在办案实践中形成了通行的案件审核制度。作为实践中形成的一个约定俗成的概念,"案件审核"的具体内涵并没有定论,但有关的内部文件对其进行了规定。如根据公安部于 2006 年 12 月 18 日印发的《公安机关法制部门工作规范》第 55 条的规定,公安机关的法制部门应当在规定的案件审核范围内,对本机关所属业务部门和下级公安机关办理的案件,通过一定工作程序,就办案程序、事实认定、法律适用及文书规范等,进行审核并提出意见报领导审批决定。[①] 根据《吉林省公安机关推行刑事案件统一审核统一出口工作机制的指导意见》的规定,公安机关办理的刑事案件由法制部门统一管理,刑事执法办案过程中的重要措施决定由法制部门统一审核把关。案件未经法制部门审核,不得报公安机关负责人审批,不得移送人民检察院审查逮捕、审查起诉。刑事案件办理过程中与检察机关、人民法

[①] 该条规定:"公安法制部门应当在规定的案件审核范围内,重点对立案、管辖是否合法,事实是否清楚,证据是否确实、充分、合法,定性是否准确,处理意见是否适当,适用法律是否准确,程序是否合法,法律文书是否规范、完备以及其他案件质量有关事项进行审核,提出审核意见,报本级公安机关领导决定。"

院相关部门的对口衔接,也统一由法制部门负责。①

　　根据以上规定结合实践中的具体做法,可以概括出公安机关案件审核制度的基本涵义。具体包括:第一,审核的主体包括负责人和专门的内设机构。负责人有公安机关的部门负责人和机关负责人。专设的审核机构主要是法制部门,但部分地区的公安机关依然保留了预审部门。第二,审核对象是公安机关办理刑事案件过程中的强制措施和侦查措施的适用情况。第三,审核内容是公安机关侦查部门适用强制措施和侦查措施是否具有合法性、适当性,具体是对侦查行为依据的案件事实、证据材料、决定和实施程序、结果处理等方面的内容进行全面审核。第四,审核的时间一般早于侦查行为的实施,特定情形下晚于侦查行为的实施,所以案件审核包括了事前审核和事后审核。

(一)公安机关案件审核的主体

　　审核是审查核实、审阅核定的意思。古人曾言"《书》不云乎? ' 惟刑之恤哉!'其审核之,务准古法,朕将尽心览焉。"②具体而言,审核包括两个环节:一是核实、核对,二是审批决定。前者强调对待审核内容的查阅、核实;后者侧重于经过审查核实后,有权机关或个人的批准决定。公安机关的案件审核,从对象上可表现为特定内设部门对于侦查部门侦查行为的核查核对,了解强制措施、侦查措施的具体实施情况,本级以及上级侦查机关负责人对于涉及犯罪嫌疑人等当事人重大人身、财产利益的侦查行为的审批决定。

　　我国公安机关的案件审核制度也体现了科层结构,不同级别的公安机关负责人的审核事项存在差异,同一机关内的负责人和特定审核部门的审核事项也有区别。根据上文提及的相关规定,案件审核的权限和内容属于法定事项,公安机关不得违反法律规范,随意扩充或限缩负责人的审核权力。而公安

---

　　①　参见《吉林省公安机关推行刑事案件统一审核统一出口工作机制的指导意见》中"基本原则"部分第1—2条。
　　②　《汉书·刑法志》。

机关内部特定审核部门的创设及权限大小,则可直接由公安机关决定。从历史的角度看,公安机关内部的案件审核部门也发生过变革。时至今日,全国范围内公安系统案件审核部门的设置形式也并不完全一致。相对于法定的公安机关负责人审核权力,公安机关内部案件审核部门的历史变迁和多样现状更值得研究。

1.总体情况

当前,在全国范围内公安机关的案件审核主体主要是公安机关内设的法制部门。由公安机关法制部门负责审核,是由公安部官方确立的。《公安机关法制部门工作规范》对各级公安机关法制部门的具体职责进行了明确。其中,省级、地级和县级公安机关法制部门均承担组织、开展、指导执法质量考核评议、执法检查、个案调查、执法过错责任认定等内部执法监督工作,参与研究、处理重大、疑难案(事)件,提出法律意见和建议,以及依照规定对有关案件进行法律审核等职责。① 公安机关法制部门在审核过程中发现本级或者下级公安机关的执法行为有错误的,应当进行调查和处理。② 2012 年 7 月 31 日,公安部印发了《关于进一步加强公安法制队伍履职能力建设的意见》,进一步强调了公安机关法制部门的履责能力。③ 文件还确立了"个案监督制度",即法制部门对于存在执法突出问题的案件,可以启动个案监督程序,组织开展核查,对确实存在执法错误的,向有关部门提出整改意见,并通报执法问题。

---

① 参见《公安机关法制部门工作规范》第5—7条。

② 具体的要求是,公安法制部门按照规定进行查询、调阅案卷或者派员调查。经调查确认本级或者下级公安机关执法错误或者执法不当的,公安机关法制部门应当依法提出撤销、变更或者责令限期纠正的处理意见,报本级公安机关负责人批准后,制发《纠正违法决定书》,由本级公安机关有关部门或者下级公安机关执行。参见《公安机关法制部门工作规范》第62—63条。

③ 文件提出要健全落实案件审核制度,强调各级公安机关要结合本地执法实际,进一步健全落实案件审核制度。对重大、敏感案件,法制部门要从受(立)案开始,加强对案件"入口""出口"等重点环节的法律审核,及时发现和纠正执法问题,确保案件事实清楚、证据确实充分、办案程序合法、法律适用正确。参见《公安部关于进一步加强公安法制队伍履职能力建设的意见》第12条。

但是,实践中各地公安机关对案件审核主体的设置形式并不完全一致,呈现出多元化的格局。部分公安机关在刑侦部门设置预审支队或大队、中队或专职预审人员,负责案件的审核;①少数公安机关始终没有实行侦审合一,仍然坚持侦审分开,如广东省广州市公安局预审监管支队、深圳市预审监管支队以及广西壮族自治区南宁市公安局预审监管支队等;个别地方公安机关已经或正在恢复已撤销的独立预审机构。②

2.必要的梳理

前文提到了在部分地方的公安机关,预审部门仍是案件审核的主体。虽然预审部门在当前的公安机关中并不多见,但作为曾经的案件审核重要主体,也有必要对预审部门的工作职能进行简要的分析。

我国的预审制度萌芽于新民主主义革命时期,中华苏维埃政权、抗日战争革命根据地政权制定了早期的预审制度规范性文件。新中国成立初期,预审工作管理体系基本形成。1954 年,公安部制定了《关于逮捕及预审工作的暂行条例(草案)》。1957 年,将其修订为《预审工作守则》。单行预审法规的出台,明确了预审工作的基本方针和原则,也推动了预审组织机构建设。1957年,全国地方各级公安机关相继把政保、治安部门的预审业务分离出来,成立了管理预审工作的专门业务部门。"文化大革命"时期,全国公安系统的预审机构被废弃。1977 年之后,伴随着刑法和刑事诉讼法的出台,预审制度和预审工作重新进入正轨。1979 年,公安部召开第三次全国预审工作会议,重新修订了《预审工作规则》,确立了"实事求是、重证据、重调查研究、严禁刑讯逼供"的预审工作方针。预审部门也陆续得以恢复和健全,公安部恢复了预审

---

① 如四川省公安厅法制总队于 2015 年 2 月成立了四川省第一支案件审核支队,并且四川省"市、县公安机关法制部门也将分别设立案件审核大队、中队,专门负责案件审核,统一案件出口。"杜蕾、刘宏顺:《统一案件出口 我省公安首建案件审核支队》,载四川省人民政府网 ht-tp://www.sc.gov.cn/10462/10464/10797/2015/2/5/10326261.shtml,2019 年 12 月 6 日访问。

② 参见唐雪莲:《公安机关刑事案件审核制度实证研究——以侦查权力的控制为视角》,北京大学出版社 2015 年版,第 44 页。

局,地方的省级、地市级和县级公安机关也重新成立了预审部门。预审工作进入了新时代的快速发展时期。① 直至 20 世纪 90 年代,部分地方的公安机关法制部门陆续开始负责审核刑事案件。1996 年《刑事诉讼法》实施后,全国范围内公安机关法制部门开始审核刑事案件。1997 年,公安部开始刑侦体制改革,改侦审分离为侦审合一,即撤销预审部门,将原本的由公安机关内部刑侦部门和预审部门共同负责刑事案件办理,调整为由刑侦部门统一负责刑事案件办理,预审并入刑侦部门的工作范围。自此开始,在公安机关内部,整个刑事案件的办理从立案到侦查的实施,再到侦查终结后的案件处理都由刑侦部门全部负责。

在侦审分离期间,预审部门承担的职能繁多,学界对于预审职能的定位和认识存在争议,但是普遍认为对案件进行审理、审核是预审部门的职能之一。有学者认为,在侦审分离的情况下,预审不完全等同于侦查,预审的立法意图在于通过对证据材料的核实,保障犯罪嫌疑人的合法权益。② 有学者进一步指出预审的对象既包括公安机关立案侦查,有证据证明犯罪事实的刑事案件,还包括侦查活动的程序、方法、措施等。③ 客观上讲,预审部门在一定程度上发挥了公安机关内部规范侦查权行使的作用。预审处于公安机关办理刑事案件程序环节的后期阶段,主要负责对具体刑事案件办理过程中所收集的证据材料进行复核,进一步认定犯罪事实,查处侦查部门违法实施的侦查行为,对侦查部门进行监督制约,从而确保公安机关的办案质量和打击犯罪的力度。

（二）公安机关法制部门审核案件的程序

由于目前公安机关的案件审核工作主要由内部的法制部门承担,所以本

---

① 参见唐雪莲:《公安机关刑事案件审核制度实证研究——以侦查权力的控制为视角》,北京大学出版社 2015 年版,第 28—29 页。

② 参见刘方权:《侦审合并反思与预审制度的重构》,载郝宏奎主编:《侦查论坛》(第 1 卷),中国人民公安大学出版社 2002 年版,第 13 页。

③ 参见韩德明:《侦查与预审的关系》,载《江苏公安专科学校学报》1997 年第 4 期。

部分主要针对法制部门审核案件的程序进行分析。

1. 案件受理

依据《公安机关法制部门工作规范》的规定,公安机关法制部门审核案件实行登记管理制度。[①] 根据学者的实证调研,地方公安机关法制部门受理案件时会进行初步的审查。这种审查是形式审查,审查内容是案件是否属于审核范围、案件材料是否齐全。实践中公安机关法制部门受理案件的做法与公安机关规范性文件的要求基本一致。以刑事拘留和提请逮捕为例,部分地方公安机关法制部门受理案件的程序一般分为两步:[②]首先,确定管辖。审查侦查部门报送案件是否属于本级法制部门审核范围,审核的依据多为本级公安机关制定的有关法制部门审核案件的规范性文件。如本级公安机关没有制定具体规范,审核的依据则是上级公安机关制定的有关法制部门审核案件的规范性文件。其次,审核材料。审查是否有《呈请刑事拘留报告书》或《呈请提请提准逮捕报告书》,报告上是否有相关负责人签署的意见;是否具有记录案件事实和办理过程的法律文书、证据材料等。对于经审核发现不符合受理范围的,法制部门应直接退回;属于受理范围,但材料不齐的,法制部门可以通知侦查部门补充后予以受理。

2. 案件分配

公安机关法制部门受理案件后,就进入内部的案件分配环节。由于现代刑事司法活动对于效率的重视和追求,世界各国侦查机关办理案件的期限也呈现出压缩趋势。为此,公安机关法制部门受理案件后,实施审核工作的时间往往比较短暂,需要在较短的时间内完成审核工作。法制部门进行审核的第一步就是在部门内部确定案件的承办人。在实践中,公安机关法制部门分配案件的模

---

① 《公安机关法制部门工作规范》第 54 条规定,公安法制部门应当建立健全对审核的案件进行登记管理制度和重大、疑难、复杂案件集体审议制度,落实工作责任,确保办案质量,有针对性地解决案件审核中发现的问题。

② 参见唐雪莲:《公安机关刑事案件审核制度实证研究——以侦查权力的控制为视角》,北京大学出版社 2015 年版,第 53—54 页。

式主要有随机分配、划片分配和指定分配三种模式。实施随机分配的公安法制部门,一般是明确具体案件的分配方法,单纯依靠受理案件时部门人员的工作情况,予以随机分配,没有规律可言。在公安管理信息化的背景下,部分地区公安机关法制部门借助网络系统进行随机分配。划片分配是指公安机关法制部门将辖区进行划分,每一块划片区域由专门的工作人员负责,划片区域内的刑事案件的审核工作也由该工作人员负责。指定分配是指对于重大案件、具有较高社会关注度或复杂、疑难案件,公安机关负责人或公安机关法制部门负责人指定一名工作人员或若干名工作人组成审核小组,负责审核案件。①

3. 案件审核的层级

(1)法制部门的延伸:法制员

在介绍公安机关法制部门审核案件的层级结构之前,需要先交代下公安机关的法制员制度。为提高基层公安机关执法质量和水平,公安部于 2010 年 10 月 21 日印发了《公安部关于县级公安机关建立完善法制员制度的意见》,要求"县级公安机关应当在执法办案任务重的执法勤务机构和派出所派驻或者配备专职法制员,其他执法勤务机构和派出所应当由教导员或副职领导兼任法制员。"②法制员的一项重要职责就是对所在单位的执法工作进行监督,具体就是"对所在单位办理的案件进行法律审核,并提出书面审核意见"和"对接处警和执法办案的重要环节进行监督,督促纠正执法问题。"③部分地方的公安机关进一步对法制员的工作职责进行了细化。如江西省上饶市公安局就将法制员在审核案件方面的工作职责明确为,对本单位办理的行政、刑事案件和行政管理活动进行法律审核,及时发现问题并提出意见;对刑事立案、撤案,采取刑事强制措施和刑事侦查措施中的查封、冻结、扣押等执法活动实行

---

① 参见唐雪莲:《公安机关刑事案件审核制度实证研究——以侦查权力的控制为视角》,北京大学出版社 2015 年版,第 56—57 页。

② 参见《公安部关于县级公安机关建立完善法制员制度的意见》第 1 条。

③ 参见《公安部关于县级公安机关建立完善法制员制度的意见》第 5 条、第 6 条。

合法性、适当性审核;对适用和执行行政拘留、罚款、没收非法财物、吊销许可证、查封、扣押、冻结、查询财物、强制戒毒等行政强制措施和行政处罚实行合法性、适当性审核。①

　　法制员的来源包括外部派驻、内部配备这两种,并分为专职法制员和兼职法制员两类。在地方实践中,部分地方公安机关要求交警、刑侦、经侦等主要业务大队应配备专职法制员,其余执法办案单位也可以配备兼职法制员。部分地方还尝试由法制部门工作人员常驻执法办案部门担任法制员。② 截至2014 年 8 月,全国共有法制员 105927 名,其中专职法制员 20889 名。③ 此外,公安机关法制部门对法制员还具有一定的管理职责。④ 在实践中,部分地方的公安机关扩大了公安机关法制部门对于法制员的考核权力,客观上强化了法制部门对于法制员的管理领导权力。如《南充市公安局嘉陵区分局法制员工作考核办法(暂行)》不区分法制员的种类和来源,统一规定法制员工作考核由分局法制大队具体负责组织实施,采取日常考核与集中考核相结合的方式。日常考核由法制大队根据工作掌握情况和各单位报送的相关材料评定;集中考核每半年进行一次,与全局统一组织的执法质量考核评议一并进行。⑤《呼和浩特市公安局赛罕区分局兼职法制员管理办法》规定法制大队负责对

---

　　① 参见《上饶市公安局法制员工作职责》,载上饶市人民政府网 http://www.zgsr.gov.cn/doc/2016/07/07/80191.shtml,2019 年 12 月 3 日访问。

　　② 参见绍兴市公安局于 2018 年 5 月 31 日发布的《关于进一步加强全市公安法制员队伍建设的工作意见》,载绍兴市人民政府网 http://www.sx.gov.cn/art/2018/6/27/art_1467605_146427.html,2019 年 12 月 7 日访问.

　　③ 参见《推进执法司法规范化 维护社会公平正义 规范执法,塑造法治公安新形象》,载中华人民共和国公安部网 http://www.mps.gov.cn/n2255079/n4876594/n4876595/n4876596/c4880206/content.html,2019 年 12 月 7 日访问。

　　④ 对于派驻的法制员,由县级公安机关法制部门直接管理、考核;配备的专、兼职法制员,由所在单位管理,但是要接受法制部门的业务指导,对其考核时应当征求法制部门的意见。参见《公安部关于县级公安机关建立完善法制员制度的意见》第 14 条。

　　⑤ 参见《南充市公安局嘉陵区分局法制员工作考核办法(暂行)》第 4 条,载嘉陵区人民政府网 http://www.jialing.gov.cn/a/ztzl/fazhizhengfu/guifanxingwenjian/2017/0905/11075.html,2019 年 12 月 7 日访问。

兼职法制员的业务指导和考核工作,法制大队对兼职法制员履行职责情况进行考核,并在分局范围内予以通报。① 综上,法制员制度的实施延伸了法制部门的审核"触角",也丰富了公安机关内部案件审核的层级结构。

(2)审核案件的层级结构

随着法制员制度的实施,公安机关内部审核案件的程序模式进一步科层化。就公安机关内部法制工作的范围而言,在县级公安机关内部形成了"法制员审核——法制部门审核"的双重审核结构,即形成了法制工作人员和法制部门对于侦查部门的复合制约。如果将公安机关各职级负责人的审批纳入,公安机关内部审核案件的结构就成了"四级审核",即"办案人员提出申请——办案单位(部门)法制员审核——办案单位(部门)负责人审核——法制部门审核——公安机关负责人审批"。② "四级审核"模式是地方各级公安机关内部审核案件的基础形态,但在部分地方公安机关案件审核的层级结构又有了新的创新。经调研发现,有的地方公安机关法制部门对于拟提请逮捕的审核进行了进一步划分,实行法制部门民警审核和法制部门负责人审核的递进审查。如湖南省衡阳市公安局对于包括刑事案件办理过程中的特定执法行为,实行由"法制审核人员"和"法制部门负责人"进行双重审核的制度。③

① 参见《呼和浩特市公安局赛罕区分局兼职法制员管理办法》,载呼和浩特市政府信息公开发布平台网 http://www.huhhot.gov.cn/gaj/xxgk/bmxxgkml/201904/t20190404_429174.html,2019 年 12 月 7 日访问。

② 唐雪莲:《公安机关刑事案件审核制度实证研究——以侦查权力的控制为视角》,北京大学出版社 2015 年版,第 64 页。

③ 《衡阳市公安局重大执法决定法制审核责任追究办法(试行)》第 16 条规定,法制审核人员审核案件后,应当根据不同案件情况,分别作出如下处理:(1)案件事实清楚、证据确实充分、定性准确、处理意见适当、适用法律正确、程序合法、法律文书完备、网上流转到位、讯(询)问全程录音录像同步刻录光盘合格的,签署意见报法制部门负责人同意后,提请局领导审批。(2)案件事实、证据不符合拟作执法行为要求的,审核人员应当说明理由或列出补(侦)查内容,签署意见报法制部门负责人同意后,提请局领导决定。(3)定性不准,执法意见失当的,审核人员应当签署变更意见后报法制部门负责人同意,提请局领导决定。(4)违反法定程序、尚不足以影响案件定性处理的,审核人员应当出具执法纠正意见,同时应签署审核意见报法制部门负责人同意后,提请局领导决定。(5)严重违反法定程序、可能影响案件定性处理的,审核人员应当不予审核通过,并提出执法纠正意见和处理意见后,报法制部门负责人同意,提请局领导决定。

如此一来,特殊情况下,公安机关内部审核案件的层级结构就形成了"五级审核"模式,即"办案人员提出申请——办案单位(部门)法制员审核——办案单位(部门)负责人审核——法制部门审核人员审核——法制部门负责人审核——公安机关负责人审批"。[①]

(三)公安机关法制部门审核案件的方式

审核案件的方式对审核结果的形成具有重要的影响。我国公安机关法制部门自成立以来,长期使用书面审核的方式进行案件审核工作。直至今日,书面审核仍是我国公安机关法制部门主要的审核方式。但随着公安机关对于法制工作重视程度的增加,法制部门审核案件的方式也呈现出了新变化。

1. 以书面审核为主要方式

《公安机关法制部门工作规范》第 56 条确定了公安机关法制部门审核案件的主要方式是书面审核,即通过审查案卷的方式进行案件审核。法制部门认为必要时,还可以要求办案部门就有关问题作出说明。有的地方公安机关进一步对法制部门书面审核方式进行了细化。如《吉林省公安机关推行刑事案件统一审核统一出口工作机制的指导意见》也规定公安机关法制部门审核刑事案件一般采用书面审核方式。公安机关法制部门在审核过程中,发现侦

---

①　实行五级审核模式的地方公安机关的具体做法大同小异。如南充市公安局顺庆分局实行"主办民警、法制员、所领导、法制民警、局领导"的五级逐级审核审批流程,即主办民警自受理案件起,负责全面、客观、依法调查取证,收集固定证据、规范执法办案程序,及时提出处理建议,报本部门法制员审核。法制员负责对案件证据是否确实充分、程序是否规范、定性和引用法律条款是否准确、量罚是否适当等进行审核,发现问题及时责成办案民警整改后报部门负责人审核。部门负责人负责对该案认定的事实、处理意见进行审核,提出本部门处理意见报分局法制部门审核。同时按照分局《案件倒查办法》《执法档案制度》的要求,将民警执法办案情况载入部门、民警个人执法档案。法制民警对办案部门呈报的刑事、行政案件,着重在取证的全面性、客观性,程序的规范性,定性的准确性,处罚的适当性等方面进行审核,对民警执法办案中存在的问题和不足,按照分局《个案评判办法》规定逐一开展个案评判,并区别情况分别通过补查纲要、执法建议书、纠正违法通知书等形式要求部门补查完善后报局领导审批。局领导在审阅案件全卷证据材料基础上,对案件最终处理作出决定。参见《南充市公安局顺庆区分局贯彻落实法制审核制度、推动执法办案水平》,载顺庆区政府网站 http://www.shunqing.gov.cn/t/73119.html,2019 年 12 月 7 日访问。

查部门收集物证、书证违反法定程序的,应当要求侦查部门予以补正或者作出合理解释。侦查部门应当及时调查补证,并向法制部门书面说明情况。随着网络科技的进步,公安机关法制部门审核的纸质材料也开始呈现"非纸质"趋势。部分地方的公安机关法制部门审核材料也包括了网上电子卷宗、讯(询)问全程录音录像光盘。① 公安机关法制部门采取以书面审核为主的案件审核方式,是由于受制于公安机关法制部门的职权配置方式。在公安机关内部,法制部门并不享有侦查部门可以行使的侦查权限,其只能作为事后型审查的主体对侦查部门办案过程形成的案卷材料进行书面审核。

2. 以集体讨论为特殊案件服务

公安机关法制部门审核案件的方式也因案件疑难复杂及影响大小程度不同,而形成了新的形态。对于一般的案件,公安机关法制部门可以依靠普通的书面审核就可以完成审核。但是对于疑难复杂案件以及具有较大社会影响的案件,公安机关法制部门普通民警的审核往往是独木难支。在实践中,部分地方的公安机关针对重大复杂或疑难案件采取了集体讨论式的案件审核方式,通过会议的形式凝聚集体智慧为案件办理提供指导。各地公安机关法制部门召开集体会议时的参会人员范围不一,可以分为公安机关法制部门负责人主持召开的会议和分管法制工作的公安机关领导主持召开的会议。公安机关法制部门负责人主持召开会议的参会人员包括法制部门民警、侦查部门办案民警及部门负责人。需要由公安机关领导参与的案件,往往由分管法制工作的公安机关领导主持召开案件审核会议,侦查部门的办案民警、部门负责人和法制部门的民警、部门负责人参会。②

---

① 参见《衡阳市公安局重大执法决定法制审核责任追究办法(试行)》第11条。

② 如四川省南充市公安局顺庆区分局对于重大疑难复杂案件实施集中上会机制。分局对于涉及办案部门遇到的疑难案件需提请研究的执法案件,一般性案件由法制大队长组织,办案部门分管案件的负责人、办案民警和法制审核民警参加讨论,形成会商意见后由办案部门执行;不能达成一致意见的,提请分管法制的局领导研究决定;重大、敏感案件,由分管法制的局领导组织法制分管案件的副大队长、办案部门分管案件的负责人、办案民警和法制审核民警参加讨论研究,确保案件定性准确,顺利办理。参见《南充市公安局顺庆区分局贯彻落实法制审核制度、推动执法办案水平》,载顺庆区政府网站 http://www.shunqing.gov.cn/t/73119.html,2019年12月7日访问。

集体讨论审核方式的结果产生规则也存在差异。根据学者的调查,法制部门负责人主持召开的集体会议,以参会人员的票数决定,实行少数服从多数形成决定意见。而公安机关负责人主持召开的会议,参会的法制部门负责审核的民警、侦查部门的承办民警没有表决权,会议形成集体合议的意见。①

3. 以专家论证为例外辅助

面对越来越复杂的刑事犯罪,侦查工作的难度和压力也随之增加。对于一些疑难复杂案件,公安机关法制部门在审核案件过程中对案件定性、法律适用、强制措施和侦查措施的实施等问题难免会产生困惑,需要借助外界的知识力量予以辅助。部分地方的公安机关在法制工作规范建设中,明文确立了对于疑难复杂案件,法制部门可以组织专家论证。如《曲阳县公安局重大行政执法决定法制审核规定》第 6 条规定:"对重大复杂疑难的法律事项,法制部门可以组织本级公安机关法律顾问和公职律师协助进行研究。"②法律顾问、公职律师虽不是法制审核工作的直接参与人,但是其对于具体个案的论证意见往往具有一定的影响力,能够给公安机关法制部门提供决策参考依据。

二、检察侦查权内部自律科层控制的实证考察

国家监察体制改革严重削弱了检察机关的侦查权和侦查力量,但 2018 年《刑事诉讼法》仍然保留了检察机关对于司法工作人员利用职权实施的非法拘禁、刑讯逼供、非法搜查等侵犯公民权利、损害司法公正的犯罪案件的侦查权。同时,检察机关还享有对监察机关、公安机关移送案件的补充侦查权和对

---

① 唐雪莲:《公安机关刑事案件审核制度实证研究——以侦查权力的控制为视角》,北京大学出版社 2015 年版,第 121—122 页。

② 不少的地方公安机关也出台了类似的规定。如《磁县公安局重大行政执法决定法制审核办法》第 7 条规定:"对重大复杂疑难的法律事项,法制部门可以组织本级公安机关法律顾问和公职律师协助进行研究。"《河间市公安局重大行政执法决定法制审核办法》第 6 条规定:"对重大复杂疑难的法律事项,法制部门可以组织本级公安机关法律顾问和公职律师协助进行研究。"《沙河市公安局重大行政执法决定法制审核工作规定》第 6 条规定:"对重大复杂疑难的法律事项,法制大队可以组织市局法律顾问和公职律师协助进行研究。"

于公安机关管辖的国家机关工作人员利用职权实施的重大犯罪案件的机动侦查权。虽然整体看来,监察体制改革以来,检察机关行使侦查权的情形并不多,但是在司法责任制改革期间,检察机关自身也对行使侦查权进行了内部自律。概而言之,我国检察机关对侦查权的内部自律主要体现在明确检察侦查权限的范围和检察侦查权的层级控制这两个方面。

(一)明确检察侦查权限的范围

权力范围的明确是对权力进行制约的必要前提,没有范围限制的权力难以得到有效的制约。检察侦查权的细分,是对检察侦查权在检察机关系统内部进行分设,明确不同级别检察机关行使侦查权的权限和同一检察机关内部从事侦查工作的检察官的权限。具体表现则是通过权力清单的形式明确不同级别检察机关侦查部门的权力范围和不同级别检察官的权力范围。

在司法责任制改革期间,各省级检察机关依据最高人民检察院的文件精神,纷纷出台了本地区检察机关司法责任制改革的文件。这类文件基本会涉及检察侦查权限的细分。由于《关于人民检察院立案侦查司法工作人员相关职务犯罪案件若干问题的规定》明确了司法工作人员相关职务犯罪案件由设区的市级检察机关立案侦查,所以本部分只分析设区的市级及以上级检察机关之间,以及机关内部的侦查权细分情况。

1.检察机关侦查权的细分

各地省级检察机关根据市级检察机关和省级检察机关工作任务的不同,明确了二者侦查权限的差别。当前时期,市级检察机关是检察机关侦查办案的主体,掌握了检察侦查权的绝大部分权力,可以在自己的权力范围内开展侦查并作出侦查决定。但为了加强检察机关系统内部对于侦查权的控制,实现上级检察机关对于下级检察机关的监督,部分地方的检察机关确立了相应的内部机制,如上海市检察机关所建立的上级检察机关对下级检察机关的备案审查机制。根据《上海检察机关关于加强司法办案内部监督制约的规定(试行)》规定,上级检察院应对下级检察院不立案、撤销案件、不起诉以及因不存在犯罪事实作出的不批准(决定)逮捕等终局性处理决定以及职务犯罪案件判决实行备案审查。① 为确保下级检察机关向上级检察机关如实报告,部分地方的检察机关还明确了对下级检察机关有关人员的责任追究。② 此外,有的地方检察机关还对上级检察机关的指令权行使进行了程序规范。③

2. 检察官侦查权的细化

在检察机关内部,行使侦查权的检察官之间存在着侦查权力范围的差异。职级越高的检察官,享有的侦查权力范围就会越大。在检察机关司法责任制改革过程中,从事侦查工作的检察官的权力范围也在各地得以明确。以广东省为例,《广东省检察机关检察官职权划分暂行规定(试行)》将从事侦查工作的检察官进行了岗位划分,共分为侦查办案岗、侦查指挥岗、司法协助岗和综合指导预防岗。其中,"侦查办案岗"的检察官享有以下职权:制定包括安全预案和保密方案在内的初查工作方案;④采取不限制初查对象人身、财产权利的措施,包括询问、查询、勘验、检查、鉴定、调取证据等措施进行初查;制定包括风险评估、预警和安全防范在内的预案侦查方案;报请延长侦查羁押期限;参与重大责任事故检察调查工作;制作重大责任事故检察调查报告,根据调查情况提出处理建议;对初查、立案、侦查终结等事项提出意见。⑤ "侦查办案

---

① 参见《上海检察机关关于加强司法办案内部监督制约的规定(试行)》第5条。

② 如《湖北省检察机关司法责任认定与追究办法(试行)》第6条规定,下级检察机关有关人员故意隐瞒、歪曲事实,遗漏重要事实、证据或情节,导致上级检察机关作出错误命令、决定的,由下级检察机关有关人员承担责任。

③ 如《河南省人民检察院关于完善司法责任制的实施意见》第29条规定,上级检察机关对下级检察机关司法办案工作的指令,应当由检察长(分管副检察长)决定或由检察委员会讨论决定,以检察机关的名义作出。上级检察机关内设机构不得以部门名义向下级检察机关发出司法办案工作指令。

④ 需要指出的是,2019年12月修订的《人民检察院刑事诉讼规则》已经将"初查"修改为"立案审查"和"调查核实"。为了保持地方检察机关规范性文件的原样,此处依然使用"初查"一词。

⑤ 参见《广东省检察机关检察官职权划分暂行规定(试行)》第8条。

岗"的检察官享有的职权范围更为广泛,职权内容也更加重要,包括审查举报线索,决定初查、不予初查、缓查存查、移送其他部门或单位;决定公开初查或接触初查对象;批准辩护律师会见特别重大贿赂犯罪案件中在押或者被监视居住的犯罪嫌疑人;决定采取技术侦查措施;决定延长技术侦查期限;决定采取通缉、边控、网上追逃、限制出境等侦查措施;决定移送审查逮捕;决定终止侦查;决定案件侦查终结;决定案件移送审查起诉、不起诉;决定复议、复核、复查;决定移送、退还、解除查封、扣押、冻结财物和文件;决定对办案发现线索的处理;决定赴外省、市及国(境)外调查取证;决定商请有关单位及人员协助配合调查取证;决定重大责任事故调查组的组成;审批重大责任事故调查报告。① "侦查指挥岗"的检察官,是指检察机关办案组的主任检察官,在指挥侦查活动方面享有以下职权:审查案件线索,提出处理意见;参加案件线索评估;核实、初查案件线索;移送、交办、通报案件线索;跟进、督办、催办、提办移送和交办的案件线索;对案件线索进行清理、分析、通报以及二次移交;办理检察机关与同级纪检监察等机关之间的案件协作配合事项;对职务犯罪侦查专项行动以及重大、疑难、复杂案件进行组织、指挥、协调、督导;领办、交办、参办、提办案件及案件线索,办理指定侦查管辖;对重大敏感案件的初查、立案以及对人大代表、政协委员采取刑事强制措施,向相关单位请示报告或者通报;承办下级侦查部门报请的对犯罪嫌疑人采取指定居所监视居住强制措施的请示事项,提出处理意见;承办市、分院报请的将案件交由基层院立案侦查的请示事项,提出处理意见;协调本院交办、提办、指定侦查管辖案件中关于查封、冻结、扣押涉案款物的争议事项;组织实施追逃追赃;查询及协助查询职务犯罪侦查信息;商请公安机关办理边控、通缉、网上追逃等侦查措施;商请公安、国家安全机关办理技术侦查措施;协助抓捕;协助搜查;协助冻结、查封、扣押财物;协助收集、调取证据;协助办理异地羁押、临时寄押手续。② 在检察实践中,检察

---

① 参见《广东省检察机关检察官职权划分暂行规定(试行)》第9条。
② 参见《广东省检察机关检察官职权划分暂行规定(试行)》第11条。

长也承担着侦查指挥职责,其享有的权力包括决定开展职务犯罪侦查专项行动或对重大、疑难、复杂案件进行专案侦查;决定直接查办或者组织、指挥、参与查办下级人民检察院管辖的案件线索或案件;决定将本院管辖的案件线索或案件交由下级人民检察院管辖;决定将下级人民检察院管辖的案件线索或案件改变管辖;审批下级侦查部门报请的对犯罪嫌疑人采取指定居所监视居住强制措施的请示事项;审批下级人民检察院报请的将案件交由基层院立案侦查的请示事项;决定调配辖区内检察机关工作人员异地履职;审批商请公安机关办理边控、通缉、网上追逃等侦查措施;审批商请公安、国家安全机关办理技术侦查措施。①

为进一步了解检察机关内部对侦查权的细分情况,笔者也曾对西南地区某一省级检察机关进行调研。通过调研发现,该省检察机关办理侦查案件中的重要职权由检察长行使,主要分布在侦查程序的启动环节、侦查过程中涉及犯罪嫌疑人等当事人重大人身自由、财产权利等限制措施实施的决定环节以及侦查终结后的结果处理决定环节。具体包括了侦查线索的分派、初查、立案;实施侦查实验、技术侦查措施、处理涉案财物、实施及撤销强制措施、决定侦查终结、移送起诉、不起诉、撤销案件等。而检察官行使侦查权的情形基本属于事务性事项,具体包括通知法律援助机构指派律师;决定辩护律师是否可以会见犯罪嫌疑人;决定勘验、搜查、检查、辨认、查封、扣押等;查询、冻结;启动违法所得没收程序等(见表3—1)

表3-1　某省检察官行使侦查权的权力清单
（共计 42 项）

序号	职权	相关法律文书、工作文书	决定权限
1	决定对线索的分派		检察长
2	决定、批准初查	初查	检察长

---

① 参见《广东省检察机关检察官职权划分暂行规定(试行)》第12条。

续表

序号	职权		相关法律文书、工作文书	决定权限
3	决定立案		提请批准直接受理书	检察长
			立案决定书	
			补充立案决定书	
			不立案决定书	
4	报请决定或者直接决定由检察机关立案侦查国家机关工作人员利用职权实施的其他重大犯罪		请示、指挥令、立案决定书	检察长提请检委会
5	提办案件、交办案件或者案件线索		指挥令	检察长
6	指定下级检察院办理属于其他检察院管辖的案件或者案件线索		指挥令	检察长
7	决定批准分院将属于本院管辖的职务犯罪案件指定其下级院管辖		指挥令	检察长
8	决定侦查计划及办案安全预案	重大犯罪案件	侦查计划、办案安全预案	检察长
		其他案件		检察官
9	决定是否回避		回避决定书	检察长
			驳回申请决定书	
			回避复议决定书	
10	告知犯罪嫌疑人有权委托辩护人或申请法律援助		侦查阶段委托辩护人/申请法律援助告知书	检察官
11	通知法律援助机构指派律师		提供法律援助通知书	检察官
12	通知看守所辩护律师会见犯罪嫌疑人是否应当经许可		辩护律师会见犯罪嫌疑人应当经过许可通知书	检察官
			辩护律师可以不经许可会见犯罪嫌疑人通知书	
13	决定是否许可辩护律师会见犯罪嫌疑人		许可会见犯罪嫌疑人决定书	检察官
			不许可会见犯罪嫌疑人决定书	

续表

序号	职权	相关法律文书、工作文书	决定权限
14	决定勘验、检查、搜查、鉴定、辨认、调取相关证据	勘查证、搜查证	检察官
		聘请书	
		委托勘检(鉴定)书	
		解剖尸体通知书	
		通缉通知书	
		调取证据通知书(清单)	
15	决定开展侦查实验		检察长
16	决定通知询问证人、被害人	询问通知书	检察官
17	决定通缉犯罪嫌疑人		检察长
18	技术侦查措施	采取技术侦查措施申请书	检察官
		采取技术侦查措施决定书	检察长
		采取技术侦查措施通知书	检察官
		解除技术侦查措施决定书	检察长
		解除技术侦查措施通知书	检察官
		延长技术侦查措施期限申请书	
		延长技术侦查措施通知书	
		调取技术侦查证据材料通知书	
19	决定提请延长侦查羁押期限	提请批准延长侦查羁押期限报告书	检察官
		延长侦查羁押期限通知书	
20	决定重新计算侦查羁押期限	重新计算侦查羁押期限决定书(通知书)	检察官
21	决定查封、要求有关单位协助查封、解除查封	查封通知书	检察官
		协助查封通知书	
		解除查封通知书	

续表

序号	职权		相关法律文书、工作文书	决定权限
22	决定扣押物证、书证、视听资料,扣押邮件、电报		扣押通知书	检察官
			解除扣押通知书	
			扣押邮件、电报通知书	
			解除扣押邮件、电报通知书	
23	查询犯罪嫌疑人存款/汇款/股票/债券/基金份额		查询犯罪嫌疑人金融资产通知书	检察官
			协助查询金融资产通知书	
24	冻结犯罪嫌疑人存款/汇款/股票/债券/基金份额		冻结犯罪嫌疑人金融资产通知书	检察官
			解除冻结金融资产通知书	
			协助冻结金融资产通知书	
25	决定涉案财物的处理		退还、返还扣押(调取)物品、文件决定书	检察长
			退还、返还扣押(调取)物品、文件清单	
			处理扣押、冻结物品、文件决定书	
			处理扣押、冻结物品、文件清单	
			移送扣押、冻结物品、文件决定书	
			移送扣押、冻结物品、文件清单	
26	决定对犯罪嫌疑人传唤、拘传	上级检察院交办案件,要案,犯罪嫌疑人系人大代表、政协委员,社会关注度高的案件	传唤通知书、拘传证	检察长
		其他情形的案件		检察官
27	对自行侦查案件的犯罪嫌疑人报请上级院批准逮捕		报请逮捕书	检察官
			报请审查逮捕告知书	
			报请重新审查逮捕意见书	
28	撤销强制措施		撤销强制措施决定书、通知书	检察长

续表

序号	职权	相关法律文书、工作文书	决定权限
29	决定对犯罪嫌疑人拘留、监视居住、取保候审	报请许可采取强制措施报告书、拘留人大代表报告书	检察长
		拘留决定书、拘留通知书	
		指定居所监视居住决定书、通知书	
		(解除)监视居住决定书、执行通知书	
		(解除)取保候审决定书、执行通知书	
		报请指定居所监视居住意见书	
30	决定案件侦查终结、移送起诉、不起诉	侦查终结报告	检察长
		起诉意见书	
		不起诉意见书	
31	案件侦查终结移送审查起诉告知	案件侦查终结移送审查起诉告知书	检察官
32	撤销案件	撤销案件决定书	检察长
33	启动违法所得没收程序		检察官
34	提出没收违法所得意见	没收违法所得意见书	检察官
35	决定终止对个别犯罪嫌疑人侦查	终止对犯罪嫌疑人侦查决定书	检察长
36	决定对案件举报人给予书面答复	答复举报人通知书	检察官
37	决定案件线索移送其他机关	移送案件通知书	检察长
38	发出检察建议	检察建议书	检察长
39	案件请示、备查、请示批复	请示	检察长提请检委会
		批复	检察长
		备案案件审查表	检察官
40	提请检委会研究案件、事项		检察长
41	建议召开检察官联席会		检察官
42	向有关单位发函	工作用函	检察官

(二)检察侦查权行使的层级控制

层级控制是指对某项权力的行使实施多层次的监督制约,通过多个监督主体系统性的制约,实现对权力行使主体的控制。检察系统是一个科层式的结构系统,同一检察机关内部也具有典型的层级结构。对检察机关配置检察职权的过程,就是将检察权"镶嵌"到各级检察机关、检察机关内部各部门以及各级检察机关工作人员身上的过程。检察机关享有的侦查权也在这一过程中实现了在检察系统和同一检察机关内部的科层式分布,从而构成了对检察侦查权的层级控制。

1. 上下级检察机关之间的监督制约

上下级检察机关之间的侦查权监督制约,主要表现为上级检察机关对下级检察机关及其工作人员的领导监督。在地方的检察工作实践中,上级检察机关对下级检察机关及其工作人员的监督是检察机关内部监督的重要方式之一。如《上海检察机关关于加强司法办案内部监督制约的规定(试行)》专门指出要"加强上级检察院对下级检察院案件的审查和检查。"各地检察机关在探索实践中形成了各具特色的检察侦查权控制模式。如重庆市检察机关为强化上级检察机关的领导权和监督权,明确规定上级检察机关对下级检察机关及检察官的领导监督方式。一是上级检察机关加强对下级检察机关司法办案的领导;[1]二是上级检察机关在办理案件、业务指导、司法规范化检查等过程中,发现下级检察机关检察官不履行或者不正确履行岗位职责的,应当向下级检察机关通报。下级检察机关应当督促该检察官改正,并将改正情况报告上级检察机关。[2]《四川省检察机关完善司法责任制的实施意见(试行)》在强

---

[1]　如《重庆市检察机关检察官履职监督办法(试行)》第13条规定,上级检察机关可以指令下级检察机关纠正错误决定,或者依法撤销、变更下级检察机关对案件的决定;可以对下级检察机关管辖的案件指定异地管辖;可以在辖区内检察机关之间调配检察官异地履行职务。

[2]　参见《重庆市检察机关检察官履职监督办法(试行)》第14条。

调各级检察机关应当依照法律规定的权限和程序独立行使职权的基础上,也加强了上级检察机关对下级检察机关司法办案工作的领导。规定对于下级检察机关的错误决定,上级检察机关可以指令或依法撤销、变更。① 部分地方的检察机关还创设了监督中的报告制度。如《北京市人民检察院司法责任制改革试点工作实施意见》规定,上级检察机关在对下级检察机关的领导监督过程中,认为必要时,可以要求下级检察机关报告有关情况。②

2. 检察机关内部的监督制约

相对于上级检察机关对下级检察机关行使侦查权的监督制约,同一检察机关内部对侦查权的监督制约在监督效率和监督范围上更具优势,因而也成为地方各级检察机关监督制约侦查权的主要途径。实践中,检察机关侦查权内部控制的方式较为多样,在各地检察机关司法责任制改革推进的过程中,这些方式方法进一步得以丰富。如《上海检察机关关于加强司法办案内部监督制约的规定(试行)》对检察侦查权的内部控制方式进行了列举式概括,确立了"司法办案内部监督"的主要方式,其中可以适用于检察机关内部侦查权控制的方式包括加强检察长、检察委员会对案件的审查、决定和检查;加强办案组织内部监督,实行主任检察官审核和主任检察官会议制度;实行检察办案权与流程监督权相分离,由案件管理部门对办案全过程进行监督,实现办案全程留痕;加强对重点案件的质量监控和结果评价,实行案件日常性评查制度;司法办案活动在司法办案区进行,实行全程同步录音录像;对案件被宣告无罪、国家赔偿、社会不良反映强烈等情形,交付个案评鉴;对检察内部人员违反规定过问案件,实行记录和责任追究制度;完善检察官司法档案,建立健全检察

---

① 必要时,上级检察机关还可以对下级检察机关管辖的案件指定异地管辖;也可以在辖区内检察机关之间调配检察官异地履行职务。文件还明确了上级检察机关对下级检察机关司法办案工作的指令,应当由检察长决定或由检察委员会讨论决定,以检察机关的名义作出。上级检察机关内设机构不得以部门名义向下级检察机关发出司法办案工作指令。参见《四川省检察机关完善司法责任制的实施意见(试行)》中的"健全检察权运行监督制约机制"部分。

② 参见《北京市人民检察院司法责任制改革试点工作实施意见》第45条。

官业务考核评价机制;受理对检察官违法违纪的控告、举报;以及开展专项检务督察;等等。① 以上监督制约方式在其他地方的检察机关也有适用,②取得了一定的监督实效。

纵观各地检察机关的做法,可以发现我国检察机关侦查权的内部控制形成了以业务审批为主的层级审核和以流程监督为主的层级监管的"双轨并行"控制模式。业务审批的层级审核是指检察机关侦查办案流程中形成的传统的科层式行政审核,以通过借助检察官职级的高低来制约检察侦查权的行使。流程监督的层级监管则是指由检察机关内部特定的监督部门对检察机关侦查案件进行流程监控、文书审核,以实现对侦查部门查办案件的全程监督,确保侦查权的规范行使。

(1)业务审批的层级审核

业务审批的层级审核在实践中表现为"承办检察官——主任检察官——业务部门负责人——检察长(副检察长)"的四级审核程序。实践中,部分地方检察机关的检察长(副检察长)对业务部门负责人进行授权,委托业务部门负责人对主任检察官、独任检察官办理的案件进行审核。在推行检察官办案组制度的检察机关,组内检察官独立承办的案件还要经主任检察官审核。案件审核事项如果属于应由检察长(副检察长)决定和审核的,业务部门负责人、主任检察官应在审核后报检察长(副检察长)审核或决定。

审核案件一般采取书面审查的方式,审核者认为必要时可以审阅案卷材料。在审核过程中,业务部门负责人、主任检察官经审核对案件处理决定有不同意见的,应充分尊重承办检察官行使职权的独立性,不得直接改变检察官的

---

① 参见《上海检察机关关于加强司法办案内部监督制约的规定(试行)》第3条。

② 2014年陕西省各市级检察院报捕案件中,调取书证存在瑕疵问题的有17件,占案件总数的36.2%;收集言词证据存在瑕疵问题的有19件,占案件总数的36.2%;同步录音录像制作不规范的有9件,占总数的19.1%;个别案件还存在对涉案人大代表未报请许可的情况下直接向省院报捕的问题、未按规定通知犯罪嫌疑人家属等问题。参见程紫平:《职务犯罪侦查监督司法规范化探讨》,载《人民检察》2015年第14期。

决定。如检察官不认可审核意见拒绝改变案件处理决定,业务部门负责人、主任检察官可以提议召开检察官联席会议。经检察官联席会议讨论后仍有分歧意见的,可以提请检察长(副检察长)审核。审核意见应当书面明示,归入案件卷宗。如《江苏省人民检察院关于深入推进司法责任制改革的实施意见(试行)》第4条规定检察机关立案侦查的案件,一般由检察官办案组承办,简单案件也可以由独任检察官承办。侦查办理案件过程中,决定初查、立案、侦查终结、撤销案件等事项,应由主任检察官或者独任检察官提出意见,经侦查部门负责人审核后,报分管副检察长直至检察长决定。《江苏省设区市及基层检察院检察官职权清单》进一步明确了由省级检察机关部门负责人或市级检察机关部门负责人审核后,需提请省级检察机关检察长(副检察长)或市级检察机关检察长(副检察长)审批的事项,具体包括审核线索初查方案,提出启动、暂缓初查等意见;审核并提请立案、不立案、撤销案件、移送审查起诉或不起诉、中止或终止侦查;审核并提请延长侦查羁押期限、重新计算侦查羁押期限,以及采取、变更、解除强制措施的意见;根据初查或侦查工作需要,商请有关部门配合调查或提供协助;许可特别重大贿赂案件律师会见,审核不许可会见的建议并提请检察长审批等。[①]

此外,为强化责任追究,地方检察机关的相关规范也明确了相应的追责机制。业务部门负责人、主任检察官对检察官处理意见没有异议予以审批的,办案责任由承办检察官承担。如果检察官按照业务部门负责人、主任检察官的意见建议作出相应的处理决定,办案责任仍由承办检察官承担。但如案件存在明显错误或瑕疵的,业务部门负责人、主任检察官应当承担监督管理责任。

(2)流程监督的层级监管

流程监督的层级监管在实践中主要表现为,检察机关负责案件管理的部

---

① 参见《江苏省人民检察院检察官职权清单》《江苏省设区市及基层检察院检察官职权清单》。

门对检察机关办理案件的受理、期限、流程、质量等进行管理、监督、预警,①以实现对检察官办案活动的全程、动态监督。我国各地检察机关的案件管理部门成立的时间大多较晚,属于检察机关内部较为年轻的部门。其作为检察机关内部监督司法办案的职能部门,对检察机关侦查部门的办案情况无疑也承担着监督制约的职责。

一是关于案件受理的范围。对检察侦查部门办案过程中重要的侦查措施实施、侦查决定作出等进行监督管理。部分地区检察机关明确了案件管理部门监督侦查案件的管理范围。以广东省为例,根据《广东省检察机关案件管理规定(试行)》的规定,纳入案件管理部门管理的案件范围包括:审查批准或决定逮捕案件;(提请)批准延长侦查羁押期限案件、重新计算侦查羁押期限案件;不批准逮捕复议、复核案件;(不)批准逮捕申诉审查案件;刑事立案监督;刑事立案监督复议、复核案件;职务犯罪侦查不立案复议案件;适时介入侦查案件;侦查活动监督案件;侦查活动监督复查、复查结果审查案件等。②

二是关于监督管理的内容。案件流程监控是对检察官正在办理案件的程序是否合法、规范、及时、完备进行实时动态的监督。部分地方的检察机关在明确案件监督管理部门岗位职责的同时,还专门对案件管理部门进行监督管理的主要内容进一步予以了明确。③

三是监督管理的方式。案件管理部门的日常监管工作主要是通过书面审查,也就是对检察机关办理案件过程形成的信息和文书进行审核的方式来进行的。部分地方的检察机关也细化了案件监督管理部门开展工作的具体方

---

① 参见《人民检察院刑事诉讼规则》第 664 条。

② 参见《广东省检察机关案件管理规定(试行)》第 6 条。

③ 如《江苏省检察机关检察官司法办案内部监督工作规定(试行)》第 7 条规定,案件管理部门对涉案财物查封、扣押、冻结、保管、处理是否合法规范;文书制作使用是否正确、规范;案件办理是否超期,变更办案期限情况是否及时告知相关诉讼参与人;是否依法保障当事人、诉讼参与人、辩护人、诉讼代理人诉讼权利;对存在办案风险、重大涉检信访或者可能引发社会矛盾风险的案件是否进行司法风险评估,并采取相关预防措施;案件信息公开是否规范、准确;在统一业务应用系统内办理案件的信息填录、网上操作等是否规范、准确等内容进行监督管理。

式。如根据《上海检察机关关于加强司法办案内部监督制约的规定（试行）》的规定，上海市检察机关的案件监督管理部门设立若干名程序记录员，负责全面记录检察机关工作人员办理案件的流程，确保案件办理全程留痕。在监督管理过程中，案件管理部门对检察官办理的案件从实体、程序、法律文书及内部报告等方面进行检查，形成评查报告。对于侦查部门及其工作人员不规范的办案行为，通过预警提示、定期通报等予以纠正。发现有问题的个案，应送检察官管理部门记入检察官司法档案。此外，上海市检察机关案件监督管理部门还注重加强对司法办案场所内进行的讯问、询问、听证、会见等活动的监督管理，落实全程同步录音录像制度，对发现的违法情形和不规范言行提出纠正意见。①

四是关于监督管理的结果处理。案件监督管理部门针对侦查部门及其工作人员办理案件过程中出现的问题提出纠正等意见后，侦查部门及其工作人员是否及时纠正直接体现了监督管理的结果。为确保案件监督管理部门纠正意见的实效性，有的地方检察机关还根据违规办案的情节轻重程度规定了不同的处理方式，明确了相应的制度规范。②

（3）必要的补充

以上是地方检察机关对行使侦查权实行内部控制的整体情况，涵盖了检察侦查权内部控制的基本情况。但由于检察机关行使侦查权时部分环节和措施实施的重要性，检察机关还进一步通过制定专门性规范性文件的方式，对检

---

① 参见《上海检察机关关于加强司法办案内部监督制约的规定（试行）》第9—11条。

② 如《江苏省检察机关检察官司法办案内部监督工作规定（试行）》第8条规定，对于网上操作、法律文书制作不规范以及违规办案情节轻微的，案件管理部门应当向办案检察官进行口头提示，或者通过统一业务应用系统提示。办案检察官应在3个工作日以内，将核查、纠正情况回复案件管理部门。对于违规办案情节较重的，案件管理部门应当向办案部门发送案件流程监控通知书，要求办案部门及时查明情况并督促办案检察官予以纠正。检察官违规办案情节严重的，监督管理部门在向办案部门发送案件流程监控通知书的同时，还应当及时通报相关诉讼监督部门，并报告检察长。办案检察官应当在10个工作日内，将核查、纠正情况书面回复案件管理部门

察机关侦查权的内部控制进行了必要的补充。

一是侦查羁押期限延长的内部制约。在地方检察机关,侦查部门办理案件过程中侦查羁押期限延长不规范也是一个长期存在的问题。检察侦查部门对于自行侦查案件的侦查羁押期限的程序规范不明是主要原因。对此,部分地方的检察机关通过制度建设对延长自行侦查案件中的侦查羁押期限进行了规范。如内蒙古自治区人民检察院制订了《内蒙古自治区人民检察院关于办理延长侦查羁押期限和重新计算侦查羁押期限案件的规定》,对检察机关自行侦查案件中延长侦查羁押期限的报请和审核程序进行了明确。[1]

二是决定逮捕的内部制约。逮捕是检察机关侦查职务犯罪案件过程中常用的一种强制措施。为了与新修改的《刑事诉讼法》相对接,最高人民检察院于 2018 年 11 月 24 日印发了《关于人民检察院立案侦查司法工作人员相关职务犯罪案件若干问题的规定》,对检察机关立案侦查案件报请逮捕的程序进行了调整,规定检察机关刑事检察部门负责立案侦查司法工作人员的相关职务犯罪案件,认为需要逮捕犯罪嫌疑人的,刑事检察部门审查后,报检察长或检察委员会决定,不再需要报上一级检察机关审查决定。

此外,在地方检察机关的实践中也形成了各式各样的强化内部监督的创新做法。如山东省夏津县人民检察院于 2014 年出台了《侦查人员旁听庭审制度》,要求自行侦查案件在开庭审理时,办案人员必须到场旁听。该制度旨在通过现场感知法庭质证和控辩情况,提升检察机关自行侦查案件办案人员对庭审中暴露出的侦查取证环节存在的瑕疵的直观认识,从而明确侦查工作的

---

[1] 具体而言,侦查机关(部门)提请延长侦查羁押期限的,应当在侦查羁押期限届满 7 日前,向同级人民检察院移送延长侦查羁押期限的意见及有关材料。改变侦查管辖的,由改变后的侦查机关(部门)向同级人民检察院移送。上一级人民检察院决定逮捕的职务犯罪案件,由负责立案侦查的人民检察院侦查部门向本院侦查监督部门移送。同级人民检察院侦查监督部门审查后制作《提请批准延长侦查羁押期限案件审查报告》,提出是否同意延长侦查羁押期限的意见,经部门负责人审核,报检察长决定后,填写《提请批准延长侦查羁押期限报告书》,连同其它材料,移送上一级人民检察院审查决定。参见《内蒙古自治区人民检察院关于办理延长侦查羁押期限和重新计算侦查羁押期限案件的规定》第 9 条。

差距与不足。①

第二节 侦查权外部他律分权控制的实践状况

侦查权外部他律分权控制机制是基于行使侦查权的主体进行自我监督、自我制约可能存在的控制不力的缺陷而创设的。目前,我国侦查权外部他律分权控制的法律规范体系已基本确立,但是制度的生命在于实践层面的运行,而不仅是停留于规范层面的设立,因此侦查权外部他律分权控制机制在实践中的运行情况也值得进一步探讨。

一、公安侦查权外部他律分权控制的基本状况

在我国的刑事司法体系中,对公安机关侦查权的行使进行外部监督制约的主体是检察机关。基于国家法律监督机关的定位,立法赋予了检察机关监督制约公安机关的多项职权。依据前文将侦查权分为侦查启动权、侦查实施权、侦查终结权和侦查监督权的思路,侦查权的外部监督主要是对有权主体行使侦查启动权、侦查实施权以及侦查终结权而进行的监督制约。本部分将围绕侦查权的这三项具体职权进行分析。

在对公安机关行使侦查权的外部控制进行考察前,需要明确实证考察的指标选择。对于侦查启动权外部控制的考察,笔者拟将检察机关的立案监督情况作为观测指标,并针对监督立案和监督撤案这两个二级指标进行具体考察。相对于侦查启动权外部控制考察指标的明确性,侦查实施权和侦查终结权的考察指标选择具有一定的间接性。检察机关监督制约公安机关侦查行为和终结侦查形成的数据复杂多样,且难以被外界获知,只能通过部分间接数据

---

① 参见贾富彬等:《山东夏津县检察院推行自行侦查案件"一案一听审"制度》,载最高人民检察院网站 https://www.spp.gov.cn/ztk/dfld/2014dfld/dfld29/gzyzx/201408/t20140825_78986.shtml,2019 年 12 月 16 日访问。

进行间接或局部考察。

审查逮捕、审查起诉是检察机关开展侦查监督、发现和纠正侦查活动违法的基本途径,捕、诉条件也是检验侦查监督尺度是否严格依法把握的重要指标。[①] 对于审查逮捕而言,在实践中公安机关对案件进行立案侦查后决定提请检察机关批准逮捕犯罪嫌疑人时,公安机关对案件的侦查过程往往已临近结束,案件的证据材料已基本收集完毕。也就是说,公安机关侦查过程的重心在提请逮捕节点之前。所以,检察机关在审查逮捕环节对公安机关的侦查活动进行监督的情况,可以视为对侦查实施权的外部控制。而公安机关将案件移送检察机关审查起诉,即意味着公安机关对案件的侦查程序已经终结进入了审查起诉环节。如果检察机关在审查起诉环节发现侦查机关存在违法侦查行为的,应当进行监督纠正。检察机关监督纠正的措施包括口头提出纠正意见、书面提出纠正意见、退回补充侦查或自行补充侦查等。这些监督措施的实施客观上形成了阻却侦查机关终结侦查程序的效果,侦查机关应对违法的侦查行为予以纠正,并将整改情况报送检察机关。所以,检察机关审查起诉环节的侦查监督情况可以作为侦查终结权外部控制的考察指标。

(一)侦查启动权的外部控制状况

侦查启动权,顾名思义是指开启刑事侦查程序的权力。在我国,侦查启动与立案是紧密结合在一起的,已经立案的刑事案件必须启动侦查程序。根据《刑事诉讼法》第109条、第115条的规定,公安机关或者检察机关发现犯罪事实或者犯罪嫌疑人,就应当按照管辖范围,开展立案侦查。公安机关决定立案的案件,应当进行侦查,收集、调取相关的证据材料。此外,补充侦查也属于侦查启动的形式。检察机关对公安机关侦查终结移送的案件进行审查,认为需要补充侦查的,可以退回公安机关补充侦查,或者可以自行补充侦查。在这

---

① 池强:《规范侦查监督树立司法公信》,载《人民检察》2014年第17期。

种情形下,检察机关可以对公安机关侦查终结的案件启动补充侦查程序,也就是对案件再次启动侦查程序。

对公安机关行使侦查启动权的外部监督,集中体现于检察机关对公安机关刑事立案活动的监督。检察机关的立案监督包括对应当立案而不立案的监督和不应当立案而立案的监督这两个方面。应当立案而不立案是指侦查机关对于符合刑事立案标准的案件,而不予立案,导致刑事案件无法进入刑事司法程序,侦查程序被虚置。应当立案而不立案的直接后果是放纵了刑事案件的犯罪嫌疑人,使得犯罪嫌疑人不能被及时追究刑事责任,刑事惩罚的预测性和必然性得不到实现。长远看来,应当立案而不立案侦查则是架空了刑事司法程序,原本应当经历刑事司法程序的案件被拒绝在司法程序之外,刑事实体法的实体正义和刑事程序法的程序正义均被束之高阁,这将严重损害刑事司法本身所蕴含的价值和意义。不应当立案而立案则是指公安机关滥用立案侦查权,导致本不应当进入刑事司法程序的案件进入了刑事司法程序,破坏了刑事司法活动的严肃性和谨慎性,并存在刑事惩罚被误用和刑事错案产生的潜在风险。同时,公安机关对不应当立案的案件进行立案,也增加了司法资源的消耗,降低了司法程序的运转效率。总之,应当立案而不立案和不应当立案而立案都属于公安机关对侦查启动权的错误行使,不仅会对直接利害关系人造成侵害,还会损害刑事司法活动的公平公正价值,降低刑事司法制度的公信力。

1. 整体情况

笔者根据《中国法律年鉴》公布的有关数据,统计汇总了 2007 年至 2017 年全国检察机关对公安机关的立案监督情况。数据信息包括全国检察机关每年针对公安机关立案情况书面提出纠正意见的数量和公安机关已予以纠正的数量,计量单位是"件次"。在此基础上,通过计算公安机关纠正数与检察机关提出的立案书面纠正意见数的比值,得出公安机关的纠正率情况(见表3-2)。

表3-2 2007年—2017年全国检察机关立案监督情况

年份 类别	2007年	2008年	2009年	2010年	2011年	2012年	2013年	2014年	2015年	2016年	2017年
书面提出纠正意见(件次)	24010	28908	28014	44141	33167	49842	57381	42272	28010	30093	37809
已纠正(件次)	22185	26972	26208	41906	31653	48000	54570	38909	24893	25311	32511

从表3-2可以看出,2007年至2017年全国检察机关针对立案监督提出的书面纠正意见的数量和公安机关予以纠正的数量均是起伏不定,但整体呈上升趋势,分别从2007年的24010件次上升到了2017年的37809件次、2007年的22185件次上升到了2017年的32511件次,分别上升了57.47%和46.54%。[①] 为了进一步了解全国检察机关立案监督的动态变化,笔者采取了图示方法进行了分析(见图3-1)。

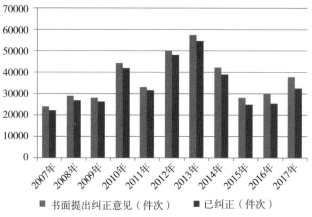

图3-1 2007年—2017年全国检察机关立案监督情况示意图

---

① 也有人开展了检察机关在立案监督方面的实证调研。内蒙古自治区小黑河地区人民检察院检察长王传红对某省检察机关立案监督情况进行了调研,发现在2015年至2017年期间,受理公安机关应当立案而不立案案件2395件,公安机关接到检察机关通知后立案侦查1230件,占比仅为51.4%。在连续三年监督撤案的案件中,受理公安机关不应当立案而立案案件1184件,检察机关监督公安机关撤案1102件,占比达93.1%。也就是说公安机关对这么多不该"动刑"的案子"动了刑"。参见王传红:《创新检察机关侦查监督工作若干问题研究》,载《人民检察》2018年第21期。

根据图 3-1,2007 年至 2017 年全国检察机关在立案监督方面书面提出纠正意见的数量整体呈现出"∧"型变化。该期间初期的 2007 年至 2009 年和后期的 2015 年至 2017 年的纠正意见数量偏低,2010 年至 2014 年检察机关提出纠正意见的数量处于高峰位置。2007 年至 2017 年期间全国检察机关针对公安机关立案监督提出的书面纠正意见数量和公安机关予以纠正的数量都出现了两次峰值,两组数据出现峰值的年份恰好相同。第一次峰值出现在 2010 年,检察机关书面提出立案监督的纠正意见 44141 件次,公安机关纠正了 41906 件次;第二次峰值出现在 2013 年,检察机关书面提出立案监督的纠正意见 57381 件次,公安机关纠正 54570 件次。在两次峰值年份之前,检察机关书面提出纠正意见数量和公安机关纠正的意见数量呈上升趋势;峰值年份之后,检察机关书面提出纠正意见数量和公安机关纠正的意见数量开始逐步下滑。

2. 局部情况

为了更深入地了解我国检察机关监督刑事立案的情况,笔者将立案监督区分为监督立案和监督撤案这两种类型,并分别统计分析这两种类型的数据信息。

第一种类型是监督立案。监督立案是指检察机关发现公安机关对于应当立案侦查而未立案侦查的,[①]要求公安机关予以立案的一种监督方式。笔者根据《中国法律年鉴》公布的有关数据,统计分析了 2007 年至 2017 年全国检察机关监督立案的情况(见表 3-3)。

表 3-3　2007 年—2017 年全国检察机关监督立案情况

类别 ＼ 年份	2007 年	2008 年	2009 年	2010 年	2011 年	2012 年	2013 年	2014 年	2015 年	2016 年	2017 年
书面提出纠正意见(件次)	19172	22061	21191	32830	21201	29372	31754	24072	17546	18668	22941
已纠正(件次)	17421	20198	19466	31203	19786	27837	29359	21236	14509	14650	18587

---

①　主要表现为少数派出所在破案率、有罪率等考核指标的压力下,为了提高工作业绩,有时会不立案,或者先破后立、不破不立。参见马忠红:《刑事侦查监督机制的发展与完善》,载《人民检察》2019 年第 3 期。

相对于检察机关立案监督件次在不同年份间的剧烈变化,检察机关监督立案数据的年际变化较为平缓。2007 年至 2017 年,检察机关年均提出监督立案纠正意见 23709 件次,在该期间,每年的检察机关提出纠正立案意见数量在均值上下轻微变动。公安机关接到检察机关要求说明不立案理由或通知立案的书面通知后,及时纠正并立案侦查的数量变化更为平稳。2007 年至 2017 年,公安机关年均纠正应立案而不立案的数量是 21295 件次,每年纠正的件次与年均值差别较小。整体看来,2007 年至 2009 年和 2015 年至 2017 年检察机关书面提出纠正不予立案的意见数量和公安机关纠正的意见数量处于"低潮期",2010 年至 2014 年是两组数据上升的"高潮期"(见图 3-2)。

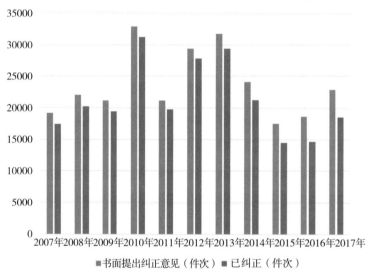

图 3-2 2007 年—2017 年全国检察机关监督立案情况示意图

第二种类型是监督撤案。在我国的刑事司法领域,立案与侦查具有紧密关联,公安机关的立案决定等同于行使了侦查启动权,所以公安机关对不应当立案的案件而立案的,检察机关也承担了监督制约的职责。检察机关对于公安机关不应当立案而立案的监督,主要依靠当事人的控告、申诉。检察机关依职权主动进行的监督制约侧重于应当立案侦查而不立案侦查的情形,因此立法并没有明确检察机关主动发现公安机关不应当立案而立案侦查的处理措施。当事人认为公安机关不应当立案而立案的,有权向检察机关提出控告、申诉。检察机关控告检察部门受理后进行审查,认为需要公安机关说明立案理由的,应当及时将案件移送侦查监督部门处理。① 公安机关在法定期限内向检察机关书面说明立案理由,检察机关侦查监督部门认为立案理由不成立的,将检察长或检察委员会讨论决定,制作通知撤销案件书送达公安机关执行。公安机关应当立即撤销案件,并将撤销案件决定书送达检察机关。根据《中国法律年鉴》公布的有关数据,笔者统计了 2007 年至 2017 年全国检察机关监督撤案的情况(见表 3-4)。

表 3-4　2007 年—2017 年全国检察机关监督撤案情况

类别＼年份	2007 年	2008 年	2009 年	2010 年	2011 年	2012 年	2013 年	2014 年	2015 年	2016 年	2017 年
书面提出纠正意见(件次)	4838	6847	6823	11311	11966	20470	25627	18200	10464	11425	14868
已纠正(件次)	4764	6774	6742	10703	11867	20163	25211	17673	10384	10661	13924

　　总体看来,2007 年至 2017 年全国检察机关在监督撤案方面书面提出纠正意见数量增长迅速。从 2007 年的 4838 件次,到 2013 年达到峰值的 25627 件次,增长近 430%。同时,监督撤案的纠正意见得到纠正的数量在同期也显示出了迅猛的增长势头。2007 年检察机关监督撤案纠正意见得到纠正的数量是 4764 件次,到 2013 年得到纠正的纠正意见数量达到 25211 件次,增长 429%。但自 2013 年全国检察机关提出监督撤案的纠正意见和得到纠正的纠正意见数达到最高值后,2014 年和 2015 年的数值双双持续卜滑。2015 年全国检察机关监督撤案提出纠正意见数和得到纠正的纠正意见数分别只有

---

　　①　侦查监督部门审查后认为有证据证明公安机关可能存在违法动用刑事手段插手民事、经济纠纷,或者利用立案实施报复陷害、敲诈勒索以及谋取其他非法利益等违法立案情形,尚未提请批准逮捕或者移送审查起诉的,经检察长批准,应当要求公安机关书面说明立案理由。参见《人民检察刑事诉讼规则(试行)》第 554—555 条。

10464 件次和 10384 件次,相对 2013 年,分别下降了 59% 和 58%。在 2016 年和 2017 年期间,检察机关在监督撤案方面书面提出纠正意见的数量和得到公安机关纠正的数量开始回升(见图 3-3)。

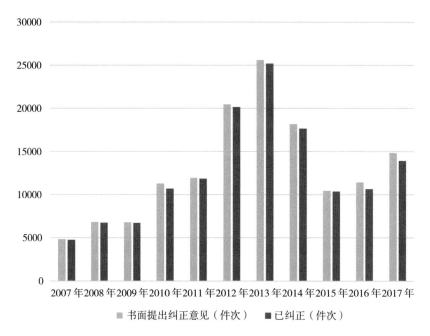

图 3-3 2007 年—2017 年全国检察机关监督撤案情况示意图

结合前文分析的全国检察机关监督立案的情况,可以发现每年全国检察机关监督立案的书面纠正意见数量一直多于监督撤案的书面纠正意见数量,每年得到纠正的监督立案纠正意见数量也多于得到纠正的监督撤案纠正意见数量。但是,监督立案和监督撤案在检察机关监督立案总量中的占比变化巨大。2007 年,检察机关监督立案的纠正意见数量占立案监督总数的 80%,检察机关监督撤案的纠正意见数量仅占立案监督总数的 20%。2017 年,检察机关监督立案的纠正意见数量占比已降到 61%,检察机关监督撤案的纠正意见数量占比上升到 39%。由此可见,在检察机关立案监督总体上升的情况下,2007 年至 2017 年检察机关针对公安机关不应当立案而立案侦查的监督力度在不断增强。

（二）侦查实施权的外部控制现状

侦查实施权是实施侦查行为的权力。侦查程序启动后,侦查机关有权实施侦查行为进行查清案件事实、抓捕犯罪嫌疑人的工作。侦查机关实施的侦查行为可以分为侦查措施和强制措施。侦查措施包括讯问犯罪嫌疑人,询问证人,勘验、检查,搜查,查封、扣押物证、书证,鉴定、技术侦查措施,侦查实验和通缉。此外,《公安办案规定》中所规定的询问被害人,查询、冻结犯罪嫌疑人的存款、汇款、债券、股票、基金份额等财产,辨认物品、文件、尸体、场所或者犯罪嫌疑人等措施,也属于侦查措施。强制措施则包括拘传、拘留、逮捕、取保候审和监视居住这五种强制性方法。

对公安机关行使侦查实施权的外部控制的考察,将主要参考检察机关审查批准逮捕过程中对公安机关书面提出纠正意见的情况。检察机关对公安机关提请逮捕的审查过程,集中体现了检察机关对公安机关行使侦查权的外部控制,是实践中检察机关对公安机关侦查实施权进行监督制约的主要途径。笔者根据《中国法律年鉴》公布的有关数据,统计分析了2007年至2017年全国检察机关在审查批准逮捕环节对公安机关书面提出纠正违法意见的情况(见表3-5)。

表3-5　2007年—2017年全国检察机关审查批捕环节侦查监督情况

年份 类别	2007年	2008年	2009年	2010年	2011年	2012年	2013年	2014年	2015年	2016年	2017年
书面提出纠正意见(件次)	7805	12296	14308	18880	20801	30584	37684	30452	20497	21878	27373
已纠正(件次)	7550	11943	14005	18415	20450	30238	36650	28810	17768	19216	23562

从表3-5可以看出,从2007年至2013年,检察机关审批逮捕过程中书面提出纠正违法意见数量一直逐年增长,从2007年的7805件次到2013年的37684件次。自2013年达到峰值后,检察机关审查批准逮捕环节书面提出纠

正违法意见的数量开始下降,并在 2015 年到达"谷底",仅为 20497 件次。但自 2016 年后,检察机关审查批准逮捕环节书面提出纠正违法意见的数量开始回升,2017 年为 27373 件次。但是,相对 2013 年的峰值,仍是下跌了 27%。总体而言,2007 年至 2017 年,全国检察机关审批逮捕环节书面提出纠正意见的数量呈现出"∧"型的变化趋势(见图 3-4)。

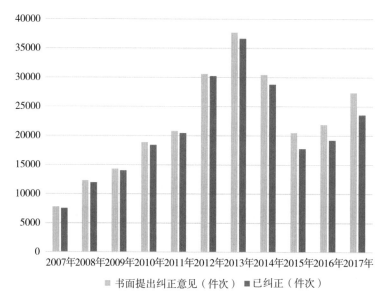

图 3-4 2007 年—2017 年全国检察机关审查批捕环节侦查监督情况示意图

在检察机关审查批准逮捕环节向公安机关书面提出纠正违法意见数量起伏变化的背后,纠正意见的采纳情况同样值得关注。从图 3-4 中也可以看出,公安机关对所提纠正意见予以纠正的数量变化,与检察机关书面提出纠正意见的数量变化基本同步,二者在 2007 年至 2017 年的变化趋势相仿。

(三)侦查终结权的外部控制状况

侦查机关(部门)经过侦查活动之后,对案件有两种处理结果。一种是侦查机关(侦查部门)认为案件符合移送审查起诉或移送起诉的,终结案件的侦查程序,办理移送审查起诉或移送起诉手续。另一种是侦查机关(侦查部门)

认为案件不需要进入审判环节的,也可以终结侦查程序,对案件予以撤销。在侦查过程中,公安机关发现不应当对犯罪嫌疑人追究刑事责任的,应当撤销案件。犯罪嫌疑人已被逮捕的,应立即释放,并通知原批准逮捕的检察机关。侦查终结权是终结侦查程序,决定案件后续处理方式的权力。这项权力对于侦查权的行使具有重要意义,并在侦查权行使的实践中所占的分量越来越重。由于公安机关行使侦查终结权的具体情形复杂,对侦查终结权的外部控制形式也多种多样,同时囿于调研条件的限制,此处无法对侦查终结权的外部控制进行全局性的描述,只能通过审查起诉环节书面提出纠正违法意见的有关数据分析,以对检察机关侦查终结权的外部控制情况进行窥测。

从实质内容看,检察机关在审查起诉和审查批准逮捕环节对公安机关所进行的侦查监督并无本质区别,检察机关对公安机关违法侦查行为的处理措施也基本一致。但是,检察机关在审查起诉环节中进行侦查监督的案件是已经侦查终结的案件,检察机关对公安机关违法侦查行为提出纠正意见,公安机关予以纠正的过程,等同于检察机关对公安机关行使侦查终结权进行了限制,需要公安机关重新启动侦查程序以对违法的侦查行为进行纠正。笔者同样根据《中国法律年鉴》公布的有关数据,统计了 2007 年至 2017 年全国检察机关在审查起诉环节的侦查监督情况(见表 3-6)。

表 3-6　2007 年—2017 年全国检察机关审查起诉环节侦查监督情况

类别＼年份	2007 年	2008 年	2009 年	2010 年	2011 年	2012 年	2013 年	2014 年	2015 年	2016 年	2017 年
书面提出纠正意见(件次)	7829	10128	11666	15300	19011	26696	35034	24847	16795	17743	20498
已纠正(件次)	6623	8733	10224	14184	17767	25344	33782	23530	14106	15014	16796

如上表所示,从 2007 年开始,检察机关在审查起诉环节的侦查监督强度逐渐增大,书面提出纠正意见的数量逐年上升,从 2007 年的 7829 件次迅速上

升至 2013 年的 35034 件次,增幅达 347%。但自 2014 年开始,检察机关审查起诉环节侦查监督的强度有所下降,书面提出纠正意见的数量开始下滑。2015 年检察机关书面提出纠正意见的数量仅为 16795 件次,比 2013 年书面提出纠正意见的数量下跌了 52.06%。虽然 2016 年和 2017 年检察机关书面提出纠正意见数量开始回升,但回升幅度有限,2017 年全国检察机关在审查起诉环节书面提出纠正意见的数量仅刚过 2013 年的一半。总体而言,2007年至 2017 年,全国检察机关在审查起诉环节对公安机关书面提出纠正意见的数量变化也整体呈现出"∧"型变化(见图 3-5)。

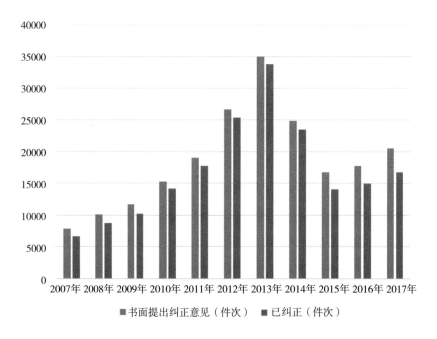

图3-5 **2007 年—2017 年全国检察机关审查起诉环节侦查监督情况示意图**

与同时期检察机关在审查批准逮捕环节的侦查监督情况进行对比,可以发现检察机关在审查批准逮捕和审查起诉环节书面提出纠正意见数量的变化趋势十分相似。均是在 2007 年至 2013 年是上升期,并于 2013 年达到期限内的峰值,但在 2014 年和 2015 年逐年下降,2016 年和 2017 年又开始小幅回升。

更深一步观察发现,检察机关在审查批准逮捕和审查起诉环节书面提出纠正意见的数量相差不大,并没有出现经验判断中审查批准逮捕环节侦查监督的强度远远大于审查起诉环节侦查监督强度的情形。总体来说,每年检察机关在审查批准逮捕环节书面提出的纠正违法意见数量多于审查起诉环节提出的书面纠正意见数量,但年均差值不多,仅为3364件次。甚至出现2007年检察机关在审查起诉环节提出纠正意见数量多于在审查批准逮捕环节提出纠正意见数量的情况。

二、检察侦查权外部他律分权控制的基本状况

在我国的刑事司法体系中,检察机关的身份定位较为特殊。一方面,检察机关作为法律监督机关,负责对国家机关执行法律的情况进行监督;另一方面,检察机关对于特定主体的犯罪案件以及在特殊情形下还可以行使侦查权,承担查清案件事实、追究犯罪嫌疑人刑事责任的职责。这两种身份的混同,导致检察机关成为了刑事司法领域中监督制约侦查权行使的不可或缺的重要机关。检察机关可以对行使侦查权的公安机关等主体进行侦查监督,以制约侦查机关的侦查活动。而检察机关自己行使侦查权时,却面临着"环视四周,谁是敌手"的感叹。

对于检察机关行使侦查权的监督制约,长期以来只有检察机关的内部制约机制,但是内部监督固有的弊端导致检察机关自我监督侦查权行使的效果难以服众。立法机关在修改刑事诉讼法时,也进行了专门性的补正。同时,检察机关也在主动引入外部主体对其行使侦查权进行监督制约,形成了一些制度措施。

(一)法院适用非法证据排除规则的制约

2012年《刑事诉讼法》确立了我国的非法证据排除规则,2018年《刑事诉讼法》对此予以了保留。根据立法确立的规则,审判人员在法庭审理过程中认为可能存在以非法方法收集证据情形的,应当对证据收集的合法性问题进

行法庭调查,检察机关应当对证据收集的合法性承担证明责任。经过审理,确认或者不能排除存在以非法方法收集证据情形的,应当对有关证据予以排除,不得作为判决的依据。法院适用非法证据排除规则的案件范围也包括检察机关办理的自行侦查案件。法院对检察机关办理的自行侦查案件进行非法证据排除,也构成了对检察机关行使侦查权的外部控制。

然而,刑事诉讼法所确立的非法证据排除规则在实践中却遭到了冷遇。有学者对非法证据排除规则适用情况进行实证调研后发现,非法证据排除的实践状况不够理想,表现在法院没有依职权启动非法证据排除、被告方申请启动非法证据排除的比例极低、法庭组织调查后证据被排除的比例较低、非法证据排除后对案件处理基本没有影响。该学者在调研中发现,在一起检察机关办理的贪污贿赂案中有 7 份笔录涉嫌系刑讯逼供收集,而被予以排除;另一起受贿案件中有 1 份笔录涉嫌系刑讯逼供收集,也被予以排除。但是,非法证据排除后,法院仍然采纳了其他重复供述笔录认定了被告人构成犯罪。① 笔者以"刑讯逼供罪"为条目,在北大法宝司法案例数据中进行了检索,发现只有一起案件明确表述了"有罪供述是在侦查机关的威胁、引诱等非法方式下取得,应当予以排除"。② 而在北大法宝司法案例数据库中刑讯逼供案件总数是 145 件。计算二者的比例,可以得出刑讯逼供案件中非法证据排除率为 0.69%,明显过低。

(二)人民监督员的制约

人民监督员制度是检察机关系统制定实施的强化外部对检察机关办理直接受理立案侦查案件工作监督的制度举措。③ 2003 年,四川、福建、湖北等 10

---

① 参见左卫民:《"热"与"冷":非法证据排除规则适用的实证研究》,载《法商研究》2015年第 3 期。

② 参见山西省太原市中级人民法院刑事裁定书(2018)晋 01 刑终 202 号。

③ 检察机关实行的外部监督制度还有特约监察员、专家咨询委员、执法监督员等制度。由于这些制度与人民监督员制度具有较高的相似性和一定的重合性,此处以人民监督员制度为代表进行阐述。

个省、市、自治区的检察机关开始试行人民监督员制度。2004 年,全国检察机关广泛开展这一制度的试点工作。2010 年,最高人民检察院印发了《关于实行人民监督员制度的规定》,人民监督员制度正式在全国检察系统普遍适用。2015 年,人民监督员制度进入深化改革阶段。同年 3 月,最高人民检察院、司法部出台《深化人民监督员制度改革方案》。最高人民检察院于 2015 年 12 月、2016 年 7 月先后两次修订《关于人民监督员监督工作的规定》,并会同司法部制定了《人民监督员选任管理办法》,人民监督员改由司法行政机关选任。截至 2017 年 6 月,全国共选任新一届人民监督员 21492 名。2018 年 10 月修订通过的《中华人民共和国人民检察院组织法》明确规定"人民监督员依照规定对人民检察院的办案活动实行监督",对人民监督员制度予以了立法确认。2019 年 8 月 27 日,最高人民检察院印发了《人民检察院办案活动接受人民监督员监督的规定》,进一步健全了检察权运行的外部监督制约机制,细化了人民监督员监督范围、工作组织、监督流程等内容,为人民监督员的制度探索进一步提供了规范性依据。

在实践中,人民监督员制度在监督检察机关办理自行侦查案件领域得到了进一步完善。地方检察机关结合自身实际纷纷制定了人民监督员对于自行侦查案件进行监督的制度规范。例如四川省隆昌县人民检察院制定了《自行侦查案件引入人民监督员评查制度》,完善了相关的实施细则。在监督范围方面,主要围绕办案程序是否合法、犯罪嫌疑人权利是否得到保障,重点对是否存在违法适用强制措施、超期羁押、刑讯逼供、暴力取证、通风报信、接受宴请和财物等违法违纪行为进行监督。检察机关在侦查期间讯问犯罪嫌疑人、对涉案财物采取查封扣押措施、变更强制措施、延长侦查羁押期限等涉及犯罪嫌疑人重大权利的环节,也可邀请人民监督员到场监督。在监督程序方面,赋予人民监督员主动要求监督,以及犯罪嫌疑人提出要求人民监督员参与监督的权利,人民监督员进行监督的主动性得到增强。人民监督员开展监督的组织工作、工作流程、意见表达、权利救济等程序规范也得到了完善。在监督保障方面,一是明确了人民监督员的知情权。建立实施了被监督案件和重点环节台账制度,检察机关办理自行侦查案件时须将简要案情、办案时间地点等信息及时报送人民监督员,方便人民监督员了解情况或主动提出监督要求。二是强化监督反馈。人民监督员监督后填写《自行侦查案件人民监督员案件质量评查表》《自行侦查案件涉案财物扣押、保管、处理工作人民监督员监督表》《人民监督员监督案件审查和意见反馈表》,由专人汇总上述表格记载的人民监督员的评议结果和意见,并转告检察机关的办案部门及相关负责人。办案部门及工作人员的整改情况也有专人负责及时反馈给人民监督员。① 有的地方检察机关还成立了人民监督员案件评审小组,专门评查检察机关办理的自行侦查案件。②

(三)回访制度的制约

在地方检察机关的实践中,还形成了针对自行侦查案件的回访制度。检察机关定期对已办结的自行侦查案件的当事人、涉案单位进行回访,了解检察机关侦查部门及其工作人员在办案过程中是否存在违法行为。如 2017 年 7 月新疆生产建设兵团检察院第四师分院针对 2016 年以来办结的职务犯罪案件,集中开展了案件回访活动。回访的具体方式包括上门回访案件当事人、深入涉案单位开展座谈、发放《案件回访监督卡》等。回访的重点内容是检察干警在司法办案过程中是否存在接受案件当事人及其委托人的吃请、财物等问

---

① 参见谢超、廖敏:《隆昌检察院推行深化人民监督员对自行侦查案件监督》,载内江长安网 http://www.neijiangpeace.gov.cn/system/20161214/000378564.html,2019 年 12 月 23 日访问。

② 如 2013 年河北省邯郸市人民检察院成立了由 25 名人民监督员组成的案件评查小组,对 2012 年度全市立案侦查的 119 件职务犯罪案件进行逐案评查。评查小组采取查阅卷宗、收看同步录音录像、听取案件汇报、询问有关情况等方法,对每起案件从办案质量、执法情况、办案程序等方面进行了评查,对检察干警执法办案中有无违法违纪情况进行了监督。评查小组还实行一案一表,对评查的案件进行逐案打分,评出了优秀、良好、合格、案件质量存在一般问题、案件质量存在较多问题、案件质量存在严重问题等 6 个等级。参见夏连峰、刘珂:《河北邯郸市检察院:人民监督员逐案评查自侦案》,载最高人民检察院网站 https://www.spp.gov.cn/dfjcdt/201307/t20130701_60000.shtml,2019 年 12 月 21 日访问。

题;是否存在以权谋私等情形。① 部分地方的检察机关还提高回访调查小组的成员规格,由检察机关有关领导组成回访调查小组开展回访活动。如 2017年四川省江油市人民检察院成立由院党组成员、纪检组长、监察室主任组成的回访组,对该院自侦部门 2016 年办结的自行侦查案件进行回访监督,通过发放回访表,与犯罪嫌疑人、案发单位负责人进行面对面交流等方式了解自侦部门办案人员办案行为是否符合规范、有无接受发案单位、案件当事人及其亲友的宴请,以及参加由他们支付费用的休闲、娱乐活动,违反"禁酒令",索要、接受土特产、礼品,违反办案程序,对工作对象态度粗暴、耍特权等违反检察纪律的情况。② 有的地方检察机关还将人民监督员制度和回访制度相结合,由人民陪审员进行调查回访。如 2014 年山东省成武县人民检察院探索了邀请人民监督员参与自行侦查案件回访的做法。由人民监督员对案件当事人亲属、发案单位负责人进行回访,听取他们对案件处理结果的意见和看法,重点监督案件是否存在违法违纪行为,并如实填写回访监督卡。③

(四)人大代表的制约

部分地方检察机关还借助人大代表的特殊身份对自行侦查案件办理情况进行监督。如甘肃省金昌县检察院在查处职务犯罪案件时,主动向县人大常委会及部分人大代表汇报自侦工作的总体部署和案件侦结动态,并邀请人大代表观摩在全县有重大影响的职务犯罪案件庭审活动。金昌县检察院还设立了检察开放日,邀请人大代表现场了解自行侦查案件的办案流程和工作环境。

① 参见王地、王伟:《新疆生产建设兵团检察院第四师分院开展自行侦查案件回访活动》,载最高人民检察院网站 https://www.spp.gov.cn/dfjcdt/201707/t20170709_195073.shtml,2019 年12 月 21 日访问。

② 参见向丽、吴静:《四川江油检察院扎实开展自行侦查案件回访监督工作》,载正义网 http://www.jcrb.com/procuratorate/jcpd/201704/t20170407_1739596.html,2019 年 12 月 21 日访问。

③ 参见李世龙、李堂军:《山东成武县检察院:邀请人民监督员参与自行侦查案件回访》,载最高人民检察院网站 https://www.spp.gov.cn/dfjcdt/201402/t20140220_67695.shtml,2019 年 12月 21 日访问。

对人大常委会及人大代表的提案、意见和建议及督办的案件,明确专人具体负责,严格按照交办、承办、催办、审核、答复等程序和要求限期办结;对人大提出的涉检质询,及时、准确、严肃答复;对自侦工作中出现的疑难重大问题及时向人大进行专题报告。①

第三节　侦查权程序性控制的实施效果评析

关注制度的实施效果,是制度建设的题中之义和制度完善的本质要求。一项新创的制度,其生命在于实施,而研究制度生命力的持久及有无必要进行改良则需要对制度实施的效果进行评析,以进一步推动制度的完善。我国侦查权的程序性控制侧重于对行使侦查权主体进行监督制约,以确保国家侦查权在实施过程中符合法律规范的要求。前文介绍了我国侦查权的程序性控制包括了内部科层自律和外部分权他律这两种机制,两种机制在具体实施过程中表现出来的效果状态值得研究。

一、侦查权内部自律科层控制的实施效果

(一)公安机关法制部门审核案件的效果

审核效果既表明了公安机关侦查办案的合法程度,也反映出公安机关法制部门审核案件的质量,更显示了公安机关内部侦查权控制的实际情况。前文分析了我国公安机关内部案件审核的机制构建和实践运行情况,本部分将试图对公安机关案件审核机制的实施效果进行探究。由于调研条件有限,笔者只能借助于地方公安机关公布的有关数据和既有的实证研究成果,从整体和局部两方面入手进行分析。

---

① 参见《永昌县检察院健全自行侦查案件监督机制》,载甘肃省金昌市政府服务网 http://www.jc.gansu.gov.cn/art/2012/10/31/art_64_61649.html,2019 年 12 月 22 日访问。

1. 整体情况

依据《公安机关法制部门法制工作规范》,公安机关法制部门审核案件后,根据案件的不同情况,可以分别作出审核同意,报本级公安机关主管领导审批;案件事实不清、证据不足等,退回侦查部门补充侦查;案件定性不准、处理意见不适当等,退回侦查部门依法处理三种处理结果。① 如果公安机关法制部门发现本级或者下级公安机关有错误的执法行为或者不适当的执法行为,应当提出撤销、变更或者责令限期纠正的处理意见,报经本级公安机关负责人批准后,向本级公安机关相关部门或者下级公安机关制发纠正违法决定书。《公安部关于进一步加强公安法制队伍履职能力建设的意见》还进一步提出建立个案监督制度,针对执法问题突出的案件启动监督程序。②

近年来,我国公安系统全面贯彻法治公安建设的总要求,以服务型行政执法建设和执法责任制为抓手,不断健全执法制度,严格规范执法行为,加强执法监督力度。以四川省为例,2018 年四川省公安厅开展队伍突出问题集中整治专项活动,共整治班子问题 799 个、个人问题 14415 个;立案查处民警违法违纪案件 44 起 55 人,责令离开公安队伍或开除公职 8 人。全省公安机关民警违法违纪立案 312 件 406 人,受到党政纪处理 225 件 254 人,受到刑罚处理 19 件 23 人,采取刑事措施 7 件 8 人。③

---

① 《公安机关法制部门工作规范》第 57 条规定,公安机关法制部门审核案件后,应当根据不同情况,分别作出如下处理:(1)案件事实清楚、证据确实充分、定性准确、处理意见适当、适用法律正确、程序合法、法律文书完备的,签署审核意见,报本级公安机关主管领导审批;(2)案件事实不清、证据不足或者需要查清其他违法犯罪问题的,提出补充调查取证意见,报经本级公安机关主管领导批准后退回办案部门补充调查;(3)案件定性不准、处理意见不适当、违反法定程序或者相关法律手续、法律文书不完备的,提出处理意见,报经本级公安机关主管领导批准后退回办案部门依法处理。

② 《公安部关于进一步加强公安法制队伍履职能力建设的意见》第 10 条明确要求,各级公安机关建立由法制部门牵头、有关警种参与的个案监督制度。对存在执法突出问题案件,法制部门及时启动个案监督程序,组织开展核查,认定执法过错,提出整改意见,通报执法问题;需要追究执法责任的,移交有关部门依照规定处理。

③ 参见杜蕾、刘宏顺:《统一案件出口 我省公安首建案件审核支队》,四川省人民政府网 http://www.sc.gov.cn/10462/10464/10797/2015/2/5/10326261.shtml,2019 年 12 月 23 日访问。

2.局部透析

公安机关法制部门审核案件的整体效果只能反映出公安机关内部权力控制的表层信息,无法精确揭示公安机关法制部门通过审核案件对侦查权的控制情况。基于此,为了更深层次地了解公安机关案件审核机制的运行实际,此处将聚焦于公安机关内部刑事拘留转逮捕和批准逮捕情况,以了解公安机关法制部门审核案件机制的运行实际。

(1)刑事拘留转捕情况

刑事拘留转捕,是指犯罪嫌疑人被公安机关实施拘留后,公安机关提请检察机关批准逮捕,经检察机关审查后批准逮捕的情况。由于对犯罪嫌疑人实施拘留和提请逮捕都属于重大的限制犯罪嫌疑人人身自由的侦查行为,公安机关内部对于拘留和提请逮捕设置了严格的案件审核流程和标准。公安机关对部分犯罪嫌疑人实施拘留,并提请检察机关对其批准逮捕的历程,需要经历公安机关内部两次严格的案件审核流程,研究该类案件中的刑事拘留转捕比例,可以通过检察机关审批逮捕的结果反映出公安机关内部法制部门审核案件的质量和水平。一般而言,刑事拘留转捕率越高,表明公安机关提请批准逮捕的申请得到检察机关的批准认可越高,进一步印证公安机关内部案件审核机制对侦查部门的拘留和提请逮捕[1]进行了较好的内部审核。有学者通过实证调研对四川省两个县(区)级公安机关刑事拘留转捕情况进行了数据分析(见表3-7)。[2]

表3-7　刑事拘留转捕情况

年度 地区	某县公安局			某区公安局		
	刑事拘留人数	逮捕人数	转捕率(%)	刑事拘留人数	逮捕人数	转捕率(%)
2010	870	440	50.6	1528	1233	80.1

① 主要指犯罪嫌疑人先被刑事拘留,后又被提请批准逮捕的情况。

② 数据来源于唐雪莲:《公安机关刑事案件审核制度实证研究——以侦查权力的控制为视角》,北京大学出版社2015年版,第147页。

续表

年度＼地区	某县公安局			某区公安局		
	刑事拘留人数	逮捕人数	转捕率（%）	刑事拘留人数	逮捕人数	转捕率（%）
2011	810	392	48.4	1539	1302	84.6
2012	944	428	45.3	1462	1215	83.1
2013	750	389	51.9	1616	1368	84.7
平均值	844	412	48.8	1536	1280	83.3

　　由于犯罪嫌疑人被刑事拘留后未被提请逮捕的情形有很多,比如拘留后转为监视居住、取保候审等,所以理论上,依据刑事拘留的转捕情况不能直接得出公安局内部审核刑事拘留和提请逮捕的工作质量高低。但由于实践中公安机关办案过程中对犯罪嫌疑人先拘留再逮捕的情况属于常见情形,所以,刑事拘留转捕的比例对于公安机关实施刑事拘留的准确性具有一定的说服力。结合表3-7可以看出,两个县(区)级公安机关刑事拘留转捕率存在较大的差异,某区公安机关刑事拘留转捕率明显高于某县公安机关的比例,这也可以说明该区公安局内部审核适用拘留的工作质量较高,提高了刑事拘留强制措施适用的合法性和适当性。但从整体来看,两公安局刑事拘留转捕的比例均偏低,尤其是某县公安局的平均转捕率不足50%。还有实务工作者对某市公安机关刑事拘留未报捕情况进行过分析,统计出该市公安机关2015年1月至2017年9月刑事拘留未报逮人数的比率分别为43.25%(2015年)、43.9%(2016年)、28.6%(2017年1—9月),年均未报捕率稳定在39.7%左右。尽管其中有部分案件是直接移送审查起诉(即实践中所称的"刑拘直诉"),但却存在着随意延长拘留期限、违法转行政处理、拘留及拘留后取证程序不规范等问题。①

---

　　① 参见陈柏岭、漆志民:《"公安机关刑事拘留未报捕案件"检察监督实现路径之实证研究——基于S市刑拘未报捕情况的实证分析》,载最高人民检察院法律政策研究室:《2018第二届全国检察官阅读征文活动获奖文选》,第420—434页。

实践中,也有检察机关针对公安机关刑事拘留后未报捕案件进行过专项监督。如江苏省连云港市检察机关抽查了 2009 年 1 月 1 日至 2010 年 6 月 30 日期间被连云港市公安机关拘留的 7554 名犯罪嫌疑人,其中有 3686 名犯罪嫌疑人未被报请批准逮捕,占刑拘总数的 48.8%。在未报请批准逮捕的犯罪嫌疑人中,有 502 人被公安机关刑拘后直接予以释放,有 3184 人被刑拘后变更为其它强制措施。在进一步的梳理分析中发现,连云港市公安机关适用拘留过程中存在犯罪嫌疑人没有实施犯罪而被刑事拘留、案件定性错误而被刑事拘留、没有拘留必要而被拘留、以拘促调、插手民事纠纷、违法延长刑事拘留期限、拘留后变更强制措施不当或变更后未依法处理、拘留后不通知犯罪嫌疑人家属等情形。[1] 连云港市公安机关刑事拘留转捕率与上述学者调研的某县公安机关的比例基本一致,这也在一定程度上说明公安机关法制部门审核拘留的质量有待提高,公安机关内部对侦查权的控制效果仍需进一步增强。

(2)批准逮捕率

批准逮捕率是指公安机关提请检察机关批准逮捕的犯罪嫌疑人数,与检察机关批准逮捕的犯罪嫌疑人数之间的比例。相对于刑事拘留转捕率反映公安机关法制部门审核案件质量的间接性,批准逮捕率则是直接显示了检察机关对于公安机关提请逮捕的审核结果,揭示了公安机关法制部门内部把控侦查部门提请逮捕的实际效果。逮捕是对人身自由限制最为严重的强制措施,为此公安机关对适用逮捕规定了严格的内部控制程序:侦查部门认为需要提请逮捕犯罪嫌疑人的,必须报经法制部门审核,法制部门审核后才能报请公安机关负责人审批提请检察机关审查批准。检察机关对公安机关报送的提请逮捕申请进行审核后,认为符合逮捕适用条件的,作出批准逮捕决定;认为不符合逮捕适用条件的,作出不予批准逮捕的决定。虽然实践中影响检察机关批准逮捕的因素很多,比如国家司法政策的实时变化、检察机关中心工作的调整

---

① 参见李翔等:《公安机关刑拘后未报捕案件之实证研究——以连云港市检察机关开展刑拘后未报捕案件专项监督活动为分析蓝本》,载《中国检察官》2012 年第 7 期。

等。但总体看来，一国刑事司法政策对于逮捕实施的影响应该处于稳定状态，不会出现经常变动的情况，即便是国家逮捕政策的细小变动，其对公安机关和检察机关的影响也应该是同步的。所以，公安机关和检察机关对于逮捕适用条件的把握应该具有较高的一致性。批准逮捕率越高，公安机关提请逮捕的合法性和适当性也越高，表明公安机关法制部门审核提请逮捕具有较高水平。反之，则表明公安机关法制部门审核提请逮捕的办案质量较低。

前文提到的学者对两个县级公安局 2010 年至 2013 年的批准逮捕情况进行了调查，发现被调研的两个县级公安机关的批准逮捕率总体上基本持平，平均水平分别为 85% 和 86.6%。① 对比前文的刑事拘留转捕率，可以说，这两个县级公安机关提请批准逮捕的申请获得了检察机关较多的支持，公安机关内部对提请逮捕的审核把关效果好于对刑事拘留的审核把关效果。

（3）小结

公安机关法制部门对侦查部门查办案件的审核效果，集中反映了我国公安机关内部监督制约侦查权行使的实践情况。公安机关法制部门的案件审核制度在实践中融合了法制部门对侦查部门的监督、公安机关领导对侦查部门的监督、公安机关监督员对侦查部门的监督，以及上级公安机关法制部门对于下级公安机关侦查部门的监督制约。整体而言，我国公安机关法制部门对于侦查部门的监督制约较好地起到了规范侦查权行使的作用。实证调研得到的刑事拘留转捕率、提请逮捕批准率基本保持在较高水平。但不容否认的是，公安机关法制部门的监督制约力度在地区之间存在差异，部分地方的公安机关法制部门审核案件制度并没有发挥出足够的功能，侦查部门行使侦查权得不到有力的内部监督制约，侦查行为存在一定的滥用情况。前文介绍的某县公安局刑事拘留转捕率不足 50% 即是例证。

---

① 数据来源于唐雪莲:《公安机关刑事案件审核制度实证研究——以侦查权力的控制为视角》，北京大学出版社 2015 年版，第 148 页。

（二）检察机关内部监督的效果

检察机关作为法律监督机关,对其自身行使侦查权也进行了严格的监督制约。根据笔者的了解,检察机关比较重视办理自行侦查案件的规范性,检察机关侦查部门合法行使侦查权的自觉意识也较强。但是对检察机关办理自行侦查案件的情况进行深层次分析后,仍可以发现存在一些问题。概括而言,我国检察机关有些侦查部门办理自行侦查案件过程中存在"五重五轻"的现象。①

一是重实体、轻程序。部分地方检察办案人员在司法观念上仍然偏重于实体,而忽略了程序,过于追求破案率不太重视当事人的权利保障。主要表现为取保候审强制措施的滥用现象较为突出,检察机关对犯罪嫌疑人取保候审的条件审核不严,适用取保候审的比例较高。检察机关办理案件超期的情况时有发生,部分检察机关没有对届满办案期限的案件予以合法处理,而是为办案的需要超出期限继续羁押犯罪嫌疑人。检察机关在办理自行侦查案件过程中送达手续和告知手续不规范,在保障犯罪嫌疑人权利方面有待改进。此外,部分检察机关的侦查部门取证程序不规范,存在违法取证的现象。

二是重立案、轻结案。在检察机关系统内,存在着办理自行侦查案件数量的任务指标。在实践中,检察机关为了完成办案任务,在年初甚至较长时期内往往侧重于追求侦查办案的立案数量。而一味追求立案数量,便会放松对案件质量的要求。有的将共同犯罪分开立案,一些明显不符合条件的也强行立案,甚至出现了突击立案的情况,"前半年抓立案,年终忙结案"的现象成为不少检察机关侦查部门的工作常态。这样不仅结案率低,办案质量也难以保障。

三是重打击、轻保护。检察机关在查办自行侦查案件时偏重对犯罪的打

---

① 参见吴东伟、邓光湖《基层检察院办理自侦案件存在的问题及新举措》,载《检察实践》2005 年第 2 期;《当前基层检察院办理自行侦查案件存在的问题及解决办法》,载陕西省白水县人民检察院网 http://www.sn.jcy.gov.cn/wnsbsx/jcwh/dywz/201904/t20190410_130788.html,2019 年 12 月 22 日访问。

击,追求快速查清案件事实、及时缉捕犯罪嫌疑人,而对于举报人和证人的保护存在欠缺,难以保障举报人、证人等本人及其家属的人身安全。

四是重起诉、轻退补。受业绩考核指标的影响,部分地方的检察机关为了追求较高的案件起诉率,甚至将移送审查起诉作为办理自行侦查案件的结案方式,对一些在侦查阶段就明显应该撤销案件或移送其他部门处理的案件也移送审查起诉,而后由公诉部门退回补充侦查。经过这种流程操作,检察机关的侦查部门完成了移送审查起诉的任务指标,提高了案件的移送起诉率。但是这种移送起诉率的提升,不仅浪费了宝贵的司法资源,还导致案件实际结案率的下降。

五是重传唤、轻追逃。在实践中,部分检察机关受警力、经费、装备不足等因素的制约,对犯罪嫌疑人多采取传唤的方式要求其到案。但是,如果犯罪嫌疑人逃避侦查甚至潜逃,检察机关又缺乏强制犯罪嫌疑人到案或追逃的资源和精力,往往就会出现犯罪嫌疑人长时间不到案,导致案件无法继续办理的情况。近些年媒体报道的部分公职人员畏罪潜逃的现象即是例证。

二、侦查权外部他律分权控制的实施效果

(一)公安侦查权外部他律分权控制的效果

在我国,检察机关是对公安机关行使侦查权进行外部控制的重要主体。前文考察了检察机关对于公安机关在侦查启动权、侦查实施权和侦查终结权的监督制约现状,本部分将聚焦于检察机关在立案监督、审查批准逮捕和审查起诉环节侦查监督过程所提出的纠正违法意见的纠正情况,以了解公安机关侦查权外部他律控制的实际效果。

1.立案监督纠正意见的纠正情况

检察机关对公安机关进行立案监督是为了规范侦查启动权的运行。前文表3-2和图3-1反映了我国检察机关在2007年至2017年对公安机关立案提出书面纠正意见的情况,但欲了解检察机关监督意见的实际效果,还需要进一

步对检察机关所提纠正违法意见得以纠正的情况,即对立案监督纠正率进行分析。根据统计分析,我国检察机关 2007 年至 2017 年立案监督的纠正率呈现出了小幅上扬又大幅下跌的过程(见图 3-6)。

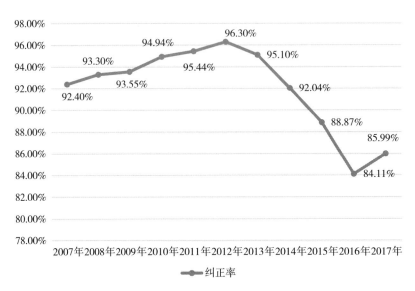

图 3-6 2007 年—2017 年全国检察机关立案监督纠正率示意图

如图所示,2007 年至 2012 年全国检察机关立案监督的纠正率呈逐年上升的趋势,并于 2012 年达到最高值 96.3%。在此期间,每年的纠正率均在 92%以上,年均值为 94.32%。但 2012 年至 2016 年,检察机关的立案监督纠正率开始逐年下滑,2016 年仅为 84.11%,年均下滑 4 个百分点,其中 2016 年下降幅度最大,下跌了近 5 个百分点。到了 2017 年,检察机关立案监督的纠正率开始回升,但上升幅度有限,仍远低于 2007 年至 2017 年检察机关立案监督纠正率的平均值。

由于图 3-6 显示的检察机关立案监督包括了监督立案和监督撤案两种情况,为了精确了解检察机关的监督实效,还有必要进行分类分析。

(1)监督立案的纠正情况

根据刑事诉讼法的规定,检察机关对于公安机关应当立案侦查的案件而不立案侦查的,应当要求公安机关说明不立案的理由。检察机关认为公安机关不立案理由不能成立的,应当通知公安机关立案,公安机关接到通知后应当立案。2007年至2017年,全国检察机关在监督立案方面书面提出纠正意见的纠正情况基本保持平稳。2007年至2013年的纠正率保持在90%以上,可以说在该期间检察机关认为应当立案的案件,公安机关基本都予以了立案侦查。但2014年至2016年,监督立案的纠正率的降幅变大,下探至90%以下。其中,2016年的纠正率下降至80%以下。2017年检察机关监督立案的纠正率虽小幅上升,但仍低于2016年以前的水平(见图3-7)。

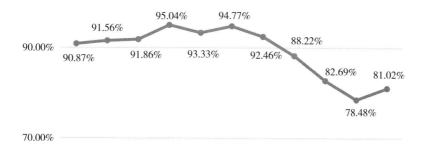

图3-7　2007年—2017年全国检察机关监督立案纠正情况示意图

(2)监督撤案的纠正情况

根据2012年《检察规则》的规定,当事人认为公安机关不应当立案而立案,向检察机关提出的,检察机关应当受理并进行审查。检察机关控告检察部门受理不应当立案而立案的控告、申诉,应当根据事实和法律进行审查,认为需要公安机关说明立案理由的,应当及时将案件移送侦查监督部门办理。侦查监督部门经过调查,有证据证明公安机关可能存在违法动用刑事手段插手民事、经济纠纷,或者利用立案实施报复陷害、敲诈勒索以及谋取其他非法利益等违法立案情形,尚未提请批准逮捕或者移送审查起诉的,经检察长批准,应当要求公安机关书面说明立案理由,并告知公安机关在收到要求说明立案理由通知书后7日以内,书面说明立案的情况、依据和理由,连同有关证据材料回复检察机关。公安机关说明立案理由后,检察机关侦查监督部门经审查认为立案理由不能成立的,经检察长或检察委员会讨论决定,应当制作通知撤销案件书送达公安机关。① 公安机关对通知撤销案件书没有异议的应当立即撤销案件,并将撤销案件决定书送达检察机关。检察机关通知公安机关撤销案件的,应当依法对执行情况进行监督。相对于检察机关监督立案纠正率的大幅度变化,2007 年至 2017 年全国检察机关监督撤案的纠正情况变动较为平稳,纠正率的年均值为 97.3%。期间只出现了两次小幅度的下跌,分别是2010 年降为 94.62% 和 2016 年降为 93.31%。虽然 2017 年全国检察机关监督撤案纠正违法意见纠正率小幅回升,但是相对 2016 年以前的年份,纠正率仍处于低位(见图 3-8)。

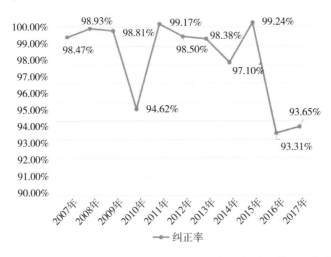

图 3-8　2007 年—2017 年全国检察机关监督撤案纠正情况示意图

---

① 参见《人民检察院刑事诉讼规则(试行)》第 553—559 条。

2. 审查批准逮捕环节侦查监督纠正意见的纠正情况

检察机关在受理公安机关提请批准逮捕的申请后,通过书面材料对公安机关的侦查活动进行监督,是检察权监督制约侦查权的重要手段。在实践中,公安机关的大部分违法侦查行为是在检察机关审查批准逮捕环节中被发现并予以纠正的。2007 年至 2017 年全国检察机关审查批准逮捕环节侦查监督纠正情况总体保持了较高水平,但是整体的纠正率呈现了下降趋势(见图 3-9)。2007 年检察机关审查批准逮捕环节书面提出纠正违法意见的纠正率是 96.73%,而 2017 年的纠正率则降到 86.08%。按照纠正率升降趋势进行划分,这期间可以分为上升期和下降期两个阶段。2007 年至 2012 年全国检察机关在审查批准逮捕环节书面提出纠正违法意见的纠正率稳步上升。但自 2013 年开始,检察机关侦查监督纠正违法意见的纠正率开始下降。其中,2015 年的下跌幅度最为显著,2014 年纠正率是 94.61%,2015 年纠正率是 86.69%,下跌了 7.96 个百分点。虽然,2016 年检察机关在审查批准逮捕环节书面提出纠正违法意见的纠正率小幅度回升,但 2017 年的纠正率又进一步下探,成为 2007 年至 2017 年期间全国检察机关审查批准逮捕环节书面纠正违法意见纠正率的最低值。

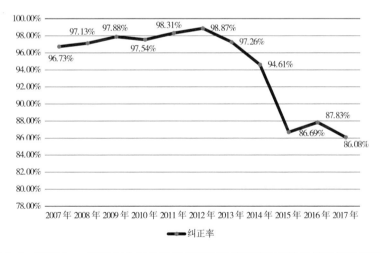

图 3-9　2007 年—2017 年全国检察机关审查批捕环节侦查监督纠正情况示意图

3. 审查起诉环节侦查监督纠正意见的纠正情况

检察机关在审查起诉环节对公安机关办理的案件进行审查,是检察机关继审查批准逮捕环节后的"第二道"监督程序,也是审前程序中检察机关监督制约公安机关行使侦查权的最后一道关口。如图 3-10 所示,我国检察机关在审查起诉环节侦查监督的实际效果呈现出两个方面的特征:

一是相对于检察机关在审查批准逮捕环节纠正率的变化趋势,检察机关在审查起诉环节书面提出的纠正违法意见得到纠正的情况呈现出大幅度的动态变化。2007 年全国检察机关在审查起诉环节书面提出的纠正违法意见的纠正率是 84.6%,到了 2013 年已达到了 96.43%,上升了近 12 个百分点。而自 2014 年起,全国检察机关在审查起诉环节书面提出的纠正违法意见的纠正率开始下降,至 2017 年降到了 81.94%,相比 2013 年下滑了近 15 个百分点。审查起诉环节纠正违法意见纠正率的起伏幅度远远大于审查批准逮捕环节纠正违法意见纠正率的变化幅度。

二是检察机关在审查起诉环节书面提出的纠正意见的纠正率普遍低于检察机关在审查批准逮捕环节书面提出的纠正意见的纠正率。除 2014 年检察机关在审查起诉环节书面提出的纠正违法意见的纠正率略高于审查批准逮捕环节书面提出的纠正意见的纠正率外,其他年份均是检察机关在审查批准逮捕环节的纠正率高于审查起诉环节的纠正率,年均差值为 5.77 个百分点。

4. 小结

前文统计分析了全国检察机关在 2007 年至 2017 年在立案监督、侦查监督方面书面提出的纠正违法意见的纠正情况,基本涵盖了检察机关监督制约公安机关行使侦查权的主要情形。纵观上述数据,检察机关纠正违法意见的纠正率的平均值保持在 90% 以上,我国检察机关立案监督和侦查监督工作的整体效果较为理想,说明检察权对规范侦查权的行使起到了积极作用。但是进一步分析,不难发现检察机关监督制约公安机关行使侦查权在效果上存在以下问题。

图 3-10　2007 年—2017 年全国检察机关审查起诉环节侦查监督纠正情况示意图

一是监督制约效果的年际差异不稳定。检察机关作为国家的法律监督机关,其对于法律监督工作的职责履行在一定时期内应该是相对固化稳定的,也就是检察机关对公安机关的监督制约应该具有足够的稳定性和规范性。稳定性是指检察机关监督制约的力度应保持一致,对于公安机关违法行使侦查权的行为应该及时予以监督,形成长期的、稳定的监督制约力度。规范性是指检察机关提出的纠正违法意见应该具有事实依据和规范依据,检察机关应该确保所提出的纠正违法意见符合法律规范的要求,公安机关根据纠正意见进行纠正也就有了法律依据。但是从前文分析的纠正率变化趋势来看,检察机关监督制约的效果在年际之间存在差异,个别年份的纠正率还出现了较大幅度的下跌,影响了检察机关监督制约公安机关规范行使侦查权的稳定性。

二是监督制约效果开始下降。整体看来,2007 年至 2017 年检察机关在立案监督、侦查监督方面提出的纠正违法意见被纠正的比率呈下降趋势。在立案监督的纠正率方面,纠正率从 2013 年开始下降,到 2016 年达到最低值。在审查批准逮捕环节的侦查监督纠正率方面,纠正率也是从 2013 年开始下跌,在 2017 年达到最低值。在审查起诉环节的侦查监督纠正率方面,纠正率下滑的起始年份稍晚一些,是从 2014 年开始下滑,并于 2017 年达到最低值。立案监督和侦查监督纠正意见纠正率的普遍下滑,直接显示了检察机关监督制约公安机关效果的下降,越来越多的纠正违法意见没有被公安机关所采纳。

(二)检察侦查权外部他律分权控制的效果

在我国当前的刑事司法领域,监督制约检察机关行使侦查权的法定主体只有法院。法院通过非法证据排除规则可以对检察机关办理自行侦查案件过程中的非法取证行为进行事后监督。检察机关作为法律监督机关,也意识到自身行使侦查权缺乏外界监督的问题,通过设立人民监督员制度、回访制度以及主动向人大代表公开自行侦查案件办理过程等方式,增强对检察侦查权的监督制约。立法机关通过设立非法证据排除规则加强对检察机关办理自行侦查案件的外部监督,以及检察机关通过设立人民监督员制度、回访制度等"自我加压"的方式强化外界对于自行侦查案件办理的监督制约,在实践中也取得了一定的成效,督促了检察机关侦查部门及其工作人员规范行使侦查权的思想自觉和行动自觉。但认真审视之,也不难发现检察侦查权的外部控制存在以下问题。

1. 外部控制措施不够系统化

对检察侦查权的上述外部控制措施中,除了非法证据排除规则外,其他的控制措施均为检察机关负责牵头实施,各地检察机关的具体实施形态不一,措施之间欠缺协调配合,在系统性上存在缺陷。[①] 地方各级法院在审理检察机关自行侦查案件时适用非法证据排除规则的情况存在差异,部分

---

① 2018 年修改的《中华人民共和国人民检察院组织法》虽然明确了人民监督员的法律地位,但只是原则性地规定"人民监督员依照规定对人民检察院的办案活动实行监督"。

地方的法院主动适用非法证据排除的积极性不高。人民监督员制度、回访制度和邀请人大代表监督的做法在地方检察机关的实践形态差别更大,呈现出较大的局部差异,各种外部控制措施未能形成系统性的措施合力。

2. 外部控制措施覆盖面狭小

以人民监督员制度的适用为例,2017 年 1 月至 11 月,全国检察机关共组织人民监督员监督案件 2338 件,其中,经监督评议后人民监督员不同意检察机关拟处理意见的案件 109 件,检察机关采纳 68 件,采纳率为 62.4%。[①] 需要说明的是,人民监督员监督的案件范围是检察机关办理的所有案件,并非仅限于自行侦查案件。而 2017 年全国检察机关批准、决定逮捕案件 764878 件,提起公诉案件 1219603 件,[②]立案侦查职务犯罪案件共计 34163 件。如果将人民监督员监督案件的数量与当年检察机关办理案件的数量进行对比,可以发现人民监督员监督案件范围极其有限。再以回访制度为例,根据笔者的调研,检察机关对自行侦查案件的回访多以专项活动的形式进行。检察机关相关部门牵头组织回访活动,回访工作组的人员组成具有临时性,回访活动的期限也有一定限制。部分检察机关还采取抽样的方式确定自行侦查案件的回访对象,而并非对全部自行侦查案件进行回访调查。

3. 外部控制措施实效性偏低

检察机关行使侦查权的外部控制措施普遍缺乏刚性。实践中,地方各级法院适用非法证据排除规则的情形不多见,难以对检察机关规范行使侦查权构成约束力。而人民监督员制度、回访制度和人大代表监督则属于检察机关组织实施的外部控制,实质上是检察机关内部监督的"衍生品",是检察机关内部监督制约侦查部门行使侦查权措施的"外部化"。人民监督员、回访调查

---

① 最高人民检察院:《深化人民监督员制度工作:制度化智能化》,载最高人民检察院网站 http://www.spp.gov.cn/spp/zdgz/201802/t20180210_365885.shtml,访问日期 2019 年 12 月 23 日。

② 数据来源于《中国法律年鉴》2018 年卷。

人员和人大代表的监督制约过程和监督实效，都取决于检察机关自身。当名义上的外部控制措施的实施效果取决于被监督主体的内部决策时，上述外部监督制约措施将会被"洗去外部的皮肤"而重归内部监督的"藩篱"，其监督的实效性可想而知。

第四章　我国侦查权程序性
控制的表层现象

在某种意义上,一个国家对侦查权的制约情况反映了该国法治文明的程度。通过前文的分析可以发现,我国侦查权程序性控制的制度框架已基本形成,并在实践运行中取得了一定的成效。行使侦查权的国家机关在办理案件过程中,会受到其机关系统内部和外部的双重监督制约,监督制约的时间包括了事前、事中和事后的全部过程。但是我国侦查权的程序性控制在制度建设上仍存在可提升的空间。控制结构、控制方式和救济机制是权力控制体系的基本要素,一个尊重权力特性的控制结构是控制方式和救济机制有效运作的前提,而合理的控制方式和周密的救济机制则是控制结构得以稳定维持的必要保障。控制结构的内生力量在权力的运行实践中,不断地影响着控制方式和救济机制的成型与发展。在现行体制下,我国侦查权的控制结构是线性分工模式,这种分工模式在使侦查权保持着超强独立性的同时却导致了检察监督侦查的控权制度显得力不从心。受线性分工模式的影响,我国现有的侦查权控制方式表现出一定程度上的功利性导向,而不完善的救济机制更是使现行的侦查权控制实效大打折扣。

第一节　传统的线性分工模式

一、线性分工模式的特征

在刑事诉讼的职权分工方面,我国现行的《宪法》和《刑事诉讼法》确立了公安机关、人民检察院和人民法院"分工负责、互相配合、互相制约"的关系模式。在司法传统的影响下,这种关系模式在实践中逐渐形成了办案机关的线性分工模式。在这种分工模式下,公安机关、人民检察院和人民法院之间并未形成权力中心,而分别是流线上的一条线段,各条线段都有自己的射程,刑事案件则会沿着这条流线犹如流水作业般地由一道工序进入下一道工序。[①] 放眼全球,我国刑事诉讼领域中公安机关、检察机关和法院之间形成的线性分工模式特色明显。

1.办案机关之间具有较强的独立性

所谓独立性,强调的是主体可以自主形成意思表示,并自由作出相应的行为,而不会受到其他主体的影响或制约。我国刑事司法体制中的流水线工作模式,采取的是典型的分段负责制,各办案机关依据分工各自办理所负责的案件,并在大多数情况下可以自主作出相应的处理决定。不主持该诉讼阶段的其他机关,很少插手该阶段中的案件办理情况。

具体而言,我国公安机关、检察机关和法院在刑事案件的办理流程中,各自承担相应的工作职责,在各自的职责范围内独立进行诉讼活动。公安机关是主要的侦查机关,负责行使侦查权查明案件事实、查获犯罪嫌疑人。公安机关的侦查活动起始于公安机关决定立案侦查,终结于将案件移送检察机关审查起诉。在侦查期间,公安机关具有较强的自主独立性,可自行决定实施绝大

[①] 基于这种特征,有学者认为我国的刑事诉讼在纵向上具有"流水作业式"的构造。参见陈瑞华:《刑事诉讼的前沿问题》,中国人民大学出版社 2000 年版,第 231 页。

部分的侦查措施和强制措施,并不会受到太多的约束。检察机关行使侦查权时,也具有较强的独立性,可以决定实施所有的侦查措施和强制措施。在审查起诉期间,检察机关对公安机关侦查终结移送审查起诉的案件依法进行审查,并决定是否提起公诉。检察机关在审前程序中,是重要的案件分流机关,其通过审查起诉,独自决定案件的提起公诉、不起诉或补充侦查等。在案件审理期间,法院负责审核认定案件事实,并决定是否对被告人施加刑事处罚以及刑事处罚的种类、执行方式等。在审理过程中,法官通过查阅案卷、听取控辩双方的意见、审核证据等,认定检察机关提起的刑事追诉是否达到了法定的证明标准,并最终作出相应的裁判。公安机关、检察机关和审判机关(为行文的方便,下文统称司法机关)在刑事诉讼活动中均有各自独立行使职权的"区间范围",并在权力行使的过程中享有较强的独立性。

我国司法机关的独立性局限在不同类别的办案机关之间,并不适用于各机关的系统内部。这里需要明确两点:一是司法机关的独立性强调的是司法机关的独立办案权,权力指向的对象是其他类别的办案机关,有特定的机关专职办理特定事项的意味。支撑这种职权划分的基础理论来自于市场经济中的分工协作,以事项办理的程序阶段作为划分责任主体的依据,从而实现专人专责,以提高生产的效率。处于生产线上的主体均处于平等的位阶,主体之间并无管理约束关系,只专注于自己生产流程的质量把控。我国刑事诉讼活动中的分工负责正是基于这一理念,横向设置了司法机关的权限范围,以各机关内部的办案责任系统夯实办案质量的基石,从而保证刑事诉讼程序的有效运行。二是司法机关的独立性是相对的。这主要体现在办理案件的司法机关在系统内部受到上级机关的制约。在纵向的权力配置中,司法机关也表现出一定的科层式特征,上级机关可以对下级机关办理案件情况进行直接干预。当下级司法机关办理案件存在过错时,上级司法机关有权及时予以纠正,必要时还可以转移案件的办理权。司法机关系统内的相对独立性,有利于维护司法权的统一性,从而保证刑事诉讼程序的有序运行。

2.诉讼阶段之间具有较强的衔接性

衔接是指物体的行动之间存在着先后顺序关系,一个物体的行动会引发另一个物体的相应行动。反过来讲,一个物体的行动是建立在另一个物体行动的基础上的。处于链接状态下的两个物体,通过具有先后顺序的行动关联,既实现了各自的行动,又结合在一起构成了具有整体意义的有效行动。我国的刑事公诉案件立案后的诉讼阶段依次为侦查阶段、公诉阶段和审判阶段,这三个阶段承担了不同的功能,并通过阶段之间的衔接,构成刑事诉讼程序的整体过程。

侦查作为我国刑事诉讼程序中一个独立的诉讼阶段,在刑事诉讼中具有非常重要的地位。公安机关在侦查阶段的主要职责是通过行使侦查权,收集有关案件事实的证据材料,查明并查获犯罪嫌疑人归案,决定是否终结侦查程序。公安机关终结侦查程序的方式包括撤销案件和移送审查起诉。如果公安机关认为案件符合移送起诉的标准,决定将案件移送检察机关审查起诉,案件的诉讼程序就会进入公诉阶段。公诉阶段是检察机关对公安机关移送的案件进行审查,决定是否提起公诉的阶段。公诉阶段是侦查阶段的后续程序,也是检察机关对公安机关"侦查成果"进行审核和检验的阶段。① 经审查,检察机关认为犯罪嫌疑人构成犯罪,且应当被追究刑事责任的,应当向法院提起公诉。检察机关提起公诉的行为会引起法院的审理程序,将案件办理从公诉阶段延伸至审判阶段。法院对提起公诉的案件进行审查后,对于起诉书中有明确的指控犯罪事实的,应当决定开庭审判。纵观普通刑事案件的办理流程,可以清楚地发现,通过案件在侦查阶段、公诉阶段和审判阶段的依次递进和传递,不同阶段的办案机关发生了诉讼程序上的关联,进而形成了完整的刑事诉讼程序链条。如果案件办理在其中任何一个环节出现卡顿或者断裂,那么该

---

① 《刑事诉讼法》171条明确了检察机关审核案件的内容。主要包括:犯罪事实、情节是否清楚,证据是否确实、充分,犯罪性质和罪名的认定是否正确;有无遗漏罪行和其他应当追究刑事责任的人;是否属于不应追究刑事责任的;有无附带民事诉讼;侦查活动是否合法。

案件的程序流转将会直接受到影响,诉讼程序所呈现出的将会是不完整的或者非典型意义上的刑事诉讼样态。也正是刑事诉讼阶段之间的这种链接性,将公检法三机关之间的关系塑造成既包含承前启后的共生关系,又植入了后续机关审查前手机关办案质量的制约关系,进而塑造了我国刑事诉讼程序的整体面貌。

3.诉讼程序具有较强的单向性

单向性是指刑事诉讼程序的运行总体保持了单一的运行方向。虽然在特殊情形下,存在着刑事案件的逆向流转,但是绝大部分案件的办理流程仍遵循了从侦查阶段流向公诉和审判阶段的基本方向。进一步审视刑事诉讼程序的单向性,可以从程序阶段和办案主体两个层面进行阐述。

一是在程序阶段上看,刑事诉讼程序基本遵循"侦查——公诉——审判"的先后次序。在实践中,排除立案后撤销案件和不起诉属于特殊情形,多数刑事案件的办理流程均是先由公安机关组织实施侦查程序,侦查终结后移送检察机关审查起诉。检察机关审查后,将符合法定公诉条件的案件向法院提起公诉。法院对有明确指控犯罪事实的案件,予以开庭审理。这种司法程序的先后顺序,是正常情况下的刑事案件办理过程。虽然存在案件在审查起诉阶段和审理阶段被退回公安机关补充侦查或检察机关自行侦查,以及法院在审查立案阶段退回检察机关的情形,但这些特殊情形的适用条件较高,实践中并不多。以法院的审查受理为例,法律规范虽然明确规定了法院在立案时应对公诉案件进行审查,但法院对于公诉案件的庭前审查属于程序性的书面审查,仅判明提起公诉的案件是否具备开庭条件,能被退回检察机关的情形较少。①

二是在办案主体上看,刑事案件的办理流程也遵循"公安机关——检察机关——审判机关"的先后顺序。在我国,普通刑事案件的办理程序需要经

---

① 我国法院对公诉案件进行庭前审查后,只能在下列情形下"应当退回人民检察院":案件属于告诉才处理的;不属于本院管辖或者被告人不在案的;准许撤诉后没有新的事实、证据重新起诉的;符合《中华人民共和国刑事诉讼法》第16条第2项至第6项规定情形的。

过公安机关、检察机关和法院,三机关在各自的职责范围内对案件进行处理。公安机关负责查清案件事实和确保犯罪嫌疑人到案,检察机关负责审查决定是否将犯罪嫌疑人交付法院审判,法院则负责最终的定罪量刑并作出裁判。虽然,作为后手的司法机关有权通过审核来干预前手司法机关的办案过程,如检察机关对于公安机关违法侦查行为、法院对于检察机关办理自行侦查案件的违法侦查行为享有监督制约的权力,但这种审查多数情况下是事后审核,制约效力有限。而且从规范层面和实践层面来看,后手司法机关对前手司法机关的诉讼行为直接进行监督制约的现象也不多见。排除立案后撤销案件和不起诉属于特殊情形,多数刑事案件的办理案件流程也基本遵循了"公安机关——检察机关——审判机关"的单向顺序。

二、线性分工模式的影响

客观上讲,线性分工模式体现了分工负责制下的专业化、精细化的发展趋势。这种分工模式所强调的是,在合理分工的前提下,由专门的机构负责固定领域的工作任务,通过机构之间工作任务的集合来推动整体工作的顺利完成。线性分工模式使公安机关、检察机关和法院在刑事诉讼中独立开展诉讼活动,各机关在不同阶段分别享有相应的权力。这种分段负责的分工模式,可以确保公检法三机关在各自负责阶段中充分行使其权力。同时,线性分工模式也划定了专门机关专职负责某项司法工作的领域范围,可以提高三机关分别对于侦查、审查起诉和审判工作的专业度。但是,线性分工模式也存在一些待完善的地方,具体表现在:

1. 不利于形成以审判为中心的诉讼构造

党的十八届四中全会审议通过的《中共中央关于全面推进依法治国若干重大问题的决定》提出,"推进以审判为中心的诉讼制度改革,确保侦查、审查起诉的案件事实证据经得起法律的检验。"虽然学界对以审判为中心的内涵存在争议,但不可否认的是,其是为了革除司法实践中存在的"侦查中心主义"。立足于刑事诉讼制度的发展趋势,"以审判为中心"无疑是一项具有积极意义的重大改革措施。以审判为中心的诉讼制度改革必然会强化法院裁判在司法权力语境中的地位和功能,有助于发挥审判程序对于定罪量刑的最终裁判功能,以及审判程序监督制约审前程序司法权力运行的功能。法院作为审判权的行使机关,在以审判为中心的语境中自然应该承担更多的决定性作用。法院审判权在公正履行定罪量刑的职责之余,也要注重向审前程序的延伸,发挥必要的监督制约作用。

然而,在我国的刑事司法领域,各机关在分工负责的基础上形成的线性分工模式,实质上将侦查权、公诉权和审判权予以了对等化对待。线性分工模式将刑事诉讼程序分成侦查阶段、公诉阶段和审判阶段等,形成了各自具有较强独立性和封闭性的程序环节。这三个阶段的运行质量,由对应主体负责,其他主体往往无权过问。由此,刑事诉讼呈现出"段状"的结构形态。这种"段状"结构在建国初期完成快速、及时打击犯罪的刑事诉讼任务方面发挥了重要作用,有利于国家政权的稳定和社会经济秩序的恢复。但是,随着我国经济社会的快速发展和法治文明的进步,刑事诉讼"段状"结构的不足之处也有所显现。其中,最应引起关注的就是这种线性分工的结构模式将各机关的权力对等化,审判权与侦查权、检察权处于同一位阶,使得以审判为中心的刑事诉讼结构难以顺利形成。以审判为中心的刑事诉讼构造,要求刑事诉讼活动应该以审判为中心,侦查和公诉活动的开展都应以审判活动为目标导向,以确保案件的办理质量符合审判的要求。而这些要求与当前线性分工模式所蕴含的独立性和封闭性显然是不统一的。

2. 不利于形成相对一体的检警关系

正如哲人所言,"自古以来的经验表明,所有拥有权力的人,都倾向于滥用权力,而且不用到极限决不罢休。"[1]在刑事司法领域,侦查权与国民生活关

---

[1] [法]孟德斯鸠:《论法的精神》(上册),许明龙译,商务印书馆2009年版,第166页。

系密切,最容易对国民生活构成侵犯。在我国,公安机关享有侦查权,负责开展普通刑事案件的侦查活动。基于侦破案件的现实压力和犯罪手段的科技化、隐蔽化趋势,公安机关进行秘密性、封闭性侦查活动具有一定的正当性。但任何一种事物都具有两面性,公安机关的侦查行为如果不受必要的限制,就会出现侵犯公民基本权利的情形。为了避免侦查权的滥用,需要由检察机关在审前程序中担当监督者角色,规范并制约侦查权力运行。"检警一体化,顺应了犯罪调查与检控的一致性与协调性的要求,尤其是便于统一组织和协调犯罪调查、证据搜集与起诉的活动。"①一体化的检警关系强调检察机关对于侦查机关侦查活动的领导和监督作用。检察机关可以在具体案件办理过程中,指挥侦查机关开展侦查活动。侦查机关需要对检察机关负责,并接受检察机关的监督。一体化检警关系的具体表现形态不一,但无一例外地都注重检察机关引导侦查机关进行查明案件的工作。根据我国的实际,建立彻底的检警一体化存在较大障碍,但是相对一体的检警关系应是我国未来司法体制改革的一个重要课题。

从制度规范的角度看,我国的检察机关行使检察权和法律监督权,负责审查起诉和监督法律实施。从公安机关和检察机关的系统设置和关系来看,公安机关和检察机关是两个相互独立的国家机关系统,两者之间并无人事任命和机构设置方面的关联。而刑事司法程序中的线性分工模式,进一步将检察权力挡在公安机关的侦查程序之外,相对一体的检警关系无法构建,检察机关难以对侦查机关形成充分彻底的监督制约,②这可以从 2007 年至 2017 年全国检察机关对侦查活动中的违法情况提出纠正意见的基本数据中得以证明

---

① 龙宗智:《国际刑事法院检察官的地位与功能研究》,载《现代法学》2003 年第 3 期。

② 从广义上讲,检察机关侦查监督部门所承担的审查逮捕、刑事立案监督和侦查活动监督这三项工作的内容都属于侦查监督的内容,也就是说,侦查监督的外延大于侦查活动监督的外延。除特别指明的外,本书一般从狭义上理解侦查监督,即主要是指检察机关针对侦查活动合法性而进行的监督。

（见表4-1）。①

表4-1 2007年—2017年全国公安机关立案数与检察机关纠正侦查违法情况

类别 ＼ 年份	2007年	2008年	2009年	2010年	2011年	2012年	2013年	2014年	2015年	2016年	2017年
Y＝全国公安机关立案的刑事案件	4807517	4884960	5579915	5969892	6005037	6551440	6598247	6539692	7174037	6427533	5482570
X＝全国检察机关纠正侦查活动违法数量	15637	22424	25974	34180	39812	57280	72718	54949	37292	39621	47871
X/Y＝年度内纠正违法数占立案数的千分比	3.252‰	4.590‰	4.655‰	5.725‰	6.629‰	8.743‰	11.021‰	8.402‰	5.198‰	6.164‰	8.731‰

如上表所示，2007年至2017年，全国检察机关对侦查活动违法情况提出纠正意见数分别占该年度全国公安机关立案侦查的刑事案件数的比例均值是6.64‰。除2013年的比值达到百分之一（千分之十）的标准，其余年份的比值保持在千分之几的等级。这种"千里挑几"的侦查监督局面并非意味着我国公安机关的办案质量已经达到了无可挑剔的程度，近年来由刑讯逼供所导致的冤假错案时有报道，就说明我国检察机关的侦查监督工作还有很大的改进余地。

3. 不利于排除审前阶段的司法裁判"真空"

线性分工模式的负面影响同样也对法院构成了限制，法院无法参与审判前的诉讼活动，审前阶段成为司法裁判活动的真空区。一方面，法院没有被赋予针对强制侦查措施的司法审查权。在我国，无论是公安机关行使侦查权，还是检察机关行使侦查权，除公安机关适用的逮捕措施外，两机关对于侦查措施和强制措施的实施拥有高度的自主权，可以自行决定实施，不需要获得法院的

---

① 数据来源于《中国法律年鉴》（2008年至2018年卷）。

司法审查批准。法院只能在审理阶段通过非法证据排除规则,对公安机关和检察机关以非法方法收集的证据行为进行事后型的控制。认罪认罚从宽制度实施后,法院被赋予新的审查侦查机关、检察机关履责情况的权力,但根据最高人民法院、最高人民检察院、公安部、国家安全部、司法部于 2019 年 10 月 24 日联合印发的《关于适用认罪认罚从宽制度的指导意见》第 39 条的规定,法院对于侦查机关、检察机关履行告知诉讼权利和认罪认罚法律规定等情况,也只能在审判阶段进行审查。

另一方面,依照最高人民法院于 2000 年 3 月 8 日公布的《最高人民法院关于执行〈中华人民共和国行政诉讼法〉若干问题的解释》第 1 条第 2 款第 2 项的规定,刑事侦查行为不属于行政诉讼的范围,当事人无法通过行政诉讼的渠道请求法院对侦查机关的违法侦查行为进行裁判。当事人针对违法侦查行为提起行政诉讼权利的丧失,导致法院无法对侦查权滥用行为进行直接的司法救济,法院对侦查行为的事后审查范围被大幅度限缩。此外,针对违法侦查行为国家赔偿的范围也是十分有限,认定的标准也较为苛刻。例如根据《中国人民共和国国家赔偿法》(以下简称《国家赔偿法》)第 17 条的规定,认定侦查机关违法采取拘留措施必须以"其后决定撤销案件、不起诉或者判决宣告无罪终止追究刑事责任"为前提条件,但是实践中侦查机关撤销案件的情形较少发生,侦查机关通过"疑罪从挂"的处理方式,规避了撤销案件可能引发的承担国家赔偿责任的风险。① 法院系统公布的统计数据也显示法院是刑事赔偿案件的主要赔偿义务机关,公安、检察等机关作为赔偿义务机关的案件较少。② 侦查机关的技术性操作使得法院无法对违法侦查行为引发的国家赔偿案件进行审查,削弱了司法裁判权对侦查权的约束。总之,线性分工模式下的审前程序已成为了审判权无法触及的"真空",不利于法院对侦

① 参见孙以群等:《采取刑拘措施后引发国家赔偿与赔偿监督的分析思考》,载《犯罪研究》2015 年第 2 期。
② 参见崔玮:《我国刑事赔偿义务承担机制之检讨》,载《法律适用》2019 年第 5 期。

查权的行使进行制约监督。

第二节　功利导向的控制方式

自然把人类置于快乐或痛苦的主宰下，它们指示我们应当干什么，或决定我们将要干什么。[①]在不同的规则之下，人类趋利避害本性的暴露方式亦大有不同。在程序规则缺乏的地方，功利必然会控制个体的判断，进而控制作为个体组合的有关机构的运转；而人们追求功利的方式更会趋向于非理性的实用主义。在程序规则健全的地方，人们为追求更大的功利，不得不接受现有的程序约束，从而按照理性的方式追求功利。在我国，完善的侦查权程序性控制机制尚未建立，无论是控制范围、控制方式，还是控制要件，都存在着先天不足，给侦查机关的权力运行留下了极大的裁量空间。

一、权力运行便利主义下的侦查权控制

权力运行便利主义是指将权力的运行作为中心，其他所有涉及权力的工作开展都以确保权力的运行作为目的追求。在追求权力快速有效运行的语境下，确保国家机关可以行使权力以实现特定的目的是权力运行便利主义的目标体现。权力运行便利主义在我国侦查权控制的领域中消融了各种控制措施的效力，导致防范权力滥用的机制运行失序，侦查权受到的束缚因此也变得"软绵无力"。

（一）侦查权程序性控制中权力运行便利主义的体现

我国侦查权程序性控制中权利运行便利主义的体现，集中于侦查权的内部自律。公安机关、检察机关作为主要的行使侦查权的主体，通过将侦查权在

---

① 参见［英］边沁：《道德与立法原理导论》，时殷弘译，商务印书馆 2000 年版，第 58—59 页。

内部的科层结构中进行划分,形成了上级机关监督制约下级机关、机关内部领导或部门负责人监督制约侦查人员的控制模式。这种侦查权的内部自律模式是以行使侦查权的机关的自我制约为基础,将侦查机关内部的权力划分出一类专门负责制约侦查权的监督权。这种自我制约兼顾了内部监督的便捷性和及时性。便捷性体现为,侦查机关的内部监督是一种"近距离"的监督,监督者和被监督者处于同一机关或同一机关系统内,监督者对于被监督者行使侦查权的情况可以获得清楚的认知,实施监督较为方便快捷。及时性则强调的是,侦查机关的内部监督属于事前性或事中性监督。被监督者行使侦查权的过程中遇到特定情形时,需要向监督者提出申请,获得批准后才能继续实施侦查行为。事前性和事中性的侦查监督在及时性方面远远优于事后性监督。

在公安机关方面,公安机关适用强制措施的权力控制主要依靠公安机关负责人的审批制约。公安机关适用拘传、延长拘传时间至 24 小时、没收取保候审保证金、适用监视居住、拘留犯罪嫌疑人、提请批准逮捕犯罪嫌疑人时,均应当报经县级以上公安机关负责人批准。而公安机关适用侦查措施的内部控制类型比较多样,包括了办案部门内部、机关内部和机关系统内部的审批。公安机关适用侦查措施的内部制约,是依据侦查措施对人身财产的侵害程度大小进行的区分。侦查措施危害性较小的,由办案部门负责人批准,包括了传唤犯罪嫌疑人到指定地点或其住所进行讯问、询问证人、被害人、对犯罪嫌疑人的人身检查、扣押财物和文件等。侦查措施危害性适中的,由县级以上公安机关负责人批准,包括进行侦查实验,对犯罪嫌疑人以及可能藏匿罪犯或犯罪证据的人、物品、住处和其他有关的地方进行搜查,扣押犯罪嫌疑人的邮件、电子邮件、电报,隐匿身份实施侦查、涉毒案件的控制下交付,发布通缉令以及进行鉴定、补充鉴定或重新鉴定等。侦查措施危害性较大的,由设区的市一级以上公安机关负责人批准。公安机关实施的记录监控、通信监控、场所监控、行踪监控等措施,统一由设区的市一级以上公安机关技术侦查部门实施。需要采取技术侦查措施的,应当经设区的市一级以上公安机关负责人批准,并制作采取技术侦查措施决定书。

在检察机关方面,检察机关办理自行侦查案件时对强制措施适用的内部制约体现出了更为显著的科层式特点,实行"部门负责人——检察长"的审批制。检察机关办理案件过程中,适用拘传、取保候审、监视居住、拘留、逮捕等强制措施,均是由办案人员提出意见,部门负责人审核,最终由检察长决定。对于涉嫌特别重大犯罪的犯罪嫌疑人采取指定居所监视居住的,还应报上一级检察机关侦查部门审查。需要指出的是,监察体制改革后,有权办理自行侦查案件的检察机关是设区的市级检察机关。检察机关行使侦查权时的内部监督的机关层级进一步提升。检察机关适用侦查措施的内部控制也是主要以检察长审批为主。检察机关传唤犯罪嫌疑人到犯罪嫌疑人所在市、县内的指定地点或者其住处进行讯问,进行勘验检查,进行侦查实验,对犯罪嫌疑人以及可能隐藏罪犯或犯罪证据的人的身体、物品、住处、工作地点和其他有关地方进行搜查,扣押犯罪嫌疑人的邮件、电报或者电子邮件,查询、冻结犯罪嫌疑人的存款、汇款、债券、股票、基金份额等财产,以及进行鉴定、补充鉴定或重新鉴定等,都需要报经检察长批准。

至此,可以明显地发现我国现有的法律规范及司法实践中,侦查权的程序性控制偏向于侦查机关的自我控制。我国的强制措施除逮捕外,以及包括技术侦查措施在内的侦查措施的实施不受司法审查,均由侦查机关自行决定。虽然侦查机关通过内部规范确立了层级式的审批程序,但是大部分侦查措施的审批程序局限在侦查机关内部,只有少数侦查措施的实施需要报上级侦查机关审批。

2.侦查权程序性控制中权力运行便利主义的后果

在当前语境下,我国侦查权的程序性控制侧重于自我控制,反映出我国刑事司法领域国家机关权力运行的便利主义色彩。侦查权程序性控制过程权力运行的便利主义,严重违背了权力控制与制约的法治原则,最直接的后果是各项侦查监督措施运用的实效性被严重削弱。立法机关确定侦查权控制法律规范的基调并非司法审查意义上的控制模式,而是在字里行间流露出在保障侦查权有效运行的前提下进行"适度的控制"。侦查机关在进一步细化侦查权的内部控制规范时,仍是关注于侦查权的便利行使,以确保有效打击犯罪的前提下,对侦查权进行控制,并由此引发出一系列后果。

一是打击犯罪的目标导向严重制约侦查权内部自律的功能发挥。侦查机关内部的监督制约是典型的自律型控制,类似于一个人左右手互搏,互搏的胜负结果只取决于主体的内心意识。在我国当下的语境下,侦查机关对于尽快侦破刑事案件天然有着强大的心理追求。在这种极力追求破案率的动机驱使下,公安机关、检察机关对具体案件进行立案侦查时,就具有了鲜明的追诉倾向。尽快查明案件事实,将犯罪嫌疑人抓捕归案成为侦查机关的首要目的,侦查机关就会不可避免地将所掌握的资源和权力倾注于案件的侦查工作中。受制于打击犯罪的目标导向,侦查权的内部监督在侦查实践中的生存空间自然就会十分狭小,"适当监督"抑或"睁只眼闭只眼"就会成为内部监督主体放松监督要求的"安慰剂"。

二是检察机关对公安机关的监督制约乏力。虽然公安机关提请检察机关审查批准逮捕具有侦查权外部监督的外形,但是检察机关承担提起公诉的职责使得其天生具有的追诉倾向,与公安机关侦查破案的目标追求具有一定的同质性。检警之间配合有余而制约不足一直就是一个需要解决的问题。对此,有学者就直接指出,作为国家公诉机关,检察机关同时拥有批准逮捕权和公诉权,意味着它可以成为一种有权对被告人剥夺人身自由的超级原告,不可能中立地兼顾平衡侦查机关和犯罪嫌疑人的利益。加之在审查批准逮捕程序中,犯罪嫌疑人及其辩护人难以对检察机关作出的决定施加积极有效的影响,这显然容易造成检察机关对侦查违法行为的迁就。[①]

三是审前阶段侦查权监督制约机制的失灵会给法院的审判造成压迫式影

---

① 参见陈瑞华:《论侦查中心主义》,载《政法论坛》2017年第2期。

响。我国的刑事诉讼程序存在审前阶段和审判阶段的二元分野,法院无法介入审前阶段的侦查活动,只能对其进行事后性的审查。而在审前阶段,公安机关和检察机关对侦查权的自律式控制和他律式控制都无法有效地制约侦查行为,反而会借助程序的向前推进形成对侦查结果的肯定。也就是说,未被制止或未得到程序性制裁的违法侦查行为经过诉讼程序的流转后,其非法性质以及非法收集的证据往往就会在相互中配合中得以"洗白",实质性地获得公安机关和检察机关的双重认可。如此一来,检察机关提起公诉后,法院就得直接面对暗含违法侦查行为的刑事案件。法院在审判阶段面对经历过侦查程序和审查起诉程序的刑事案件时,排除非法证据的难度就会陡增,处理起来也会比较棘手。法院的主要顾虑就在于,案件已经过公安机关和检察机关的内部审查处理,对违法侦查行为进行事后性制裁就等同于要否定或一定程度上否定审前程序的处理决定,因此在拟进行程序性制裁时,往往会顾及与公安机关、检察机关之间的关系。国家机关相互间的权力博弈和特殊的亲近关系,也给法院的正常履责带来压力。

一般来讲,自律是主体自我约束的基础,他律是自律的前提和内容。[①] 作为自律前提的他律必须完整而有效地存在,这种他律的核心正是体系化的程序性控制。因受侦查领域权力运行便利主义的影响,我国侦查权的内部自律科层控制和外部他律分权控制在实效性上均存在一定的不足,未能达到监督制约侦查权的标准要求,难以对侦查机关的侦查行为进行有效的约束。

二、行政审批式的侦查权控制

行政审批不仅是行政机关工作运转的重要机制,也是侦查机关内部权力

---

① 这是因为,从自律与他律的关系来看,自律总是与自由和理性联系在一起的。自律是指自作主宰、自我约束、自我控制,这种状态必然要经过对外在规范的同化才能达到。对个体的精神来说,不规就无以贞定,不范就无以成型。这充分证明了道德规范的先在性、外在性以及某种强制性,即它的他律特征。参见詹世友:《"自律"与"他律"的哲理辨析》,载《道德与文明》1998年第6期。

运行的主要方式。公安机关和检察机关作为主要的侦查权行使主体,各自的权力控制机制在机关体系内部和机关内部都存在着明显的行政化色彩。这种行政化色彩深刻地影响着侦查权的内部和外部控制方式。

1. 侦查权控制方式的行政化表现

无论是侦查权的外部控制,还是侦查权的内部制约,我国侦查权的控制方式一般都偏向于行政审批模式,即主要通过行政审批的方式来进行。

一是侦查权控制的金字塔式科层制组织架构。按照达玛什卡的描述,在科层理想型的权力结构模式下的司法程序中,上级司法机关与下级司法机关有着严格的等级秩序。① 而在我国公安机关和检察机关内部,同样存在着这样严格的科层结构。从事侦查具体工作的侦查人员直接接受侦查部门负责人的领导,而侦查部门负责人则需要向机关的分管领导和机关负责人负责。公安机关和检察机关内部自下向上负责的权责设计,实际形成了两机关系统内部权力组织的金字塔结构。从宏观的角度,不同级别的机关,依据一定的权力等级形成机关系统的金字塔结构。从微观的角度,某一级侦查机关的内部,也形成了不同职务级别岗位的工作人员权力关系的金字塔结构。如此一来,"下层的司法官员负责收集与决策相关的信息却往往没有真正决策的权力或仅仅享有初级的决策权,上层梯队的司法官员则享有逐渐递增的权势,他们不仅承担着作出最终决策的责任,几乎还可以无条件地改变下级司法官员所作的决定。"②基于此,公安机关和检察机关的领导意志往往可以在很大程度上决定所侦查案件的结果生成。

二是行政审批式侦查权控制的书状原则。书状原则是金字塔式科层式组织架构得以存续的一项重要原则。高度集中的权力需要有与之配套的权力信息传递渠道,而书面的信息传递方式显然是最合适的选择。书状原则具有两层意思:一是书面的权力请示,侦查人员适用强制措施、侦查措施以及其他侦

---

① 参见赵旭东:《民事诉讼第一审的功能审视与价值体现》,载《中国法学》2011 年第 3 期。
② 詹建红:《论我国刑事司法模式的回应型改造》,载《法学杂志》2020 年第 4 期。

查决定时,需要向侦查机关领导报送书面的请示材料;部分特定的侦查行为,还需要下级侦查机关向上级侦查机关书面请示。请示的书面材料应详细载明实施被请示的侦查行为的事实依据和法律依据。二是书面的权力批复。有学者曾对检察权运行过程中的书状原则进行过阐释,即业务言辞由检察官把握,甚至在某些情况下,如在开庭时,检察官有权发表个人不一致的法律意见。但书面决定,尤其是重要案件的书面决定,应当经检察长审核做出,以保证决定的严肃性、正确性和法律适用的统一性。① 书状原则使得科层制的侦查机关办理案件的过程得以明晰,一个案件的办理流程从一个步骤到下一个步骤的过程中均有详细的记载,主持后一步骤的官员可以读取前一步骤留下的书面记录,以确保整个科层式的程序流转过程符合权力行使的要求。

三是非对席的审批主体构成。我国当前的侦查权控制的参与主体仅限于行使侦查权的公安机关和检察机关的工作人员,更多情形下审批主体多为同一机关内部的工作人员。这也就意味着,在行政审批式的侦查权控制中,犯罪嫌疑人及其辩护人等无法参与涉及其重大利益的侦查行为的实施审批过程。行政审批式的侦查权控制完全是由行使侦查权的国家机关内部讨论决定,犯罪嫌疑人及其辩护人无法参与其中。犯罪嫌疑人及其辩护人没有机会向审批机关或审批人员展示证据、表达自己的观点。负责审查的工作人员也主要是依据申请实施侦查行为的侦查人员的书面报告作出批准与否的决定。犯罪嫌疑人一方的缺席,导致了我国行政审批式的侦查权控制模式未能有效形成对席式的审批构造,提请审批的侦查机关和侦查人员的意见必然会对审批结果造成的影响。

2. 侦查权行政审批式控制方式的局限性

公正和效率是现代刑事诉讼活动的两大价值目标。就侦查程序而言,公正是永恒价值,但是必须兼顾效率,因为"迟来的正义非正义"。② 而行政审批

---

① 参见龙宗智:《检察官办案责任制相关问题研究》,载《中国法学》2015 年第 1 期。

② 参见张泽涛:《论公安侦查权与行政权的衔接》,载《中国社会科学》2019 年第 10 期。

式的侦查权控制方式在兼顾公平和效率价值上难免有失偏颇。

一是行政审批式的侦查权控制过于追求效率的提升。前已述及,无论是侦查权的外部控制,还是侦查权的内部监督制约,我国的侦查权控制方式都偏向于行政审批模式。这种行政审批方式,一定程度上反映了立法机关对于监督制约效率的过高追求。尽管侦查权的性质存在争议,但不能否认的是,侦查权是一项积极、灵活、富有效率的公共权力。面对犯罪手法不断更新、侦破案件时机稍纵即逝的现代社会犯罪发展新形势,侦查机关在侦查过程中必须发挥主动性、灵活性和高效率的特点。我国的刑事法律规范赋予了侦查机关极大的自由权限,侦查机关可以自行决定实施绝大部分强制措施和侦查措施,以满足侦查机关侦查办案的需要。而行政审批式的侦查权控制方式进一步赋予了侦查机关行使侦查权的"程序便捷",侦查机关内部的行政审批确保了侦查行为实施的效率追求。而以书面材料为主的侦查机关(系统)内部的请示和批复活动,则是为了以较低的成本和较高的灵活性来确保侦查机关能尽早破案,实现侦查活动的高效率。

二是行政审批式侦查权控制存在可能不公正的隐患。鱼与熊掌不可兼得。对效率的追求,往往需要以正义为代价。有学者曾针对羁押必要性审查制度指出,检察机关对释放或变更强制措施建议的作出,也规定须经检察长或分管副检察长批准,这种行政审批式的内部流程与批准逮捕权、羁押必要性审查权应然的司法权属性直接抵牾。① 行政审批式的监督控制是封闭的,没有给被追诉人等诉讼参与人提供参与机会。在以往的司法实践中,我国检察机关的侦查监督多以行政审批和书面审查的方式进行,2012 年修改的《刑事诉讼法》注意到这一监督方式的片面性,规定了审查逮捕时讯问犯罪嫌疑人和听取辩护律师的意见,向诉讼化构造迈进了一步。但是,针对其他侦查措施的监督,仍以行政审批的方式进行。过于重视侦查机关的意见,忽视侦查权程序

---

① 参见陈卫东:《羁押必要性审查制度试点研究报告》,载《法学研究》2018 年第 2 期。

性控制过程中各方主体的平等参与,不仅不利于案件事实的查明,也不利于公民权利的平等保护。而且,在检察监督过程中,由于对公安机关所提供书面材料的过度依赖,使得检察机关的侦查监督难以中立客观,从而进一步加剧行政审批式侦查权控制的非正义性。

三、不明确的侦查措施启动条件

比例原则是公法领域中的"帝王条款",是国家公权力运行必须遵守的基本原则,"其目的在选择最小侵害之手段,以调和公益与私益,以维实质正义"。[①] 侦查权具有明显的两面性:合理地运用侦查权对于查清案件事实、查获犯罪人、维护国家、社会秩序和人民群众的人身财物安全具有极其重要的意义;而侦查权的强制性涉及对公民权利和自由的限制和剥夺,其一旦被滥用又必然会侵犯公民的合法权益。所以,世界各国的刑事法律都对侦查权的运行进行了严格的限制,而其中侦查权的启动条件要求是重中之重。我国的刑事诉讼法也对侦查权的启动进行了一定的限制,但是过于侧重于明确五种强制措施的启动条件,而忽视了侦查措施的启动限制。

1. 侦查措施启动条件的异化

相对于强制措施对当事人人身自由的限制作用,其他侦查措施的运用则主要是对当事人的财产权利进行限制。随着经济社会的高速发展,公民个人及企业组织掌握的财产价值也呈几何发展,侦查措施的限制作用也在逐步提升。但我国的刑事诉讼立法虽然在不断地细化强制措施的启动条件,但却忽视了对侦查措施启动条件的明确。《刑事诉讼法》除了对拘留和逮捕等强制性到案措施的规定进行明确外,对于搜查、扣押、查封、冻结等众多的强制性取证措施则缺乏明确的实体理由或程序条件。法律层面上的不作为,导致公安机关、检察机关在出台各自的司法解释或相关的操作规范时,直接将侦查措施

---

① 傅美惠:《侦查法学》,元照出版公司 2012 年版,第 58 页。

的启动程序异化为侦查机关内部领导的行政审批手续。以搜查为例，1996年、2012年和2018年《刑事诉讼法》均将搜查启动的实体理由限定为"为了收集犯罪证据、查获犯罪人"。公安机关和检察机关在细化搜查的启动条件时，在实体理由限制的基础上，还增加了批准主体的限制。如《公安办案规定》第222条将搜查的启动条件明确为"为了收集犯罪证据、查获犯罪人"和"经县级以上公安机关负责人批准"；2019年《检察规则》第203条也将搜查的启动条件明确为"为了收集犯罪证据，查获犯罪人"和"经检察长批准"。这样的补充规定表面上提高了搜查的启动门槛，但由于"为了收集犯罪证据、查获犯罪人"的表述过于笼统，使得搜查措施启动实体理由限制的约束力十分脆弱，在实践中的制约能力极其有限，而获得机关内部领导的审批在办案实际中往往较为容易，搜查将不可避免地出现"只要领导批准即可适用"的异化现象。

此外，部分侦查措施启动条件的规定还处于空缺状态。以查封、扣押为例，2018年《刑事诉讼法》没有提及查封、扣押的启动条件。2019年《检察规则》和《公安机关办案规定》也都没有进一步明确查封、扣押的启动条件，这无疑会进一步加剧侦查措施运用的随意性和合理适用的难度。

2.侦查措施启动条件异化的后果

侦查权控制的前提是侦查法定，即法律明确规定了强制侦查措施适用的实质要件或程序要件，否则，侦查权的控制也只能是无从下手。侦查措施启动条件的笼统性规定实质上是赋予了侦查机关过于宽泛的自由裁量权，侦查机关往往会以部门利益为导向，作出是否适用相关侦查措施的判断。而且，侦查机关在对侦查措施实施的必要性进行考量时，也会因为相关的规定过于模糊或赋权过广而难以形成统一的判断标准。

侦查措施启动条件异化的直接后果是犯罪嫌疑人以及普通公民的合法权益受到侵害。受到侵害的合法权益包括了财产性利益和人身性利益。在财产性利益方面，办案实践中，部分地方的侦查机关倾向于以本部门利益作为判断是否启动侦查措施的标准，导致侦查措施的具体适用与措施设立的目的相违背。针对涉案财物的处理,有学者就曾指出,侦查机关不仅可以自行对涉案财物进行查封、扣押、查询和冻结,或者变卖、拍卖、出售和变现;也可以随意拒绝随案移送,甚至在侦查阶段就可以自行处置。结果,侦查机关就与案件发生了经济上的利害关系。[①] 在人身性利益方面,侦查机关为了查明案情可以实施针对犯罪嫌疑人的人身自由权、通信自由权、隐私权等基本权利的侦查措施,这些措施包括传唤、强制检查、电子侦听、电话监听、邮件检查、电子监控、秘密拍照或录像等。以强制人身检查为例,公安机关为了确定犯罪嫌疑人的某些特征、伤害情况或生理状态,可以对犯罪嫌疑人进行人身检查,提取指纹、采集血液、尿液等生物样本。如果犯罪嫌疑人拒绝检查、提取、采集的,经办案部门负责人批准,可以强制检查、提取、采集。这些涉及个人基本权利的侦查措施一旦被滥用,必然是以侵害犯罪嫌疑人等主体的合法利益为代价的。

第三节　不彻底的程序性救济

"无权利则无救济"是西方著名的法谚。公民在认为其基本权利遭受侦查权侵害时,有权获得司法机关的有效救济,而且这种救济必须具有彻底性,这是权利本身的应有之义。彻底的权利救济必定是中立裁判主体在当事双方平等参与下所作的全面判断,这种判断包含了恢复正义的命令和配套的制裁措施。在我国,针对违法侦查的救济具有一定的不彻底性,这主要表现在以下三个方面:

一、缺少中立司法机关的参与

中立的主体居中对纠纷进行调停或者裁决,是现代社会一切纠纷解决的

---

① 参见陈瑞华:《论侦查中心主义》,载《政法论坛》2017 年第 2 期。

理想模式。随着人类法治文明的发展,法律纠纷的裁判者多由中立的司法机关担当。法律纠纷解决的理想状态是,客观中立的司法机关在查清纠纷事实的基础上,依据法律的规定或当事人双方的合意,对纠纷事项作出裁判或者进行调解。然而,理想与现实总是存在着差距。在我国的刑事诉讼活动中,犯罪嫌疑人、被告人等主体受到国家公权力机关侦查行为的侵害时,中立的司法机关难以参与。

1. 中立司法机关参与的规范缺失

立法机关以及公安机关、检察机关已经意识到侦查机关在行使侦查权的过程中,难免会出现侦查人员滥用侦查权导致当事人合法权益受到侵害的情形,所以在制定刑事诉讼法及相关的司法解释或规定时,确立了与之相应的纠错规范。根据 2018 年《刑事诉讼法》以及公安机关、检察机关制定的规范性文件,多数情况下,刑事案件的当事人认为侦查机关的侦查行为侵害了自己的人身自由、财产权利时,只能向该侦查机关或其上级机关提出申诉、控告。但是侦查机关的纠错是典型的"自我纠错",即实施违法侦查行为的侦查机关是纠正违法行为的第一责任主体,由其或其上级机关接受当事人的申诉、控告,进行自我审查、自我纠正。在侦查机关或侦查机关系统内部的这种监督控制机制下,侦查机关的部门领导或上级侦查机关针对犯罪嫌疑人等提出的侦查违法主张,进行行政审批式的审查,而犯罪嫌疑人等直接利害关系人无法参与其中,审查的方式也是书面且封闭的,中立的司法机关无法介入审查程序并作出决定。这种缺乏中立司法机关参与的审查在正当性上难免令人质疑。

虽然在特定情况下,法律规范也允许检察机关可以审查公安机关的违法侦查行为,并提出纠正意见。但是在审前程序中,检察机关自身也具有较强的控诉倾向,与公安机关的侦查行为在目的上具有高度的同一性,使得其难以与中立的司法机关画上等号。依据我国当前的制度规范,当事人对于侦查机关的违法侦查行为只能向该机关申诉或控告,或者对于符合特定类型的侦查违法行为,向检察机关申请检察监督。① 在行政诉讼领域,《中华人民共和国行政诉讼法》也没有把侦查行为列为行政诉讼的范围,对于违法侦查行为,相对方无法通过诉讼的途径获得法院的司法救济。

2.中立司法机关缺失的隐忧

侦查权是一种国家权力,具有政治上的强制力量和刑事诉讼活动的支配力量。在侦查程序中,侦查权会影响涉案公民生活以及单位经营的方方面面。相对于没有国家强制力支撑的公民、单位主体,侦查机关处于绝对的优势地位。② 在我国的刑事司法领域,侦查行为侵权纠纷解决过程中缺失中立的司法机关,转由侦查机关"自行纠错"的做法,难免令人产生"再快的刀刃也不能砍到刀背上"的担忧。随着社会经济的发展,刑事犯罪的发案率逐年递增,公安机关面临着巨大的办案压力。同时,犯罪高科技化的发展,进一步增加了公安机关的办案难度。公安机关在案件数量的重压之下,为追求案件侦破的目标导向,出现违法侦查行为似乎具有一定的现实合理性。这种思想上的认知,在公安机关系统内部是有一定市场的。检察机关行使侦查权时,也会面临和公安机关相似的困境,但并非每一个公安机关或检察机关的领导都具有"刀口向内"的勇气和魄力。虽然检察机关可以对公安机关进行监督制约,但"检察机关对警察机关的监督在性质上是一种同体监督,其权力制约效果与法院作为中立的第三方介入侦查、进行司法审查的效果是不可同日而语的。"③如此一来,公安机关、检察机关各自系统内上下级之间以及机关内部的"自我纠错",终难逃脱外界对于权力滥用的疑虑。

---

① 2012年修改的《刑事诉讼法》增加规定了诉讼参与人有权针对公权力机关的诉讼违法行为提出救济请求,并将检察机关确立为救济的处理机关,构建审前阶段以检察机关为中心的程序性救济模式。然而这种救济模式在执行效力、角色分化、审查方式和证明机制等方面均存在无法克服的缺陷,能否实现制度设计的初衷令人怀疑。参见詹建红:《程序性救济的制度模式及改造》,载《中国法学》2015年第2期。

② 参见倪铁等:《程序法治视野中的刑事侦查权制衡研究》,法律出版社2016年版,第20页。

③ 参见谢佑平:《刑事诉讼视野中的司法审查原则》,载《中外法学》2003年第1期。

中立司法机关的缺失实质上违背了司法最终解决的原则。"司法最终解决"原则是现代法治社会的要求之一。根据该原则,司法权在一定意义上优于行政权。通过一定的程序,司法权可以对行政权进行审查,制约行政权。[①]当侦查权以正当程序行使时,公民固然具有一定的容忍义务,但判断侦查机关是否履行了"正当程序"以及公民应否承担"容忍义务"的主体必定是中立的司法机关,而非侦查权的动用者或控诉利益的相关者。

二、违法侦查的国家赔偿范围比较狭窄且赔偿程序繁琐

国家赔偿是一种以实现结果公平为目标追求的法律责任。无论国家和其他公权力主体的管理活动出于什么样的目的,采取什么样的程序和方式,只要给公民权利义务的配置造成了实质的不平等,就应当承担赔偿责任。[②] 侦查机关的违法侦查行为也属于国家赔偿的范围,但是我国违法侦查行为的国家赔偿在赔偿范围和赔偿程序上存在一定的不足。

1.违法侦查的国家赔偿范围比较狭窄。2012 年 10 月 26 日修改通过的《中华人民共和国国家赔偿法》(以下简称《国家赔偿法》)规定了侦查活动中侵犯公民人身权和财产权应该予以赔偿的几种情形:(1)违法采取拘留和逮捕措施,其后决定撤销案件、不起诉或者判决宣告无罪终止追究刑事责任的;(2)刑讯逼供等行为和违法使用警械造成公民身体伤害或死亡的;(3)违法对财产采取查封、扣押、冻结、追缴等措施的。但是,对于违法搜查、违法检查、违法强制采样和违法采用技术侦查措施等强制侦查行为造成公民人身、财产或精神损害的国家赔偿问题,立法并没有提及。有学者对《国家赔偿法》的适用情况进行了实证研究,发现近年来刑事赔偿案件数量增幅有限、案件数量波动明显、赔偿率持续下降,进而得出了"相较于其他诉讼案件而言,刑事赔偿案

---

① 江伟、范跃如:《民事行政争议关联案件诉讼程序研究》,载《中国法学》2005 年第 3 期。
② 高家伟:《论国家赔偿责任的性质》,载《法学杂志》2009 年第 5 期。

件总量和增量之变化可谓微不足道"的结论。①

2.违法侦查的国家赔偿程序比较繁琐。《国家赔偿法》规定了繁琐的赔偿程序和较长的赔偿期间,人为增加了权利救济的成本。在国家赔偿义务的承担主体方面,我国刑事赔偿义务承担机制采取的是双轨制下的责任递进转嫁和直接责任平行适用机制。具体而言,就是以人身自由权侵害和人身健康权、财产权侵害赔偿为区分标准,将刑事赔偿义务承担划分为两种类别。其中,人身自由权侵害赔偿采用责任递进转嫁原则,人身健康权、财产权侵害赔偿采取直接责任原则。② 在国家赔偿的程序运作方面,赔偿申请人需要先向赔偿义务机关提出赔偿请求,对赔偿义务机关未作出赔偿决定或对赔偿决定不服的,还需要经过复议程序。赔偿申请人不服复议决定或复议机关逾期不作出赔偿决定的,还需要向复议机关所在地的同级人民法院赔偿委员会申请作出赔偿决定。如此狭窄的赔偿范围和繁琐的赔偿程序使许多遭受侦查权侵害的公民要么难以获得赔偿,要么无所适从。③

三、缺乏完整有效的违法侦查制裁体系

违法侦查应当受到多方面的制约和制裁,侦查侵权应当得到及时充分的救济,这是侦查法治的基本涵义。④ 体系结构合理完整、惩戒措施及时有效的违法侦查制裁体系是实现有效监督侦查权原则的基本要求。无论是在规范意

---

① 参见杜仪方:《新〈国家赔偿法〉下刑事赔偿的司法实践研究》,载《当代法学》2018 年第 2 期。

② 参见崔玮·《我国刑事赔偿义务承担机制之检讨》,载《法律适用》2019 年第 5 期。

③ 如福建漳州张姓兄弟二人在骑摩托车回家途中被警察误当成盗抢团伙的犯罪嫌疑人,办案民警用长竹竿将行驶中的摩托车捅倒,致使其中的弟弟摔倒后昏迷,经投诉后家属仅收到派出所送来的 3000 元"慰问金"。参见王庆平、林深圳:《民警抓贼,误抓误伤 15 岁男生》,载《海峡都市报》2011 年 11 月 16 日第 A8 版;湖南女子因身份信息被盗用而被列为网上追逃对象并被刑事拘留,事后其家人向办案民警提出赔偿要求,但警察说其只管办案,具体赔偿需找当地政府。参见李坤:《无故被跨省追捕,怀孕的她说很没尊严》,载《潇湘晨报》2013 年 12 月 10 日第 B02 版。

④ 张步文:《中国刑事侦查法制革新之构想》,载《河北法学》2004 年第 2 期。

义上,还是在实践意义上,救济往往是与制裁密切相连的。制裁的目的在于通过强制与威慑确保法律的实效,缺乏制裁或制裁不足往往会造成违法行为的泛滥。排除非法证据和追究侦查侵权的责任,是对违法侦查进行制裁和救济的主要形式。随着刑事诉讼法的修改完善,我国已初步建立了非法证据排除规则。但是在侦查侵权的责任追究方面,改进完善的步伐则偏于缓慢。总体而言,我国对于违法侦查人员的制裁体系还不够完整,制裁的力度还有待加强。

1. 针对违法侦查人员的惩戒措施体系不健全。针对违法侦查,我国现行法律所规定的惩戒措施体系分为刑事处罚和行政处分两类,即对构成犯罪的违法侦查人员由检察机关立案侦查或由监察机关立案调查后移送检察机关审查起诉,对于不构成犯罪的违法侦查人员给予内部处分。对违法侦查人员进行刑事处罚的依据是国家的刑法和刑事诉讼法,由检察机关和法院负责实施。国家监察体制改革后,检察机关保留了对于司法工作人员利用职权实施的非法拘禁、刑讯逼供、非法搜查等侵犯公民权利、损害司法公正的犯罪的侦查权。检察机关侦查终结后,移送法院进行审理,由法院根据案件事实和法律规范作出判决。对司法工作人员利用职权实施的不构成犯罪的违法行为,由公安机关、检察机关内部予以行政处分。以公安机关为例,根据《中华人民共和国人民警察法》第22条和第48条的规定,人民警察有刑讯逼供或者体罚、虐待人犯,非法剥夺、限制他人人身自由,非法搜查他人的身体、物品、住所或者场所,敲诈勒索或者索取、收受贿赂,殴打他人或者唆使他人打人,违法实施处罚或者收取费用等违法乱纪行为的,给予警告、记过、记大过、降级、撤职、开除等行政处分。并按照规定,予以降低警衔、取消警衔。《公安机关督察条例》第11—13条规定了督察人员发现公安机关人民警察违纪违法的,可以分别给予现场纠正、扣留其武器、警械、警用车辆、警用标志;提请督察长批准停止执行职务、禁闭措施;建议降低警衔、取消警衔。审视我国当前针对违法侦查人员的责任追究,惩戒措施体系尚未有效建立。虽然惩戒措施种类繁多,但措施设置的合理性还有待改进,措施之间的逻辑递进关系有待强化。同时也存在惩戒措施决定主体多元的情况,不利于确保惩戒措施实施标准的统一。

2.针对违法侦查人员的惩戒措施实施效果有待强化。我国侦查机关实施侦查行为具有极强的保密色彩,对实施违法侦查行为的侦查人员进行惩戒的情况也较少对外公开。近年来,我国刑事冤假错案的新闻报道频发,但是对于侦查人员责任追究的报道较为少见。备受关注的几起冤假错案中对违法侦查行为责任人的追究结果也是一直不明。比如在"浙江叔侄冤案"中,张辉、张高平叔侄二人因涉及 2003 年发生在杭州的一起强奸致死案,分别被判死刑缓期二年执行和有期徒刑 15 年。2013 年 3 月 26 日,浙江省高级人民法院经依法再审,公开宣判撤销原审判决,宣告二人无罪。事后,浙江省政法委组成调查组对该案原办理过程中各部门存在的问题进行全面调查,并表示将根据调查情况追究责任,但追责结果迟迟未向社会公开。而事实上,侦查人员因违法侦查行为构成犯罪的相关案例也是非常罕见,[①]规制侦查人员违法侦查行为的罪名基本处于"休眠状态"。此外,由作为中立第三方的法院或检察机关宣布侦查行为违法或无效,建议启动内部追责程序,或建议更换严重违法的侦查人员的措施也未得到立法的认可。概言之,违法侦查的外部惩戒体系尚未建立和惩戒措施的低适用率,严重限缩了惩戒措施对于侦查人员的威慑力,难以起到阻吓违法侦查的作用。

3.对违法侦查人员的归责机制不完善。从理论上看,归责机制主要包括归责主体、被追责主体、归责原则这三个要素。归责主体是指认定行为人的行为是否构成被追责的情形并有权决定对行为人进行追责的机构或个人。被追责主体是指惩戒措施的实施对象。归责原则是指确定承担违法侦查行为追责后果的依据和标准。这三者的合理明确才能构成有机统一的违法侦查行为归责机制。而从我国现有的违法侦查行为的归责规范来看,有关归责主体、被追

---

① 笔者在无讼案例数据库中检索"刑讯逼供罪""一审",只收集到 31 个案例。检索时间:2020 年 3 月 21 日。

责主体和归责原则的规定都存在不完善之处。归责主体方面主要表现为有权实施追责的主体不明,缺乏负责追责的机构或个人的明确规定。被追责主体方面主要表现为承担责任主体的认定标准不明。前已述及,我国侦查机关在管理体制上具有较强的科层制特征,侦查人员的侦查行为的决策中往往存在个人意志和领导意志的混合,而且侦查行为的具体实施还会涉及两名以上侦查人员,如何合理确定被追责主体的范围存在亟待完善的空间。归责原则是确定行为人责任的指导思想的具体体现,需要将违法侦查行为与责任承担主体进行关联,意在确定违法侦查行为责任在责任主体之间的合理承担,以达到责任与行为的有机统一,确保合适的责任主体承担合适的责任。而从目前来看,除构成犯罪的违法侦查行为可以通过刑事诉讼程序进行定罪量刑外,对一般违法侦查行为的归责在机制设计上还存在疏漏,难以确保对实施违法侦查行为人责任的合理追究。

第五章　我国侦查权程序性
控制的深层探究

如果说,控制体系的残缺是我国侦查权程序性控制难题形成的表象原因的话,长期的科层控制和检察监督所形成的固化观念则是我国侦查权程序性控制难题形成的深层次原因。我国从革命根据地时期至今的政治实践与司法实践塑造了以"自律"和"监督"为特征的权力控制理念,以该理念为建构基础的刑事诉讼制度固定成型后,虽在现实的流变中不断调整,但终难突破传统思想、利益及经验的束缚,亦无法转变适应新形态,从而造成了权力控制理念的内卷化。① 侦查权的程序性控制因此而演变为一种没有发展的制度形态。

第一节　以犯罪控制为由强化侦查自由

侦查的目的在于发现案件的事实真相,而达到此目的最便捷的手段就是最大限度地减少对侦查权的限制,即自由地发现真相。然而,自由所蕴含的任

---

① 内卷化一词来源于美国人类学家戈登泽的理论提炼。他用这一概念来描述一种文化模式,即当达到了某种最终的形态以后,既没有办法稳定下来,也没有办法使自己转变到新的形态,取而代之的是不断地在内部变得更加复杂。参见刘世定、邱泽奇:《"内卷化"概念辨析》,载《社会学研究》2004 年第 5 期。

意性存在着将权力带进非理性深渊的风险,不仅可能导致侦查权恣意践踏被追诉人之尊严或财产,而且极易伤及无辜,使守法者遭受无端的侵害或制裁。当人们认识到自由发现真相方式的巨大风险时,理性发现真相的理论便应运而生。所谓"理性"就是在遵循正当程序的前提下,以和平、理智的方式探寻事实真相。然而,从"自由地发现真相"到"理性地发现真相"的转变并非易事,其路途布满了观念的陷阱。

一、自由侦查观的形成

功能是指事物或方法所发挥的,对主体有利的作用、效能。目的是主体期望达成的目标。目的的实现往往需要主体借助一定的事物或方法,所以事物或方法的有无以及功能大小决定了主体所欲目标的实现程度。可以说,目的先于功能,又决定了功能。自由侦查观是将国家社会安全稳定作为目的追求的一种侦查价值观念。自由侦查观认为安全是国家、社会和个人最基本的需求,侦查权的行使就是要通过及时有效惩罚犯罪、预防控制犯罪等功能的实现,维护国家安全和社会秩序稳定,进而保障公民个人人身自由、财产安全的目的。有学者就突出强调侦查的安全功能,认为国家之所以设置侦查权是为了满足预防、控制和惩罚犯罪的需要。这一观点认为,当犯罪成为一种社会性的不安全因素时,控制犯罪就是国家、社会和个人的共同需要和目的。在侦查权和整个刑罚权的范围内,安全,还有伴随而来的秩序,才是它的内在价值、功能和目的。[①] 自由侦查观将国家和社会的安全视为最基本,也是最重要的目标追求,并具体化为以目的决定侦查行为正当性的"目的论"和以安全价值优于其它价值的"优越论"。

从历史的维度来看,自由侦查观是人类社会早期对于侦查权的认识,是一种初级的、朴素的侦查价值观。在阶级社会,自由侦查观强调对刑事犯罪的打

---

① 参见张步文:《安全优先:侦查权的价值、功能与目的》,载《河北法学》2005 年第 9 期。

击和预防。其更深层目的在于,维护统治者对于国家的统治和保持稳定的统治秩序。一方面,刑事纠纷的发生需要国家出面解决。公民之间的刑事纠纷属于严重的社会纠纷类型,双方的矛盾尖锐性较强,如果国家置之不理,任由双方自行解决,基于同态复仇的传统观念,会造成更为严重的社会冲突,导致国家进行统治的社会管理成本和恢复成本激增。对于施害者不明的刑事纠纷,案件所引起的社会恐慌也是国家统治者管理国家的障碍,需要尽快查明案件事实、抓获犯罪嫌疑人以平复民众的紧张情绪。另一方面,国家统治者还可以借解决刑事纠纷之名,打击对其统治具有威胁的个人或组织。维护统治地位是任何一个统治者最基本的意愿,在人类社会的发展过程中,维护统治与刑事侦查从一开始就相互关联并紧密地结合在一起。

受新中国成立时国内外形势的影响,我国的刑事侦查工作在很长一段时间内肩负了保护新中国政权、打击阶级敌人、防止境外颠覆势力渗透的使命。基于维护国家统治的客观需要和现实压力,以维护国家治理秩序、保卫新中国政权为中心任务就成为了我国公安机关和检察机关开展工作的主要内容,并对后来的刑事司法模式造成了深远的影响。长期以来,侦查机关既承担了查明普通刑事案件、打击犯罪的工作,又起到了防范敌对势力颠覆新中国政权、制造社会性恐慌事件的作用。① 在这种背景下,国家对侦查机关开展侦查工作的方式授予了极大的宽松空间,允许侦查机关可以自由地进行侦查活动。这种自由侦查活动的显著特征是将完成破案任务作为主要目标,犯罪嫌疑人及普通民众的权利保障并非是首要考虑的因素,甚至还可以基于侦破案件的需要对其进行限制。坦率而言,侦查机关承担一定的政治使命是新中国成立初期国内外复杂形势的客观需要,具有历史的合理性和必要性。但宽松自由的权力运行,也塑造了侦查机关和侦查人员"自由"的工作风格和行为方式。当政治压力已经明显放缓时,受侦查自由观支配的侦查机关往往难以从巨大

---

① 直到1983年7月,国家安全部才由原中共中央调查部(整体)、公安部政治保卫局以及中共中央统战部的部分单位、国防科工委的部分单位合并而成。

的权力行使惯性中快速地脱身。

放眼我国当前的侦查实践,"目的论"和"优越论"依然支配着部分侦查人员,并为其违法侦查行为提供着"正当化"的心理慰藉。"目的论"认为,侦查的最终目的是发现真相,进而打击犯罪,只要其目的是正当的,侦查过程中的瑕疵是可以原谅的。[①] "优越论"则认为,刑事诉讼的犯罪控制价值优越于其他价值,侦查是打击犯罪的手段,打击犯罪就是保障人权,对侦查权的限制就是对人权保障的限制。对此,有学者指出,刑事诉讼永远不可能以民事诉讼或其他更人性化的方式进行,刑事诉讼的最高价值在于控制和预防犯罪,如果一个社会犯罪率居高不下,那么刑事诉讼其他所有的价值都将成为无本之木、无源之水。[②] 无论是"目的论"还是"优越论",都过于强调刑事侦查对于打击刑事犯罪的重要性,认为及时有效地查明案件事实、抓捕犯罪嫌疑人是刑事侦查的核心价值。这些观点在实质上都是为自由侦查观进行辩护,证明自由侦查观之于国家安全稳定和市民社会安定有序的意义,并希冀通过这种"正当化"的辩护使侦查权摆脱外部力量的控制。笃信自由侦查观的人们往往排斥对侦查权的司法控制,主张侦查权具有司法属性,并试图通过完善内部监督制约机制达致对滥用侦查权的预防。

二、自由侦查观的弊端

经过对自由侦查观的追本溯源,我们可以发现自由侦查观的形成虽然具有历史阶段性,但其并不符合现代刑事司法理念的发展趋势。对自由侦查观的强调实质是以犯罪控制为由漠视人权保障,人为地把侦查与犯罪控制画上等号,刻意地回避了罪刑法定原则、无罪推定原则的基本要义和侦查可能对公民权利的干预,混淆了侦查阶段的犯罪嫌疑人与终审判决后的罪犯的概念,且

---

① 有学者把这种现象称为"崇高事业腐败"。See Bob Harrison, Noble Cause Corruption and the Police Ethic, 68 FBI Law Enforcement Bulletin. 3-4(1999).

② 张孝刚:《侦查权性质论纲》,载《公安研究》2007 年第 11 期。

忽略了外部控制对自我控制的保障作用。可以说,在我国的侦查实践中,"重打击犯罪、轻人权保障"的观念依然有着广泛的市场。而且,自由侦查观通过拉近侦查与犯罪控制的关系,不断地为这种观念进行辩护,并利用这种辩护反对侦查权的程序性控制,从而阻碍侦查权控制的程序机制和制度构建,导致侦查权控制模式的现代化转型步履维艰。

（一）漠视权利保障

自由侦查观指导下的侦查权力运行将及时迅速地打击犯罪作为首要目的。以此为指导,侦查机关行使侦查权过程中就会最大限度地确保快速查明案件事实、缉捕犯罪嫌疑人到案。侦查机关借助国家法律赋予的强大的侦查权力,通过实施各类侦查措施,组织开展侦查活动。侦查过程中各种措施的实施以尽快达到"人赃俱获"为目标,侦查人员实施的侦查行为具有强大的张力性,加之国家法律对于约束侦查行为的规范不够明确,侦查机关的侦查行为极易侵犯犯罪嫌疑人以及普通民众的合法权利。

受制于传统的办案观念和技术条件,我国的侦查机关办理刑事案件非常重视收集口供证据,而口供证据形成的前提是犯罪嫌疑人到案。在犯罪嫌疑人到案和供述犯罪事实的过程中,隐藏着侦查机关侵犯犯罪嫌疑人合法权利的巨大风险。在犯罪嫌疑人到案方面,侦查机关为了锁定犯罪嫌疑人,可以实施包括技术侦查措施在内的多种侦查措施收集犯罪信息。除逮捕之外的收集犯罪信息、强制犯罪嫌疑人到案的侦查措施完全由侦查机关内部决定并付诸实施,不受独立第三方的监督制约,在此方面的违法侦查行为也是屡见报端。此外,还存在侦查机关先破案再立案的"不破不立"情况。侦查机关在未掌握确凿证据的情况下,强制将犯罪嫌疑人予以缉捕,并通过超期羁押、违法讯问的方式获得犯罪嫌疑人涉嫌犯罪的有关证据后,才予以立案。在犯罪嫌疑人供述的取得方面,大量昭雪的冤假错案已经深刻地揭示了侦查机关采取非法方法获得犯罪嫌疑人供述的各种情形。在办案实践中,公安机关通过刑讯逼供等非法方式迫使犯罪嫌疑人作出有罪供述,严重侵犯了犯罪嫌疑人的合法权益,并制造了出现冤假错案的隐患。

(二)破坏司法权力制衡

侦查自由观下的侦查权不仅会对犯罪嫌疑人以及普通民众的合法权益造成侵害,也会对我国刑事司法领域中的权力制衡造成巨大冲击。按照现行立法,我国的刑事司法领域中形成了侦查权、公诉权和审判权的权力制衡模式。这三种权力在诉讼程序中分布于不同的程序阶段、承担不同的程序职能,进而形成了特色鲜明的刑事诉讼构造。侦查权、公诉权和审判权之间既存在相互依存的协作关系,更存在着相互制约的监督关系。但是在现实语境下,侦查权在整个刑事诉讼程序中表现出强大的影响力和决定力,已形成了学界公认的"侦查中心主义"。在侦查自由观的主导下,侦查权通过"正当性"的赋予和"自由"地行使,在实践中自然就会表现出咄咄逼人和舍我其谁的强大气势。接受并认可侦查机关侦查终结的案件似乎成为了检察机关和法院的工作常态。虽然检察机关退回补充侦查、不起诉和法院作出无罪判决的案件也时有发生,但是相对于刑事案件的立案基数,公安机关办理的刑事案件被检察机关和法院所否定的比例算得上是寥寥无几。公安机关办理的绝大部分案件会顺利通过完整的诉讼流程,历经侦查、审查起诉和审判的程序阶段,以至于形成了"公安机关做饭、检察机关端饭、法院吃饭"的坊间戏言。

侦查自由观主张赋予侦查权强大的执行力,这必然会打破刑事诉讼活动过程中的权力平衡。质言之,立法机关预设的刑事诉讼中公安机关、检察机关和法院分工负责、相互配合、相互制约的权力制衡关系,会因为侦查权力的过于强大而名存实亡。在公安机关的侦查过程中,检察机关和法院往往难以介入,并对公安机关的侦查行为进行事前性的约束。而在公安机关将侦查终结的案件移送检察机关审查起诉后,检察机关通过书面审查也不太容易发现公安机关的违法侦查行为。同时,在基层的办案实践中,部分检察机关与公安机关同处政法工作战线而存在天然的亲近关系,面对事后发现的违法侦查行为,出现"睁只眼闭只眼"式的检察监督也就不难理解。而且,在自由侦查观的支配下,公安机关会不由自主地形成对于检察机关的强势地位,被增加"权重"的侦查权会给检察机关的监督制约造成不小的障碍,不利于公诉权对侦查权的制衡。检察机关对于公安机关的监督制约机制失灵后,纠正违法侦查行为的责任只能由法院来承担。立足于刑事诉讼程序的流转过程,法院作为距离违法侦查行为的发生时间和发生场域较远的国家机关,依据法律的规定对于侦查权的滥用也只能是"鞭长莫及"。同时,案件经过公安机关和检察机关的"流程背书",法院发现和纠正违法侦查行为的难度也会大幅度增加。总之,侦查自由观主导下的刑事诉讼活动打破了刑事诉讼过程权力间的均衡局面,削弱了公诉权和审判权对于侦查权的监督制约。

(三)阻碍法治进步

近年来,我国的重大司法改革举措频出。从 2012 年党的十八大提出的进一步深化司法体制改革,到党的十八届三中全会提出的司法管理体制改革,再到党的十八届四中全会提出的推进以审判为中心的诉讼制度改革,这一系列举措都显示出我国对推行全面依法治国基本战略的高度重视。总体而言,就是要在这些改革部署的指引下,有针对性地贯彻证据裁判原则的要求,规范侦查取证,完善公诉机制,发挥庭审关键作用,尊重和保障被追诉人和其他诉讼参与人的诉讼权利,以助益于国家治理体系和治理能力现代化目标的实现。具体而言,党中央安排部署的一系列司法体制改革举措顺应了刑事司法制度的发展潮流,体现了我国法治文明的成熟和进步。其一,司法体制改革的落脚点是"让人民群众在每一个司法案件中都感受到公平正义"。改革举措推进的目标是为了增强司法公信力,提升广大民众对于司法活动过程和结果的满意度。其二,司法体制改革是在全面依法治国的背景下展开的,依法治国的基本要求是国家各项权力的行使必须做到"有法可依""有法必依",并保证"严格执法""公正司法",国家机关在行使国家权力过程中要严格遵守国家法律规范的要求,不得违法用权。司法体制改革的各项举措进一步规范明确了国家司法机关及其工作人员的权力范围和行使程序,为国家权力的规范行使扎起制度的"篱笆"。其三,司法体制改革措施强化了刑事司法领域中的权力制衡。针对饱受诟病的公诉权和审判权制约侦查权乏力的问题,改革部署也进行了专门安排。比如,以审判为中心的诉讼制度改革确立了法庭审判在刑事诉讼活动中的中心地位,明确了法院对于侦查机关、检察机关在证据裁判等方面的制约功能。这些改革措施意图强化检察机关和法院对于公安机关行使侦查权力的监督制约,从而推动以审判为中心的刑事诉讼制度的最终确立。

而反观侦查自由观下的制度实践,侦查权的运行状态与上述司法体制改革的目标希冀显然是背道而驰。首先,过度重视破案的侦查活动,固然会提高侦查活动的效率,但是其背后的负面影响同样不可忽视。在"破案高于一切"的目标指引下,侦查机关在侦查办案过程中对于犯罪嫌疑人的权利保障往往不太重视,甚至会为了获得口供而采取刑讯逼供等非法方法收集证据。同时,检察机关、法院在纠正公安机关滥用侦查权力方面的乏力,致使本应得到纠错和救济的刑事案件历经了审查起诉和审判程序后,最终以"疑案从轻""疑案从挂""疑案错判"的方式而结案,这样的程序过程也成为很多冤假错案生成的直观景象。而这些冤假错案的出现不仅没能让犯罪嫌疑人、被告人以及广大民众在个案中感受到公平正义,反而还会极大地损害司法的公信力。其次,受侦查自由观的影响,侦查机关实施的侦查行为往往会违反程序性规范的要求,逾越法律规范的"红线",致使侦查权的运行触碰,甚至突破法治的底线。整体来看,立法机关创设的对侦查机关的授权规范和限权规范基本符合了现代法治国家侦查权运行的基本要求。但是受制于法律条文和侦查技术的固有缺陷,我国侦查机关自行确定的内部侦查规范与立法机关确立的侦查规范或多或少地存在着不吻合的情形,而这显然与全面依法治国基本方略的要求相违背。最后,自由侦查观对侦查权的强化会导致刑事司法领域中权力结构的异化。配置科学、相互关系合理的司法权力结构是推动一国司法文明的必备条件。科学合理的权力结构坚决杜绝某项权力的"一家独大",极力避免不均衡的权力配置。侦查权本身天然就具有"行政色彩",在"自由"行使的状态下,更是容易被侦查机关不当地扩充。侦查权的不当扩充会导致国家司法权力配置的均衡状态被打破,出现侦查权在实质上统摄刑事诉讼程序的异常状况,不利于刑事司法活动的法治化。

第二节　以现实困难为由阻碍结构革新

德国法学家耶林在《为权利而斗争》一书中阐述了权利是斗争的结果这一理念,认为每一次斗争都是一次对既得利益的宣战,当斗争到顶峰而取得胜利时,通过斗争获得的利益便被以法律的形式确立为既得权利。[①] 同理,司法体制改革的完成也绝不是轻而易举、一蹴而就的,同样会面临着巨大的阻力,需要经历激烈的革新斗争。在这个过程中,改革派与保守派之间的冲突逐渐显现,理想的改革追求会遭遇现实中既有困难的重重阻碍。

一、构建以法院为顶点的侦查权控制模式的现实困难

（一）对"以法院为顶点的侦查权控制模式"改革方案的担忧

在侦查权控制模式的研究中,部分学者提出了确立以法院为顶点的诉讼式构造的主张。该观点认为,检察机关在刑事诉讼中与辩护方的诉讼立场相斥,两者处于对立状态,难以客观公正地实施审查权。法院在诉讼中不属于争端的任何一方,由其进行司法审查,能够保证形式公正,实现对侦查权的客观

---

① 参见邵培樟:《论域名的法律性质》,载《河北法学》2006 年第 6 期。

中立审查。① 对于以法院为顶点的三角构造的方案,质疑的核心是我国法院无权审查侦查行为以及法院不适合作为侦查行为的审查机关,其理由主要有:我国《宪法》对法院的定位只是审判机关,并没有把司法审查权完全赋予法院;受编制或经费限制,法院无力承担司法审查权;司法审查的前提是司法独立,在法院不独立的情形下建立起强制侦查行为的司法审查制度,难以达到预期的目的;我国法官的整体素质不高,司法威信不强,由法院审查侦查行为会导致司法审查制度的效用减损,甚至丧失;由法院对强制侦查行为进行司法审查容易导致先入为主,进而导致逮捕与审判不分。而且,法院也并不愿意享有侦查行为的司法审查权。② 这些质疑意见的论证逻辑可以归纳为,现实司法实践中,法院存在这样或那样的问题,司法审查权不能交给有问题的机关行使;或者说,由法院承担司法审查权将难以达到预设效果。具体而言:

一是认为法院的宪法定位并不包括司法审查权。我国《宪法》第 128 条规定人民法院是国家的审判机关,第 131 条又进一步明确了人民法院依法独立行使审判权。从字面上看,我国的法院只享有审判权,而不享有对侦查权的行使进行审查的权力。

二是认为法院受制于经费和人员条件,不具有行使司法审查权的基础。众所周知,我国的法院正在承受着"诉讼爆炸"带来的巨大办案压力。同时,法院的经费保障整体上仍处于满足基本需要的水平。有学者研究发现,我国基层法院的财政是一种吃饭型财政。在这种支出结构中,法院的经费收入的很大部分被用来优先保障人员经费和日常运作经费等经常性开支,而用于办

---

① 事实上,还有两种代表性的观点,分别为"以检察机关为顶点的三角构造"和"公安机关的侦查行为由检察机关进行审查签发许可令,而检察机关的侦查行为由法院审查签发许可令的折中式的构造"。这两种观点的主张者大都支持"以法院为顶点的诉讼式构造",但考虑到"一步到位式改革"的现实困难,才提出了上述过渡性方案。参见张国香等:《刑事审前程序理念与制度探索》,载《人民法院报》2004 年 8 月 11 日第 A14 版。

② 石少侠教授曾在 2004 年的一次关于"羁押制度与人权保障"的理论研讨会上的发言中透露,最高人民检察院曾经希望把渎职侵权犯罪案件的批准逮捕权交给法院,但是最高人民法院不愿接受。参见陈卫东:《羁押制度与人权保障》,中国检察出版社 2005 年版,第 410 页。

案的业务经费和业务装备经费以及基础设施建设经费支出则相对较少。[①] 同时,法官队伍的能力也存在不足。法官队伍的整体素质有待提高,法官的司法威信难以支撑严格的职业责任。如果将司法审查权交由法院承担,现有的法院人员力量和经费保障将面临更大的压力,制度实践过程中时刻会遭遇"系统崩溃"的风险。

三是认为法院并不具有独立属性,无法客观中立地进行司法审查。我国的法院与法治发达国家的法院在客观中立层面上存在差异。虽然我国《宪法》明确规定了"人民法院依照法律规定独立行使审判权,不受行政机关、社会团体和个人的干涉",但在现实条件下,法院的审判活动仍然受到了来自其他机关和有关人员的干预,这一点在一些被报道的冤假错案中也得以充分的证明。

四是认为由法院对强制侦查行为进行司法审查容易导致先入为主,进而导致逮捕与审判不分。这种质疑从审判权和逮捕权的关系出发,认为法官对逮捕之类的强制措施进行审查,会引起审判权侵入逮捕权,形成审判权并吞逮捕权的结果。同时,已经介入案件侦查程序的法官,在审判阶段面对同一案件或者由该法官的同事审理该案件时,审判权行使的客观中立性会受到侵害,难以保障作出公平正义的裁判。而且,考虑到新的职能带来的工作负担,法院也并不愿意享有侦查行为的司法审查权。

(二)对上述担忧的回应

立足于现行的制度环境,上述担忧确有一定的道理,而且多数问题在现实中也确实存在。但是,以现实问题或困难为由去反对未来的改革确有不妥,这是因为,改革就是一个革除现实弊病的过程,以现实样态来反对未来革新将无益于激发司法制度的活力,甚至会阻碍司法制度的发展。任何一项司法改革

---

① 左卫民:《中国基层法院财政制度实证研究》,载《中国法学》2015 年第 1 期。

的措施都绝非是十全十美、万无一失的,改革的实施过程都会遇到现实情形的无情阻力。而且,在局部范围内,阻力的强大甚至还可能达到极端的高值。但是,改革需要智慧,更需要勇气。在面对改革的现实阻力时,必须保持清醒和理性的认识。任何一项改革的成功都不会是一蹴而就,往往需要经历不断探索、不断试错才能得以达成。畏于压力和阻力轻言放弃的改革者,只会落得令人沮丧的下场。进一步讲,理论固然来源于现实,但往往需要超越于当下的社会现实,并意欲指导并改变现实。"现实"是改革的诱因或动力而非改革思路的限制,改革必然面向未来,以理论为指引,最终解决现实问题,并在未来的实践中不断修正现实。

由法院行使对侦查行为的司法审查权是理论者在反思我国现有侦查监督体制的现实弊端后,提炼域外经验并进行理性思考后的结果,具有现实的针对性和理论的说服力,是立足现实、着眼长远的方案。此项改革的落实将有助于改变现有弊端,并带动相关领域的改良。详细而言:首先,由法院行使对侦查行为的司法审查权,可以积极回应侦查权控制主体不中立的指责,促进公安、检察机关和法院职权分工的专业化和现代化。公安机关和检察机关在控诉犯罪追求上的天然一致性,决定了由检察机关审查公安机关侦查行为的制约模式难逃中立性欠缺的顽疾。而由法院对侦查机关的侦查行为进行监督制约,可以通过法官的司法审查行为将客观中立的审判权与打击犯罪的侦查权之间建立起关联,将法院的权能前延至侦查阶段,提升侦查权控制的公信力。其次,法院通过正确运用对侦查行为的司法审查权,发挥其人权保障的功能,有利于提升司法权威。将对侦查行为的司法审查权赋予法院,将会有效地拓展审判权对于审前程序的介入范围,强化审判权的效力区间。由法院对侦查行为进行司法审查,可以加强审判权对于侦查权的监督制约力度,推动以审判为中心的诉讼制度改革的纵深发展,有利于审判中心地位的确立和巩固。最后,通过设立类似于国外预审法官的专职法官负责侦查行为的司法审查,可以避免审理法官对于案件的提前介入,也具有一定的现实可行性。行使侦查行司法审查权的法官与庭审法官保持必要的分离是现代司法审查制度设计的基本原则。随着司法体制改革的深入,法院的人员编制和经费保障会逐渐得到切实的增强,法院也将具有足够的人力和财力支撑来设置专司侦查行为审查职责的法官。这也将助推司法活动的精细化,从而促进司法活动的专业化和法治人才队伍的优化。

二、将侦查行为作为法院审查对象的现实困难

在关于我国刑事诉讼法修改有关问题的讨论中,有不少学者主张建立对侦查行为的司法审查制度,以期通过司法权对侦查权的制衡,解决我国侦查实践中存在的滥用权力、侵犯公民基本权利的种种问题。[1] 但是,在这一问题的讨论上也出现了不同的声音,即对"将侦查行为作为司法审查对象"的主张存在异议。进一步看,这种异议的主要理由在于认为侦查权具有司法权的性质,由此侦查行为就不能成为法院的审查对象。

（一）对"将侦查行为作为司法审查对象"改革方案的质疑

有学者认为,侦查是围绕犯罪事实而展开的活动,将解决犯罪嫌疑人的刑事责任为最终归宿,具有不同于行政机关执行法律、管理行政事务的特征;侦查权的行使依据是刑事法律,不同于行政权行使的依据是行政法律法规;侦查权的首要价值取向是公正,而不是效率,因而从刑事诉讼的整体性角度来看,侦查权应当定位为司法权。[2] 有学者通过对法律条文进行解读,以我国《刑法》明确将侦查人员界定为司法工作人员为主要理据,认为侦查权"与审判权和检察权同属于司法权,同属于国家权力的重要组成部分"。[3] 还有一些学者

---

[1]　参见孙长永:《通过中立的司法权力制约侦查权力——建立侦查行为司法审查制度之管见》,载《环球法律评论》2006 年第 5 期。

[2]　参见张曙:《错位与归位:公安侦查权与行政权关系研究》,载《政治与法律》2009 年第 4 期。

[3]　王国枢:《刑事诉讼法学》,北京大学出版社 1999 年版,第 231 页。

认为,侦查权在实践中突出表现了司法权的特征。从侦查活动处于刑事诉讼前期阶段的地位分析,除了人民法院直接适用法律进行判断的权力属于司法权外,为这种判断做准备的、以其为目标的其他一系列权力也应当归为司法权。[①] 不容质疑,侦查机关在办案过程中实质上具有判断犯罪嫌疑人行为是否构成犯罪以及是否应当追究其刑事责任的职责,可以自行作出不立案、撤销案件、移送审查起诉等影响案件办理结果的决定。基于此,有学者从追究法律责任的角度指出,司法的本质内容是对法律责任的追究,凡是国家公权力机关实施的追究法律责任的行为,都应该归于司法。[②] 而侦查行为是侦查机关针对涉嫌触犯刑事法律的行为或犯罪嫌疑人展开的调查工作,是追究刑事责任的前置取证程序。侦查的最终目标是判断应否启动后续的刑事责任追究程序,体现的是国家对刑事犯罪行为的谴责和否定。因此,侦查权属于司法权而非行政权。而被肯定了司法权性质的侦查行为就具有不可诉性,不能由法院对违法侦查行为进行司法控制。[③]

还有学者从国家权力配置的角度强调,我国检察机关是国家的法律监督机关,现行的制度安排是检察监督侦查,由法院行使侦查行为的司法审查权将会削弱检察机关的法律监督权。[④] 依照我国《宪法》和《刑事诉讼法》的规定,对侦查权运行进行外部控制的主要主体是检察机关。检察机关除了直接对公安机关提请逮捕进行审查批准外,还可以在审查起诉阶段对于公安机关的侦查行为进行事后性的审查。在必要时候,检察机关还可以派人参加公安机关

[①] 参见瞿丰、吴秋玫:《侦查权若干问题研究》,载《中国人民公安大学学报》2002年第5期。

[②] 参见杨宗辉:《论我国侦查权的性质——驳'行政权本质说'》,载《法学》2005年第9期。

[③] 参见李建民:《明确警察权的理论与实践》,载《人民公安报》2012年1月24日第3版。

[④] 对此,有学者明确指出,强制性侦查措施的适用不能没有法律监督,而检察机关行使法律监督权不能没有强制性侦查措施的司法审查权。参见李建明:《强制性侦查监督的法律规制与法律监督》,载《法学研究》2011年第4期。

对于重大案件的讨论。在基层的司法实践中,检察机关和公安机关还通过"侦诉协作"等方式不断健全完善检察机关的提前介入机制。检察机关坚持"介入但不干预、引导但不指挥、讨论但不定论"的适度介入原则,防止过度干预侦查活动,取得了较好的效果。① 如果允许法院对侦查权进行司法审查,检察机关监督制约侦查权的权力将受到实质性削弱,检察权的权力位阶会在一定程度上被降低。而且,如果经过检察机关提前介入侦查程序的案件被法院进行司法审查,则还暗含检察机关成为了法院监督的对象,这又与检察机关作为法定的法律监督机关的性质相冲突。

（二）对上述质疑的回应

事实上,我们必须承认,侦查权的科层控制模式和检察监督模式在以往的侦查实践中发挥了积极的作用,不仅保护了无辜的人免受侦查权的不当侵扰,而且对于打击恶性犯罪、稳固新生政权、保卫社会主义革命果实做出了重大贡献。但是,随着市场经济的发展和社会转型步伐的加快,原有的侦查控制模式已经很难适应新时期的复杂状况。社会结构的变化必然引起制度体系的变迁,快速的社会发展和滞后的制度变革会导致个体性问题演化为结构性问题,侦查权控制模式的转型已不能仅局限于原有模式的简单修补,而必须放在"全面依法治国"和"国家治理体系和治理能力的现代化"的总任务中进行思考。以制度的现实样态去反对未来的结构变革,显然是混淆了制度实践与制度变革的逻辑关系,错误地把过去的现实性等同于现在的合理性,忽视了制度在其依存条件改变的情形下不断向前发展的趋势。

对于侦查权属性的争议,学界的主流观点逐渐清晰。更多的学者倾向于将侦查权认定为行政权。有学者提出侦查权的本质是"执行",即通过收集证

---

① 参见戴萍:《重大复杂案件提前介入侦查探索》,载《检察日报》2019 年 8 月 13 日第 3 版。

据尽可能将涉嫌犯罪的人交付审判。① 侦查人员在办案过程中也存在一定的主观判断,但判断的归宿在更多情况下是为了缉捕犯罪嫌疑人,将案件移送审查起诉,及时实现国家的刑罚权。相对于检察官和法官,侦查人员具有更强烈的追诉倾向,无法保持客观中立,并排斥外界的影响和干预。侦查人员更多时候是在本机关领导的指挥下从事以打击犯罪为主要任务的侦查活动。也有学者从侦查权的运行及功能等结构性角度指出侦查权属于行政权。在侦查的规范形式上,侦查程序的法律规范是典型的限权法,侦查措施被限定在法定的范围内,侦查人员实施侦查措施不得触碰法律禁止的红线。在侦查权的运行方式上,侦查机关是积极主动地行使权力,具有明显的单方性。同时,侦查的手段以高效、封闭为原则。在侦查相对人的地位上,被侦查的对象不具有诉讼参与人的地位,尤其是在侦查初期,其在法律上只是一般公民,无法享有犯罪嫌疑人的权利。在侦查标的上,侦查权指向的事项不同于刑事诉讼的诉讼标的(即被追诉人的刑事责任问题),而是一种行政调查事项,即对事不对人的查明事实真相。侦查的职能也并不是为具体个人解决争端,而是针对整个犯罪事件。② 凡此种种,无不体现出侦查权的行政属性。

而对于认为由法院行使对侦查措施的司法审查权可能会给检察机关的宪法地位造成冲击的担忧,也是纯属多余。首先,将审查批准逮捕的权力转移给法院不会影响检察机关法定的法律监督机关地位。法院提前介入侦查程序,对侦查机关拟采取的强制性侦查行为进行审查,固然要行使检察机关目前所享有的审查批准逮捕权,但审查批准逮捕权只是刑事司法领域权力制约权力的一个环节,并不是检察机关法定监督机关性质的全部体现,不能仅凭"一权之力"决定检察机关的宪法地位。其次,法院对侦查机关的侦查措施进行司法审查,优化了司法权力的配置,顺应了刑事司法文明的发展趋势。由中立的

---

① 参见陈永生:《论侦查权的性质与特征》,载《法治和社会发展》2003年第2期。

② 参见但伟、姜涛:《论侦查权的性质》,载《国家检察官学院学报》2003年第5期。

法院对侦查机关的有关侦查措施,特别是强制性侦查措施进行审查,是世界范围内法治国家的通行做法,也符合国际公认的刑事诉讼基本原则。将检察机关的逮捕审批权转移至法院,反而可以理顺检察机关和公安机关的关系,消除检察机关批准逮捕后带来的"侦检合一"隐患。最后,法院对侦查机关的侦查措施进行司法审查,并不影响检察机关对于侦查机关、法院的法律监督。客观来讲,我国的刑事诉讼实践中存在"逮捕中心主义"的倾向,对犯罪嫌疑人实施逮捕成为审前程序中公安、检察两机关的工作重心。这种倾向不仅导致了刑事案件中过高的逮捕率和审前羁押率,也使得检察机关疏于履行法律监督职责。如果将侦查措施的司法审查职责交由法院,既可以通过独立的审判权制约强制措施的滥用,还可以让检察机关腾出手来更好地履行诉讼监督职责,更有利于彰显检察机关的法律监督机关属性和功能。

第三节　以形式的监督关系混淆
实质的业务关系

检察机关与作为侦查机关的刑事警察机关的关系问题向来是侦查理论争议的热点。根据瑞典学者布瑞恩·艾斯林的研究,世界各国互有差异的侦查模式体现的是检察机关与刑事警察之间关系的不同类型。依据检警关系的这些类型,世界各国的侦查模式主要可分为三种:(1)警方检察官模式,即由刑事警察负责侦查犯罪和发起诉讼;(2)检察官引导模式,即检察官在刑事侦查活动中起主导作用,刑事警察作为检察官的助手实施具体的侦查行为;(3)警察主导模式,即刑事警察主导侦查工作,独立决定侦查行为的实施,但在侦查终结后将案件移由检察官负责起诉。① 根据我国《宪法》和《刑事诉讼法》设定的刑事诉讼中公安机关、检察机关和法院三机关的分工负责制,我国的侦查

---

① 参见[瑞典]布瑞恩·艾斯林:《比较刑事司法视野中的检警关系》,侯晓焱译,载《人民检察》2006 年第 22 期。

模式更接近于警察主导模式。随着刑事诉讼理论研究的深入和刑事司法实践的发展,推动我国侦查模式从警察主导模式向检察官主导模式的转变,实现检警一体化的观点逐渐引人关注,也由此引发了理论界和实务界的争论。

一、检警一体化的争论

在历史的维度上,警察的出现早于检察官。人类社会的发展产生了维护社会治安和打击违法犯罪的需求,警察这一职业也就应运而生。伴随着人类社会的进一步发展,社会分工的过程中又细化出追诉犯罪和维护国家法制的专门职能要求,检察官群体因此得以出现。警察和检察官在职能上的相近,决定了二者之间存在着密切的职业关系。在世界范围内,多数国家的检察官可以指挥或者领导警察进行侦查活动。在德国,刑事警察被法律规定为检察官侦查犯罪的助手。检察官有权指挥警察开展侦查活动。在法国,检察官也拥有广泛的侦查权,既可以自行侦查,也可以指挥司法警察进行侦查。司法警察对检察官负责,接受检察官的监督。在美国,检察官和警察的关系相对较为松散。但是联邦检察长同时也是司法部部长,各州的地方检察官也一般被称为当地执法系统的首长。担任首长的联邦检察长和地方检察官也有权指导甚至直接指挥警察的犯罪侦查活动。①

将眼光投回到国内,我国的公安机关和检察机关是两个相互独立的国家机关体系。两机关在"流水线"的诉讼模式中分别负责不同的工作,公安机关负责侦查,检察机关负责审查起诉和提起公诉。根据法律规定,检察机关对公安机关具有一定的制约监督功能,但是实践中突出地表现为两机关之间的"相互配合"。同时,"侦查中心主义"进一步软化了检察机关以及法院对于公安机关的监督制约。人们日常生活中提到的"公检法",成为公安机关、检察机关和法院权能排序的真实写照。我国检察机关和公安机关之间重配合、轻

---

① 参见何家弘:《构建和谐社会中的检警关系》,载《人民检察》2007 第 23 期。

制约的关系,成为刑事案件侦查质量存在瑕疵的隐患。基于此,我国立法机关、理论研究者以及实务部门开始了对中国检警一体化的思考和探索。

在立法层面,1996 年《刑事诉讼法》就开始明确了检察机关的"提前介入"机制。第 66 条规定在审查批准逮捕阶段,检察机关在必要的时候,可以派人参加公安机关对于重大案件的讨论。第 107 条规定在审查起诉阶段,检察机关认为公安机关进行的勘验、检查需要复验、复查的,可以要求公安机关复验、复查,并且可以派检察人员参加。这两个条文在 2012 年和 2018 年修改的《刑事诉讼法》中均予以了保留。

但是在理论层面,学者们对于我国要否实行检警一体化,以及在主张实行检察一体化的前提下采取怎样的实现方式的问题上则存有争议。综观刑事诉讼制度的发展历史,在警察主导侦查的模式下,刑事诉讼的侦查活动中普遍存在着侵害犯罪嫌疑人合法权益、侦查程序延误以及警察与检察官之间缺乏协同等问题。对此,有学者认为我国的警察主导侦查模式存在的这些问题更为严重。这主要是因为,新中国实施法治的时间不长,加之"重实体轻程序""重打击轻保护"的司法传统,程序法治教育的不足与业务培训的不全面,公安机关的侦查活动极不规范,侦查人员的整体业务素养尚难适应检察机关的公诉需要。[1] 正是意识到存在这样的问题,有学者明确主张实行检警一体化,确立检察机关在侦查环节的核心主导地位,强化检察机关对侦查机关侦查取证行为的领导、指挥和监督权。[2] 有学者还进一步提出分离公安机关的行政职能与司法职能,区分设立治安警察与刑事司法警察。将刑事司法警察从公安机关中剥离出来,受检察机关的节制。[3] 但也有学者提出不同的改革方案,认为强调"检警一体化"并非要取消公安机关或将其合并到检察机关,而是应该保

① 刘计划:《检警一体化模式再解读》,载《法学研究》2013 年第 6 期。
② 参见陈卫东、郝银钟:《侦检一体化模式研究:兼论我国刑事司法体制改革的必要性》,载《法学研究》1999 年第 1 期。
③ 参见陈兴良:《检警一体:诉讼结构的重塑与司法体制的改革》,载《中国律师》1998 年第 11 期。

持公安机关和检察机关在组织上相互独立的前提下,要求公安机关的刑事警察在业务上接受检察机关的指导,对两机关在刑事追诉活动中的关系进行调整和规范。① 由此,具有较高法律素质的检察官可以正确引导和指挥侦查人员开展侦查工作,检察机关可以从起诉要求的角度对侦查工作进行指挥,从而在审判中心主义的模式下更好地完成控诉任务。反对检警一体化的学者则认为,检警一体化的理论误区在于不符合无罪推定的理念,忽视了我国检察机关与西方国家检察机关在职能上并不完全相同的现实;检警一体化的实践误区在于监督不等于领导指挥,而且我国检察机关不具备侦破案件的优势,无法有效地进行侦查指导。② 有论者认为,检察引导侦查不符合我国现实的刑事诉讼结构的要求,在现行的立法框架下提倡检察引导侦查或强调警检一体化,势必会打破已有的制度均衡。警检合作意味的是对犯罪嫌疑人、被告人人权保护的更大侵害。③ 更有学者指出检警一体化存在四个方面的严重弊端:一是检警一体化实质上会导致"检警一家",容易形成以检察机关为中心的新的"集权团体",不利于对侦查活动进行监督制约;二是治安警察与司法警察的分立会切断司法警察与公安系统的有效联系,损害侦查破案的能力;三是检察官在侦查方面存在"本领欠缺",难以胜任指挥警察进行侦查活动;四是检察指挥侦查的后果是自侦自诉,反而会弱化检察机关的监督职能,不利于保障人权。④ 还有实务工作者指出,检警一体化冲击了我国检察机关的宪法定位,监督不应是指挥而是保持距离地从旁进行查看并督促。检警一体化会使检察机关失去相对超脱、中立和客观的地位。检察监督只是一种与被监督者地位平等的程序性监督,具有启动公安、审判或执行机关内部纠错的效力,而不能作出实体处理。⑤

---

① 参见陈瑞华:《刑事诉讼的前沿问题》,中国人民大学出版社 2005 年版,第 517—518 页。
② 参见杨宗辉、周虔:《"检警一体化"质疑》,载《法学》2006 年第 5 期。
③ 参见黄龙:《关于"检察引导侦查"的冷思考》,载《广西公安管理干部学院学报》2003 年第 2 期。
④ 参见陈岚:《我国检警关系的反思与重构》,载《中国法学》2009 年第 6 期。
⑤ 参见万春:《侦查监督制度改革若干问题》,载《河南社会科学》2010 年第 2 期。

在司法实践层面,检察引导侦查的机制探索也从早期的地方检察实践,发展为在全国检察系统内得以推行的一项工作举措。1999 年,河南省周口市人民检察院开始在自行侦查案件中实行"三三制"的办案机制。在"三三制"中,批捕和起诉部门除对侦查活动是否合法开展监督外,还将工作向前延伸,从审查逮捕和出庭公诉的角度对证据的收集、固定及完善提出自己的建议和参考性意见,对适用法律提出指导性意见,实行检察指导侦查的新机制。在最高人民检察院的部署和引导下,周口市两级检察院先后在公安机关设立了 11 个派驻引导侦查室,并成功运行。2002 年 5 月 15 日—18 日,最高人民检察院召开全国刑事检察工作会议,提出"坚持、巩固和完善'适时介入侦查、引导侦查取证、强化侦查监督'的工作机制"等改革措施。自此,检察引导侦查的机制改革在全国范围内得以推动。① 部分地区的公安机关和检察机关还在当地政法委的大力支持下尝试推进侦检的协同工作机制。如深圳市南山区人民检察院推行"侦捕诉一体"办案模式,分派检察官办案组入驻公安机关的办案单位以及组织定期的巡查走访等。但是在全国范围来看,检警一体化在大部分地方的实践中,处于公安机关不热情对待,检察机关"一厢情愿"的尴尬处境。如果没有当地政法委的大力支持,仅凭检察机关一己之力显然难以推动检警一体化的改革。

总之,学界对于检警一体化及其具体路径的争论,导致理论研究未能对立法机关和实务部门提供更具信服力的理论指导。立法通过"提前介入"条款倡导的"检警职能一体"多年来一直没有得到完全落实,实践探索中检察机关的单方主动也难以在全国范围内形成具有长效性的良性机制。

二、监督关系与业务关系的混淆

立足于问题的焦点,可以说,我国当前对于"检警一体化"争论的关键在

---

① 参见秦炯天、蔡永彤:《"检察引导侦查"机制的反思与展望》,载《中南大学学报》(社会科学版)2009 年第 3 期。

于混淆了检警之间的监督关系与业务关系。检察官与警察虽然在管理上分属不同的国家公职人员序列、分布在不同的国家机关,但在刑事司法业务上存在着相互协作的关系。而且由于侦查服从于起诉的需要,通常检察官对侦查官员有一定的监督和指导乃至指挥的权力。① 事实上,检察机关对侦查机关的监督是形式的、程序性的,而检察机关与侦查机关的业务关系则是实质的,以形式的监督关系混淆实质的业务关系确有不妥。

(一)检警之间的业务关系

从检察官制度的创设目的来看,检察官的主要职责有二:一是负责追诉刑事被告,消除纠问式诉讼的弊端;二是作为法律的守护人,既要保护被告免于法官的擅断,也要保护其免于警察的恣意,实现国家权力的双重控制。② 侦查机关的侦查职能与检察机关的追诉职能存在着业务上的承接关系,二者在审前程序中很容易形成控诉共同体。在这个共同体中,检察机关既是侦查成果的审核者,又承担着控制警察滥权的职责,这种实质的业务关联决定了检察机关在检警关系中的主导地位。

检察机关和侦查机关之间的业务承接关系可从以下三个方面来理解:首先,在宏观层面上,检察机关行使公诉权,负责对侦查机关移送的案件进行审查,决定是否提起公诉。从诉讼程序的流转上看,检察机关是侦查机关的程序后继机关,二者在刑事案件的流转过程中存在先后顺序之分。在审前程序中,检察机关和侦查机关的业务活动,共同推进完成了刑事案件从立案到审查起诉的程序流转。其次,在中观层面上,检察机关指导侦查机关进行侦查活动,形成检警在侦查办案上的业务合力。如上文所述,不少国家的检察官实质上掌握了侦查权,可以指挥刑事警察开展侦查活动。刑事警察要对检察官负责,并在接受其发布的侦查指令下,进行侦查活动。在我国的司法实践中,检察机

---

① 龙宗智:《评"检警一体化"兼论我国的检警关系》,载《法学研究》2000 年第 2 期。
② 参见林钰雄:《刑事诉讼法》(上册),中国人民大学出版社 2005 年版,第 102—103 页。

关指导公安机关开展侦查活动更多地体现在补充侦查环节。2020 年 3 月 27 日,最高人民检察院、公安部联合印发的《关于加强和规范补充侦查工作的指导意见》第 3 条明确了开展补充侦查工作应遵循"说理性原则"。① 在此基础上,第 7 条还进一步细化了退回补充侦查提纲的内容,②并在第 16 条中明确要求"公安机关开展补充侦查工作,应当按照人民检察院补充侦查提纲的要求,及时、认真补充完善相关证据材料。"检察机关在收到公安机关移送的案件后,认为需要补充侦查的,可以分别提出不捕后侦查意见、补充侦查提纲、退回补充侦查提纲。检察机关针对补充侦查提出的意见可以对公安机关的侦查行为进行事后指导。③ 最后,在微观层面上,侦查中对犯罪嫌疑人的人身自由将产生重大影响的某些措施的实施需要检察机关决定。如我国的检察机关享有逮捕的决定权,公安机关只享有提请检察机关批准逮捕的权力。公安机关

---

① 　具体要求是,检察机关出具的补充侦查提纲应当写明补充侦查的理由、案件定性的考虑、补充侦查的方向、每一项补正的目的和意义,对复杂问题、争议问题做适当阐明,具备条件的,可以写明补充侦查的渠道、线索和方法。

② 　这些内容具体包括:(1)阐明补充侦查的理由,包括案件事实不清、证据不足的具体表现和问题;(2)阐明补充侦查的方向和取证目的;(3)明确需要补充侦查的具体事项和需要补充收集的证据目录;(4)根据起诉和审判的证据标准,明确补充、完善证据需要达到的标准和必备要素;(5)有遗漏罪行的,应当指出在起诉意见书中没有认定的犯罪嫌疑人的罪行;(6)有遗漏同案犯罪嫌疑人需要追究刑事责任的,应当建议补充移送;(7)其他需要列明的事项。

③ 　最高人民检察院、公安部联合印发的《关于加强和规范补充侦查工作的指导意见》对此也专门予以了明确。根据第 5 条的规定,公安机关提请人民检察院审查批准逮捕的,人民检察院应当接收。经审查,不符合批捕条件的,应当依法作出不批准逮捕决定。人民检察院对于因证据不足作出不批准逮捕决定,需要补充侦查的,应当制作补充侦查提纲,列明证据体系存在的问题、补充侦查方向、取证要求等事项并说明理由。公安机关应当按照人民检察院的要求开展补充侦查。补充侦查完毕,认为符合逮捕条件的,应当重新提请批准逮捕。对于人民检察院不批准逮捕而未说明理由的,公安机关可以要求人民检察院说明理由。对人民检察院不批准逮捕的决定认为有错误的,公安机关可以依法要求复议、提请复核。对于作出批准逮捕决定的案件,确有必要的,人民检察院可以根据案件证据情况,就完善证据体系、补正证据合法性、全面查清案件事实等事项,向公安机关提出捕后侦查意见。逮捕之后,公安机关应当及时开展侦查工作。根据第 6 条的规定,人民检察院在审查起诉期间发现案件存在事实不清、证据不足或者存在遗漏罪行、遗漏同案犯罪嫌疑人等情形需要补充侦查的,应当制作补充侦查提纲,连同案卷材料一并退回公安机关补引导公安机关进一步查明案件事实、补充收集证据。人民检察院第一次退回补充侦查时,应当向公安机关列明全部补充侦查事项。在案件事实或证据发生变化、公安机关未补充侦查到位、或者重新报送的材料中发现矛盾和问题的,可以第二次退回补充侦查。

认为需要逮捕犯罪嫌疑人时,应当向检察机关递交提请逮捕申请书,由检察机关进行审查批准。

通过宏观、中观和微观层面的业务关联,检察机关和侦查机关在审前程序中形成了工作上的有机合作体。检察机关利用程序运转上的后续机关位置和必要的职权配置,指导侦查机关在遵守刑事诉讼程序规范和保障犯罪嫌疑人等基本权利的基础上开展侦查活动,从而也使得审前程序中检警两机关存在的引导与被引导关系显而易见,体现了检察机关在检警关系中的主导地位。

(二)检警之间的监督关系

受新中国成立初期历史条件的影响,我国的法制建设许多方面都借鉴了苏联的制度设计。其中检察制度的定位直接来源于苏联,法律监督的概念也是源于苏联的检察理论体系。苏联检察制度的基础思想是列宁的检察监督思想。列宁主张将检察机关作为专职于维护国家法制统一的监督机关。[1] 苏联对于检察机关的创设思想塑造了具有社会主义国家特色的检察制度,也成为包括我国在内的少数国家检察制度的典型形态。我国 1949 年通过的《中央人民政府最高人民检察署试行组织条例》和 1954 年《宪法》赋予了检察机关一般监督权,即检察机关可以代表国家对各种行政机关、社会团体、社会组织、公民是否遵守法律进行监督。但在我国法制建设的发展过程中,检察机关如何行使监督权在立法上一直处于定位不明的状态,同时检察机关的监督权限,特别是一般监督权也在逐渐限缩。1979 年《人民检察院组织法》和 1982 年《宪法》先后删去了检察机关一般监督权的条款。现行法律也未对"法律监督"的概念进行明晰,尤其是检察机关对侦查机关进行监督的范围以及方式等并未形成统一的定论。2018 年国家监察体制改革对检察机关的侦查权配置进行了调整,检察机关在"诉讼监督上进一步弱化和软化",[2]从而加剧了检察机关

---

① 参见《列宁选集》(第 4 卷),人民出版社 1995 年版,第 702 页。
② 朱孝清:《监察体制改革背景下检察制度的巩固与发展》,载《法学研究》2018 年第 4 期。

法律监督定位和监督方式的危机。① 除"文化大革命"时期,我国的公安机关在建国之后一直呈现出职责不断延伸、权力不断扩展的发展态势。公安机关不仅在维护社会治安、保障民众生活有序方面发挥了巨大作用,还在打击刑事犯罪方面扮演了极为重要的角色。甚至在很长一段时期,地方公安机关负责人兼任政法委书记,负责当地包括检察业务在内的政法工作。"侦强检弱"的巨大反差引发了检察机关对于公安机关监督制约的虚拟化和空置化,检警之间仅具有形式上的监督关系,而未形成实质性的约束力。几次修改刑事诉讼法时关于强化检察机关对于侦查活动的引导权的提议多以被否决而告终,导致立法未能对审查批准逮捕之外的检察监督侦查的措施和程序予以强化和明晰,检察机关也只能在审查批准逮捕、羁押必要性审查以及复验、复查"必要的时候"才能主动介入公安机关的侦查活动。更多情况下,检察机关被排斥在公安机关的办案流程之外,而只能依靠若干事后的监督措施进行"亡羊补牢式"的补救。

可以说,立法忽视了检警实质上的业务关联,过度强调两机关在刑事诉讼过程中的平等性和形式上的监督关系,最终导致了检察监督的效果大打折扣。对此有学者指出,我国以检察监督为主体的侦查控制模式,客观上存在着权力滥用的可能,不但是一种十分危险的制度设计,而且也与我国建立社会主义法治国家的理想背道而驰。② 此外,部分地方检察机关在人财物上仍依附于地方党政机关、监督职权虽位高但权弱、对检察机关监督资源的配给不足等体制性缺陷也削弱了检察监督的效力。我国的检察监督只是一种与被监督者地位平等的程序性监督,具有启动公安、审判或执行机关内部纠错的效力,而不能作出实体性处理。③ 质言之,我国检察机关与侦查机关的业务关系在立法和实践层面上未得到符合法治国家统一标准的确认和推行,同时社会主义特色

---

① 陈瑞华:《论检察机关的法律职能》,载《政法论坛》2018 年第 1 期。
② 陈卫东、李奋飞:《论侦查权的司法控制》,载《政法论坛》2000 年第 6 期。
③ 参见万春:《侦查监督制度改革若干问题》,载《河南社会科学》2010 年第 2 期。

的检察机关对于侦查机关的监督关系也趋于形式化。在此背景下,以形式上的监督关系混淆实质上的业务关联,从而得出现行侦查监督体制的合理性,其避实就虚的推理不仅不能使人信服,还会给司法实践带来困扰。检察机关与侦查机关之间业务上的实质关联性根植于检察机关所固有的职能,检警关系的法律定位必须符合这一特征,以凸显检察机关在审前程序中的主导地位。

第六章　我国侦查权程序性控制的制度远景

对侦查权进行程序性控制是法治国家约束公权力运用的必然要求,也是现代司法制度设计重视人权保障的重要体现。然而,制度体系的残缺和控制理念的内卷化使我国侦查权的程序性控制陷入进退维谷的困境。为走出这种困境,应该在发展趋势和现实可行的双重视角下审视我国侦查权程序性控制的制度调整。一方面,应该顺应司法规律和文明潮流,规划出侦查权程序性控制的制度远景,适时进行改革;另一方面,考虑到深层体制的变革尚需时日,侦查权程序性控制的制度改革宜在长远规划的指引下,依据现实条件设计出制度近景,使侦查权的程序性控制在现实环境中有所作为。

第一节　二元司法审查模式的
立论根基:分工负责

任何一项国家权力都有其运行的区域,在运行区域内国家权力可以自行决定权力运行的结果。侦查权固然应有其自主决定的空间,但其运行的合法性问题必须交由专于法律适用的法院进行判断,这是权力分工和司法专业化的结果,亦是正当法律程序和法律统一适用的要求。侦查权程序性控制的未来根基应该是建立合乎中国国情的司法审查模式,使侦查权的法律控制走向彻底的法治化和专业化。

一、分工负责符合我国宪法的逻辑要求

从事物的性质来说,要防止滥用权力就必须以权力约束权力。[①] 对侦查权进行司法审查的制度经验并非与生俱来,而是权力分立后的结果。孟德斯鸠在《论法的精神》中,将权力分立视为保障自由的不二法门。权力的分工使制约成为了可能,对制约效果的强调则是纯粹分权理论吸收制衡理论后向前发展的结果。早期的纯粹分权理论所主张的限制权力的方式是否定式的,它认为只要有一些自主的、负有具体职能的决策机构存在,本身就足以限制权力的集中,而不再需要其他。[②] 后来,纯粹分权理论与制衡理论相结合,向分权学说注入"对权力行使实行一套积极限制"的观点,即给予每个部门一定权力,使其可对其他部门实施一定的直接控制,尽管这种干预是有限的。[③]发展后的分权理论具备了强大的制度实践能力,为多数国家所接受,司法审查的制度根基亦在于此。

相对于现代的刑事诉讼模式,纠问式诉讼就仿佛是宇宙大爆炸之前的"奇点"状态,法官集侦查、起诉和审判的权力于一身,用于调整权力主体间关系的一系列程序规则也就没有存在的可能和必要。[④] 资产阶级夺取政权后,欧洲各国通过立法对原有的纠问式刑事诉讼程序进行了改造,普遍吸收了诸如无罪推定、控审分离、司法独立、直接言词等现代诉讼原则,并在权力分工制衡的基础上确立了一系列的程序制度和规则。我国的政体虽是议行合一的人民代表大会制度,但在其下亦有分权精神的体现。《宪法》第 140 条规定的

---

① [法]孟德斯鸠:《论法的精神》(上),张雁深译,商务印书馆 1961 年版,第 154 页。
② 参见罗玥、强世功:《人大的监督权与法院的审判权》,载《人大研究》2004 年第 3 期
③ 参见 [英] M.J.C.维尔:《宪政与分权》,苏力译,三联书店 1997 年版,第 16—17 页。
④ 参见孙远:《"分工负责、互相配合、互相制约"原则之教义学原理——以审判中心主义为视角》,载《中外法学》2017 年第 1 期。

"分工负责、互相配合、互相制约"原则的逻辑是,我国的政体是人民代表大会制度,人民代表大会产生行政机关、检察机关和法院,三机关根据不同的职能分工,在宪法赋予的权力范围内承担起各自的宪法和法律责任。它们共同对人民代表大会负责,并受其监督。作为行政机关组成部分的公安机关,与检察机关和法院的关系当然适用该宪法逻辑。① "分工负责"是实现三机关"互相配合"和"互相制约"的前提和基础。分工负责是根本,而互相制约和互相配合则是分工负责的进一步阐释,配合与制约都源于三机关之间不同的分工,不同的分工使三机关具备了不同的专业素养。

公安机关精于案件的侦破和证据的收集,检察机关精于案件的起诉和权力的监督,法院则精于证据的审查判断和法律的解释适用。一方面,三机关在各自的分工范围内依法各司其职本身就包含了配合或制约的内容,在分工负责的前提下,互相配合和互相制约是一个辩证统一的整体,三机关之间的理想关系应当是以互相制约为主,在此前提下强调积极配合;②另一方面,权力从混沌走向分化的那一刻起就在变动着的环境中不断寻求更为专业化的定位,三机关的分工随着社会的发展而不断趋向专业化。作为追诉和法律监督机关,检察机关需发挥其法律专业素养和客观立场优势,主导侦查程序。而作为事实认定和法律适用的机关,法院需要承担起对侦查处分合法性进行判断的职责。

二、令状原则符合"分工负责"的宪法精神

西方有句著名的谚语为"凯撒的归凯撒,上帝的归上帝"。分化之后的国家权力应遵循其各自的属性,在其本职范围内有效运转,而不能逾越其界限,

---

① 对此,一种合理的解释是,侦查权是从属于行政权的一种具体权力,将其与检察权、审判权并列体现了宪法对行政权对公民权利保障产生影响的高度关注,将监督制约侦查权的要求提升到了根本法的层面。同时,公权力之间的制约受宪法价值约束,即以维护公民基本权利为基本价值取向。参见韩大元、于文豪:《法院、检察院和公安机关的宪法关系》,载《法学研究》2011年第3期。

② 参见樊崇义主编:《刑事诉讼法学》,中国政法大学出版社1998版,第107页。

代行其它权力的职能。侦查权固然具有行政权与司法权等多重属性的特点，然而，从侦查权运作的整体来看，其更符合行政权的特征，①应接受司法权的制约，而不能行使本由司法权所包含的职能。司法审查权的本质是一种对"行为合法性"的司法判断权。从宪法对国家机关权力划分的内容来看，我国宪法赋予检察机关的是法律监督权而非司法判断权，公安机关所享有的侦查权亦不包含对行为合法性的判断，司法判断权是法院享有的权力，其与侦查权和检察权之间有明显的界限。检察机关无法跨越宪法所设置的权力鸿沟，由其行使司法审查权，无法通过根本法的检验。刑事诉讼中的权力结构之所以作此安排，是基于这样一种朴素的自然法考量：首先，公断人不得为两造之一，否则将由他人公断；其次，公断人不得与两造之一约在先而助其胜诉，否则此讼争仍将悬而未决。只缘充任公断人虽系受人之托，然仍须无违自然法所求之均，其对两造若有爱憎好恶之心，则必断之不公，是为不均。② 侦查或控诉机关是强制侦查措施的申请方，而被采取强制侦查措施的犯罪嫌疑人或第三人为防御方，申请方或防御方自然不能再作为裁判方，故而，由超然中立的司法机关审查侦查行为的合法性是遵循自然正义的制度设计。

基于分工负责的权力分立与制衡理论，侦查权的行使应当遵循令状原则。所谓令状原则，是指侦查机关在实施可能侵犯犯罪嫌疑人等公民的权利，尤其是可能侵犯公民宪法性权利的侦查行为之前，必须取得司法机关签发的令状，并严格按照令状中的要求进行侦查活动。否则，除非有法定的紧迫事由，侦查机关实施的侦查行为将被视为非法，所收集的证据材料也将被当做非法证据

---

① 侦查权虽具有司法权的特征，但在本质上应该归属为行政权。从权力运作的逻辑上看，侦查权强调的是行政权的积极干预，而非司法权的不告不理，而且侦查权采取的也是行政权的运作结构和运作方式。实际上，已有学者指出，经历了长久的纷争，我国学术界基本取得了共识，接受了国外关于侦查权具有行政权属性的通说。参见谢佑平、万毅：《刑事侦查制度原理》，中国人民公安大学出版社 2003 年版，第 160—161 页；门金玲：《侦审关系研究》，中国社会科学出版社 2011 年版，第 32 页。

② ［英］霍布斯：《法律要义：自然法与民约法》，张书友译，中国法制出版社 2010 年版，第 98 页。

予以排除。① 首先,正如前文所述,依据分工负责原则,检警机关在刑事诉讼中的主要职能是查明犯罪与控诉犯罪。对公民权利应施予何种干预,以及对干预限度的法律判断并非检警机关的专长,而是专司法律的适用与解释的法院的所能。当侦查行为与公民基本权利发生冲突时,检警机关可能会因过分重视控诉而忽视公民基本权的保障,建立事前审查的令状原则可以预防检警机关的违法侦查行为,并确保能作出中立的、令人信服的判断。其次,令状原则所主张的是超然中立的司法机关对强制侦查的申请进行事前审查。这种审查发生于侦查行为实施及证据被发现之前,较之于证据发现之后再申请令状的事后审查机制,法官更容易做出公正客观的判断。而且,事前审查机制也能避免警察在以不合法的手段获取证据后,以各种手式掩盖非法行为或谎称是合法途径获取而申请通过了事后审查。最后,令状主义具有从程序上保障强制措施法定主义的功能。强制措施法定主义要求在立法上保证强制措施的合法性,而令状主义则要求在司法活动中保证强制措施的合法性。也就是说,令状主义是强制措施法定主义的实施保障。②

　　较之于内部审批程序,由中立第三方主持的事前审查程序无形中给侦查机关运用强制侦查措施设定了障碍,从而促使侦查机关以细致、冷静、理性的态度去论证强制侦查措施动用的正当性,削减其对强制侦查措施的依赖心理,迫使其放弃一些不必要的强制侦查行为。需要说明的是,令状主义设立的前提是立法能正确认识和界定强制侦查行为。这是因为,任何一种权力都有其边界,侦查权对公民基本权利的干预也必然有一个限度问题,立法有必要为侦查权的行使设定明确的边界和程序规则。然而,如果对所有侦查措施的动用都设定繁琐的程序,不仅会降低侦查效率,也不一定符合公共利益的要求。借鉴国外的成熟经验,我国立法宜以侦查过程中是否使用强制力为标准,区分任

---

① 参见陈永生:《电子数据搜查、扣押的法律规制》,载《现代法学》2014 年第 5 期。
② ［日］田口守一:《刑事诉讼法》,张凌、于秀峰译,中国政法大学出版社 2010 年版,第33 页。

意侦查与强制侦查并进行不同的规则设计,即对于不使用强制力的任意侦查行为,其行使无需限定特别的要件;而对于使用强制力的强制侦查行为,其行使则需满足相应的法律要件。

第二节　司法审查的基本构造:法检二分模式

一、必要的前提:明确侦查法定原则和侦查比例原则

强制侦查的法官保留原则,最先发源于英国宪政史上的人身保护令制度。时至今日,拘束人身自由的逮捕拘禁必须经过法官的审查已成为现代各法治国家的共同要求。在我国侦查权程序性控制的未来制度设计中也应明确规定法官保留的事项,而且,这种制度安排并非没有宪法根基。这是因为,作为宪法系统中的一部分,2004 年通过的宪法修正案增加的"国家尊重和保障人权"的条款丰富了三机关互相制约关系的内涵,三机关的制约关系受到人权保障条款的规范指引而具备了新的内容。作为对公民基本权利影响最为广泛的侦查权,增强审判权对它的制约符合宪法的人权保障精神,这是在人权保障条款基础上重新解释三机关制约关系的关键。而审判权对侦查权的制约突出表现为法院对强制侦查行为的司法审查,其应是审判权内涵在宪法文本系统丰富后的必要延伸。① 在这一思路下,立法有必要明确侦查法定原则和比例原则,以指导并约束审查者的裁量权。这是因为,审查的目的在于明确侦查行为的合法性,以阻却不合法律目的或严重不合比例的侦查行为的实施。然而,法律目的或所定的比例为何,则需法律的细致规定,防止过于原则的宣示或过于宽泛的授权损害法律的权威性。

---

① 有学者指出,强制侦查的司法审查方案只是法院审判权在应有的程序裁判范围内的小幅度延伸,亦可视为法院司法制约权的体现,并未动摇基本的刑事诉讼构架。参见龙宗智:《强制侦查司法审查制度的完善》,载《中国法学》2011 年第 6 期。

第一，设立侦查法定原则，以避免侦查机关迫于破案压力自行创设强制侦查措施或任意解释法律条文。随着社会经济的发展，犯罪手段日益呈现出高科技性、隐蔽性和多样性的特点，侦查工作因此在及时性和高效性方面承受了较大压力。随之而来的是侦查裁量权的逐步扩张，并在整个刑事诉讼程序中占据了一定的主导地位。侦查裁量权在不同国家的自由空间不一，部分国家侦查机关的自由裁量权对刑事诉讼活动的影响力极大。根据侦查法定原则，侦查机关所享有的裁量权应当受到严格的限定。侦查法定原则的具体要求体现在两个方面：其一，侦查权的启动必须有明确的法律依据，法律没有明文规定的侦查措施，侦查机关不得实施。如《日本刑事诉讼法》第 197 条就明确规定："为实现侦查的目的，可以进行必要的调查。但除本法有特别规定的以外，不得进行强制处分。"其二，明确规定强制侦查措施的实质要件和程序要件，并根据强制侦查措施对公民权利的干预程度来确定强制措施要件的严格程度。值得注意的是，要件的规定和紧急情形下的例外都应在立法中予以明确，因为过于模糊的要件规定和过于宽松的例外条款都会损害法定原则的制度实现。

第二，引入比例原则，以限制侦查措施运用过程中存在过大的自由裁量空间。比例原则最早出现于 18 世纪晚期的德国警察法中，现已成为公法领域中的"帝王条款"。相对于宪法、行政法以及人权法领域的广泛适用，比例原则在刑事诉讼法中的指导作用却依然薄弱，司法实践中很少直接运用比例原则来审查和处置刑事诉讼行为，特别是侦查措施的适用。多数学者从刑事诉讼的视角出发呼吁引入司法审查机制，由司法机关根据案件情况对侦查行为进行比例性审查。也有学者进一步提出比例原则不能仅限于规范刑事司法实践，应扩展至刑事立法领域，作为刑事诉讼制度与程序的评价标准。[①] 笔者对此观点予以认同，但是从可行性出发，比例原则在刑事诉讼中的适用以规范侦查行为更为适宜，引起的阻力也较小。将

---

① 参见秦策：《刑事程序比例构造方法论探析》，载《法学研究》2016 年第 5 期。

比例原则引入到侦查中,强调的是强制侦查措施的运用应当与犯罪的严重性、证据的充分性、案情的紧急性以及采取措施的必要性相适应,在案件的个体情况与强制处分的整体适用要件之间进行比对和权衡,以合适的侦查手段去追求合理的侦查目的,从而达到对公民权利损害最小的结果。大体而言,强制侦查措施运用的比例原则主要有以下三方面的要求:一是强制力的行使不得超越必要程度;二是对公民基本权的强制处分在无必要时应及时撤销;三是对于被强制人的身体及人格尊严予以必要的注意。申言之,强制侦查措施的采用首先应保证手段的适合性,手段的采用与目的的实现之间有必要的关联性,在采取对公民权利干预较小的手段即能完成时,不采用对公民权利干预较重的手段。[①] 当强制侦查措施如羁押、通缉、监听等已无采用必要时,应及时予以撤销。在强制侦查过程中,被强制人的身体和人格尊严仍应受到必要的尊重,强制性手段的使用应以必要为限度,不得扩大伤害,注意保护被逮捕人或被搜查人等的隐私或名誉等基本权利。

二、具体实施:"两步走"的改革方式

根据司法审查或令状主义的一般理论,强制侦查措施的运用涉及公民的基本人权,其申请机关与决定机关应当分离,以避免不必要的强制干预。故而,对于公民基本权的侵犯,如无紧急情况,应当经超然中立的法院审查并签发令状后方能为之。但鉴于我国侦查权控制的现状,由检察监督模式径直过渡到司法审查模式,恐会超出现有体制的承受能力,亦会给侦查机关及法院带来业务上的压力。因此,审查模式的改革需要考虑体制的承受能力,为侦查方式的转型和司法审查经验的积累留有缓冲空间。基于此,我国侦查权审查模

---

① 也有学者认为,纵使采取该手段与诉讼目的有适合且必要的关系,二者还需符合狭义比例原则,即限制基本权的手段之强度,不应超过所达成目的所需的范围。同时,因其限制所造成之不利益,不得超过其所欲维护之利益。参见林钰雄:《刑事诉讼法》(上册),中国人民大学出版社 2005 年版,第 233 页。

式的改革宜采取"两步走"的渐进式改革方式。

第一,侦查措施审批的"二分模式"。改革的第一步是,采行强制侦查措施审批的"二分模式",按照强制侦查措施对公民基本权的干预程度划分检察机关与法院的审批权限。废止侦查机关对强制侦查措施的自我审批,明确"除紧急情况外,所有强制侦查措施必须接受检察机关或法院的审查并取得令状后,方得为之"。把监视居住、逮捕、羁押以及搜查、查封、扣押、冻结、鉴定、留置等对公民自由权和财产权干预程度较深的强制侦查措施纳入法院审查的范围,侦查机关拟采取这些措施时,必须向管辖法院申请令状。而余下的拘留、勘验、身体检查、技术侦查措施等强制侦查措施则为检察机关的审批事项,但检察机关自己作为侦查机关时,上述强制侦查措施的审批权应归法院。而且,为维护审判的中心地位,在审判阶段如需采用以上强制措施,皆由法院审批。以上举措如能有效落实,必将在促进公民人权保障的同时,降低强制侦查措施的适用比率,促进侦查方式的改良,还可以为法院积累司法审查的经验。

第二,侦查措施审批的"二合一"。改革的第二步是,待"二分模式"得以有效落实,法院司法审查机制趋于完备,检察引导侦查的关系得以建立,强制侦查措施的审查权将由法院统一行使。也就是说,凡强制侦查,除紧急情况外,必须向法院申请令状后方得为之,检察机关只具有申请权,而不再具有裁决权。对于若迟延就有危险的紧急情况下的拘留、搜查、扣押等紧急侦查事项则可以由侦查机关自行决定,但必须在 3 日内报告其管辖地法院,法院认为不应准许的,应及时撤销侦查机关的紧急侦查决定。如果侦查机关未向管辖法院告知该事项或者告知后侦查决定被法院撤销的,其采取紧急侦查措施所获得的口供、物证等不得作为证据使用。

司法审查的方式一般应为书面审查,但如果法官或检察官认为有必要,可以听取强制侦查相对方及其辩护人的意见,如果强制侦查的相对方提出要求的,应当听取其意见。为了避免法官的先入为主,应做到预审法官与审判法官相分离。基于我国法院现有的组织结构,可以在法院内部设立预审庭,负责强制侦查的司法审查,签发相关令状。关于令状和违法侦查的司法救济,则可以进行如下设计:其一,不服法院颁发的令状的,可以向上级法院提出抗告;不服检察机关颁发的令状的,可以向同级法院提出抗告,抗告的请求为撤销或变更令状。羁押期间可以向羁押地法院申请羁押审查,羁押审查可视情况采用言辞审理的方式进行。其二,将违法侦查处分与证据排除规则相衔接。违反侦查程序获取的言词证据应当排除,获取的实物证据则可以裁量排除。其三,将违法侦查的后果与内部惩戒程序、刑事追诉程序以及国家赔偿程序相衔接。侦查人员违反职务上的义务,符合内部惩戒事由时,应给予其内部惩戒;如果情节严重,构成犯罪的,依法启动监察调查或刑事追诉程序;侦查人员在履行公务过程中,由于故意或过失给相对人造成损失的,相对人有权向管辖地法院申请国家赔偿。

第三节　司法审查模式下的检警关系:
检察引导侦查

在我国,公安机关和检察机关作为行使侦查权的两个重要主体,自己按照侦查管辖的案件范围行使侦查权,形成国家权力追究刑事犯罪的合力。除此之外,公安机关和检察机关在侦查阶段还存在着侦查业务和监督制约上的密切关联,形成了刑事诉讼审前阶段的检警关系。

一、检警关系的改革方向:职能一体

从比较法的视角考察,在世界范围内,除英国由于历史传统仍保留警察主导侦查的制度模式外,[①]多数法治国家采取的是检察官主导侦查的制度模式,

---

① 实际上,20 世纪之后,英格兰人采用的依旧是传统的刑事检控体制,警察是私人检控者最大的帮手。警方一般把提交起诉书的任务交由事务律师完成。1985 年创设了刑事起诉署(CPS),意欲通过引进检察官制度加强对刑事警察的控制。但由于私诉体制影响甚大,导致检察官的作用大打折扣,其在实务中也只是审查警方的刑事指控,充当警察的顾问。参见黎敏:《西方检察制度史研究》,清华大学出版社 2010 年版,第 255—257 页。

并强调检察官的客观义务。同时,这一制度模式也得到了不少国际性法律文件的肯定。如 2002 年 7 月 1 日生效的《国际刑事法院罗马规约》在"调查与起诉编"中所规定的就是检察官负责侦查的制度模式,即将检察官定位于偏向于自主型和独立型的官署组织,强调其负有侦查的客观性义务,必须致力于发现实体真实。① 《欧洲刑事法典草案》在比较各国的警察、检察官及调查法官主导侦查等几种单行或混合模式后,最后定稿的也是检察官主导侦查的制度模式,并明确检察官的客观义务及其组织的独立性。② 笔者认为,我国检警关系的改革方向并不在于组织机构上将刑事警察隶属于检察机关或确立检察领导侦查的体制,而在于如何通过组织法上的人事管理和诉讼法上的审查事项确立检察引导侦查的机制,从而走向职能上的一体化。依据《宪法》第 134 条的规定,我国的检察机关是国家的法律监督机关,负责对国家机关执行法律的情况进行监督。法律监督机关的定位虽不能推导出检察机关享有领导和指挥侦查的权力,但法律监督权的内涵一定包含对侦查活动的运行开展法律监督,这是检警关系的第一层含义。

立足于现行法律规定,我国的检察机关与公安机关之间还有业务上的衔接关系。在控辩平等日益受到立法重视的大背景下,现代型诉讼的对抗性和专业性给公诉活动带来了新挑战。人们越来越深刻地认识到,侦查活动的进行应服务于公诉活动的有效开展。检察机关为保证公诉活动的顺利进行和法律的正确实施,需要引导侦查机关依法开展侦查活动,这是检警关系的第二层含义。正如有学者所言,无论是检警关系一体化的反对者和支持者都赞同这一观点,即侦查是为审查起诉和提起公诉服务的,检察机关应加强对侦查工作的引导、指挥和监督。当检警一体化论者的观点从体制一体化转向职能一体

---

①　参见《国际刑事法院罗马规约》,载 http://www.china.com.cn/law/flfg/txt/2006－08/08/content_7057365.htm,2014 年 5 年 6 日访问。

②　参见林钰雄:《改革侦查程序之新视野》,载《月旦法学杂志》2008 年第 6 期。

化时,检警关系一体化的支持者和反对者就不再存有本质上的矛盾和冲突了。① 那么如何实现检察引导并监督侦查呢？ 对此,笔者认为,我国未来的检警关系改革宜以检警职能上的一体化为目标,因为检察机关和侦查机关有着各自的业务专长,二者的关系应是补充关系,而非压制关系。因此,在强调检察引导侦查的同时应该避免产生内部压制,即宜通过权力的合理分配,保证检察机关与侦查机关在组织体系上的适度分离。

总体而言,检察机关作为公共利益或法律秩序的维护者,应该拥有两项主要职能,即公诉职能和监督职能。由此进一步推演,检察机关应该享有一定的侦查权,特别是侦查引导权,这不仅是对检察机关身为公诉机关所得出的理所当然的解释,亦是上文所论证的检察机关与侦查机关之间实质业务关联的根本所在。

二、检察引导侦查的主要措施

基于前文对于检警关系双重含义的解读,要准确理解检警关系,还需要明确检察引导侦查的具体权力内容。

首先,明确检察机关拥有侦查引导权,可以对公安机关的侦查活动进行指导。考虑到公安机关直接承办大量刑事案件的实际情况和检察机关办案资源的有限性,侦查引导权具体可以划分为一般指示权和个案指挥权。一方面,检察机关有权对公安机关发布一般指示。这种一般指示是通过发布常态性的指引规则实现的,②即检察机关根据受理申诉控告和案件公诉过程中发现的有关情况,定期向公安机关发布"公诉反馈信息"和"侦查指引意见",以引导其

---

① 宋英辉主编:《刑事诉讼法学研究述评(1978—2008)》,北京师范大学出版社 2009 年版,第 304 页。

② 在德国、法国,检察官享有侦查引导权,但是在实践中很少亲自负责侦查,而是由警察承担了绝大多数刑事案件的侦查工作。参见卞建林:《论我国侦查程序中检警关系的优化——以制度的功能分析为中心》,载《国家检察官学院学报》2005 年第 2 期。

依照法定程序富有成效地开展侦查工作。其中,"公诉反馈信息"主要总结一个时间段内所有的公诉案件从提起公诉到审判终结过程中,检察机关所遭遇的与侦查有关的公诉障碍,分析造成公诉障碍的原因以及拟定避免障碍的对策。"侦查指引意见"则是在总结一个时间段内违法侦查现象和公诉障碍的基础上,提出进一步规范侦查行为的意见和矫正违法侦查的建议,并附典型案例予以示范、剖析。另一方面,检察机关有权对公安机关行使个案侦查指挥权。这主要体现在以下几个环节:一是公安机关侦查终结将案件移送检察机关审查起诉后,检察官从维护公诉的角度进行补充侦查;二是对于重大、疑难的刑事案件,侦查发动时检察机关即与公安机关开展联合侦查;①三是对于因关系复杂,公安机关侦查有困难的案件,由检察机关单独侦查。

其次,为方便检察引导侦查,检察机关需对侦查进行"两端控制"。为了保障检察机关对于侦查工作的引导作用,同时兼顾公安机关侦查办案的积极性和灵活性,检察机关引导侦查的方式宜采取重要流程节点介入的方式,也就是在侦查流程的开端和终结时主动介入。在侦查的开端,检察机关有权知悉侦查启动信息并决定是否介入侦查;在侦查的终端,检察机关有权控制案件的诉讼进程,作出中止程序、移送其他管辖部门、撤销案件、起诉或不起诉等决定。如《法国刑事诉讼法典》第19条第1款规定,司法警察官得知重罪、轻罪与违警罪案件时,应当立即向共和国检察官报告,司法警察官的办案行动一经终结,应当直接向共和国检察官报送由其制作的笔录的原本以及经验证无误的副本一份,与此有关的所有文书、文件、材料应同时报送。受到扣押的物品

---

①　我国司法实践中已有此做法。如昆明"3·01"严重暴力恐怖事件发生后,云南省人民检察院和昆明市人民检察院第一时间派出检察官介入公安机关的侦查活动。参见徐日丹:《最高人民检察院就昆明"3·01"严重暴力恐怖事件迅速做出部署:要求检察机关从严惩处暴恐分子全力维护社会稳定》,载《检察日报》2014年3月3日第1版。

交由共和国检察官处置。①《日本刑事诉讼法》也有类似的规定。② 权力控制的有效程度受信息占有量的影响,检察机关掌握刑事案件信息是检察引导侦查的题中之义。因此,公安机关在发现刑事案件线索并开启侦查时,应迅速向检察机关报告该案件的相关信息,检察机关在对案件进行备案后,根据案情紧要程度决定是否介入个案侦查。侦查终结后,公安机关应迅速将全部相关文书和证据材料移送检察机关,以为检察机关作出处理决定提供依据。值得注意的是,为确保检察引导侦查的全程性和实效性,防止刑事警察滥用终止案件的权力逃避检察监督,终止刑事案件的权力应由检察机关行使,侦查机关不享有对刑事案件的最终处理权。③ 侦查机关须在案件侦查终结后移交全部相关材料,并附处理建议。为确保机会平等,犯罪嫌疑人及其辩护人亦有权向检察机关提出处理意见并附理由或相关证据材料。至于如何处理,则由检察机关审查全部材料后依法作出最终决定。

最后,赋予检察机关对违法侦查的惩戒权。权力的内部必然包含制裁要素,合理的制裁是权力有效运行的必要后盾。缺乏制裁力的权力难以成为真正意义上的权力,而只能被称为劝说或建议。因此,检察机关的侦查引导权必然包含着对被引导机关或个人的制裁效果,检察机关应该具有启动违法侦查惩戒程序的职权,这也是检察引导侦查机制能否有效运行的关键所在。但是,笔者认为制裁措施的设计亦需要尊重引导权的属性,区分引导权和领导权,保障公安机关在领导体制内的适度独立。针对实施违法侦查行为的公安机关及其工作人员的惩戒,不宜赋予检察机关实体性的处分及惩戒权,而应该通过设

---

① 《法国刑事诉讼法典》,罗结珍译,中国法制出版社 2006 年版,第 23 页。

② 根据《日本刑事诉讼法》第 242 条和第 246 条的规定,司法警察员在收到告诉或者告发时,应当迅速将有关文书及证物移交检察官。司法警察员在侦查犯罪终结后,除有特别规定的以外,应当迅速将案件连同文书及证物一并移送检察官。但检察官指定的案件,不在此限。参见《日本刑事诉讼法》,宋英辉译,中国政法大学出版社 1999 年版,第 57—58 页。

③ 德国的刑事诉讼中就采取了此种做法,即侦查机关虽有权启动侦查的权力,但不能自行终止侦查程序,而必须将案件交由检察机关,由其决定是否撤销案件。参见[德]托马斯·魏根特:《德国刑事诉讼程序》,岳礼玲、温小洁译,中国政法大学出版社 2004 年版,第 91 页。

定被监督者的义务来加以实现,即在明确检察机关侦查引导权的同时,细化公安机关及其工作人员接受监督的义务以及违反这种义务可能引起的法律后果,设定检察机关在启动对公安机关及其工作人员的责任追究机制中应当具有的作用。① 基于此,一是应通过立法形式明确违法侦查行为的责任追究机制,对违法侦查主体的责任追究予以法定化;二是在不违背引导与监督本意的情形下赋予检察机关启动责任追究程序的权力。具体而言就是,检察机关享有对于侦查人员的人事建议权和渎职行为的惩戒建议权,以及在具体案件侦查过程中建议更换侦查人员的权力。其中的人事建议权可以通过检察长参与公安机关人事决议讨论或者把检察机关对侦查人员的办案评价列为决定晋级的依据等途径来实现。② 通过以上措施逐渐建立起检察机关对侦查机关的引导和制约机制,强化检察引导侦查的制度实效。

---

① 参见张智辉:《法律监督三辨析》,载《中国法学》2003 年第 5 期。
② 对此,法国的立法借得借鉴。《法国刑事诉讼法典》第 19—1 条规定:"检察长对经授权办案的司法警察警官所做的评语,在做任何晋级决定时,均在考虑之列。"参见《法国刑事诉讼法典》,罗结珍译,中国法制出版社 2006 年版,第 23 页。

第七章　我国侦查权程序性
控制的制度近景

第一节　二阶层控制模式的制度合理性

虽然现实中有诸多因素制约着我国侦查权程序性控制远景目标的实现，但等待体制的变革和相关法律的修改后再解决问题的想法也不现实。而恰恰相反，只有在现有条件下通过改良手段不断完善相关机制，体制的变革和制度的调整才会水到渠成。基于此，笔者认为，在目前的司法体制和制度环境下，如何通过非法证据排除规则与检察监督的链接，建立起在审前程序中以检察机关为中心、在审判程序中以法院为中心的二阶层控制模式，并通过与相关制度的配套运行倒逼侦查方式和侦查技术的改良，应该是侦查法治化研究需要重点关注的课题。

一、符合公检法三机关的法律关系定位

立足于我国司法体制的现状，笔者认为，侦查权程序性控制的制度近景是，立足于非法证据排除规则与检察监督的衔接，最终形成"以非法证据排除规则为中心的二阶层控制模式"。在第一阶层的审前阶段，以检察机关为中心，在侦查机关与当事人之间构造一种准司法程序，通过非法证据排除规则与

检察监督的衔接,构建起检察机关对违法侦查行为的审查与惩戒机制。在第二阶层的审判阶段,以法院为中心,通过非法证据排除规则、国家赔偿程序、司法建议制度以及案例指导制度的联结,构建起以审判为中心的司法救济机制。

我国《宪法》第140条确立了人民法院、检察机关和公安机关之间在刑事诉讼中"分工负责、互相配合、互相制约"的关系。历来的刑事诉讼法也均将其规定为我国刑事诉讼的一项基本原则。"以非法证据排除规则为中心的二阶层控制模式"不仅遵循了公检法三机关的法定关系要求,还可以合理推动三机关之间关系的实践化。

1. 二阶层控制模式遵照了"分工负责"的要求

"分工负责"是公检法三机关关系的第一层维度。根据学者的主张,"分工"存在两种不同的理解。第一种观点认为"分工"就是"分段",公检法三机关分别负责侦查、起诉和审判三个阶段。[①] 三机关在各自分管的诉讼阶段中具有较强的决定权,能够实现程序自控。公检法三机关的"分工负责"相应地就主要表现为公安机关负责刑事案件的侦查、拘留、执行逮捕和预审,检察机关负责直接受理案件的侦查、提起公诉和检察监督,人民法院负责审判。第二种观点认为"分工"的基本含义应是"分权"。该观点从司法权自近代以来的发展出发,认为司法权力的"分立"使得纠问式诉讼逐渐瓦解,并推动了程序法规则的产生和发展。[②] 整体看来,不论是"分段"还是"分权",二阶层控制模式均能符合其基本要求。首先,二阶层控制模式并未对公检法三机关所负责的领域进行调整,仍然是公安机关主导侦查程序、检察机关主导起诉程序、人民法院主导审判程序。其次,二阶层控制模式下依然是国家权力的分立行使,公安机关行使侦查权,检察机关行使起诉权,人民法院行使审判权。

---

① 参见龙宗智:《"以审判为中心"的改革及其限度》,载《中外法学》2015年第4期。
② 参见孙远:《"分工负责、互相配合、互相制约"原则之教义学原理——以审判中心主义为视角》,载《中外法学》2017年第1期。

2.二阶层控制模式细化了"相互配合"的要求

长期以来,学界和实务界一直不太重视对于公检法三机关"相互配合"关系的系统思考。"相互配合"一般被简单理解为公检法三机关在"分工负责"的基础上,单纯为了刑事诉讼程序的快速运行,在各自负责的程序阶段对案件进行形式性的审查,给程序流转中其他国家机关提供较宽松的权力行使空间。还有学者以公权力行使是否涉及公民的基本权利为标准,对公检法三机关"相互配合"的区间范围进行界定,即只要公检法三机关的行为不干预公民的基本权利,则三机关之间就应该协调配合。笔者认为,当前学界对于"相互配合"的理解有失片面,为公检法三机关之间的良性互动制造了观念上的障碍。"相互配合"固然包括主体之间相互协调、共同助力的意蕴,但是公检法三机关之间的"配合"还包含了"配合"其他机关的权力行使,"配合"接受监督制约的潜在含义。公检法三机关作为代表国家行使权力的国家机关,不仅具有较强的自我通济能力和自我防卫能力,还可以依靠自身掌握的权力和资源对所犯的错误进行掩饰或者逃避监督追责。在这种情况下,"相互配合"应倾向于强调公检法三机关对于相互之间权力行使的主动容忍和积极接受。通俗地讲,可以表达为"主动配合检查"。二阶层控制模式实际上明确了公安机关接受检察机关和人民法院行使相关权力的"配合义务",细化了公安机关在侦查办案过程中以及侦查终结后接受"检查"的义务。

3.二阶层控制模式强化了"相互制约"的要求

公检法三机关之间的制约失衡现象一直是被学界诟病的老话题。制约失衡现象整体表现为在"流水线作业"的刑事诉讼纵向构造模式下,前一诉讼阶段对后一诉讼阶段形成强制约,后一诉讼阶段对前一诉讼阶段弱制约、无制约,甚至沦为对前一诉讼阶段的"背书"。[①] "以非法证据排除规则为中心的二阶层控制模式"则是通过检察机关和人民法院适用非法证据排除规则,强

---

① 左卫民:《健全分工负责、互相配合、互相制约原则的思考》,载《法制与社会发展》2016年第2期。

化对于公安机关的监督制约。在审前阶段,检察机关排除非法证据,对公安机关的违法侦查行为进行纠正或惩戒,丰富了审前阶段检察监督的"触角"和"抓手"。在审判阶段,由法院主导,通过庭前会议、法庭审理等程序,将以非法方法收集的证据予以排除,可以避免非法证据对裁判结果的不当影响,从而加大了对侦查机关的制约力度。

二、强化了被追诉人的诉讼地位和权利保障

纵观人类刑事诉讼文明的发展史,可以发现这是一个人权保障不断得以加强,诉讼民主精神逐渐张扬的动态过程,被追诉人历经了由诉讼客体向诉讼主体的漫长演变。但审视我国刑事司法实践的整体面貌也不难发现,被追诉人的主体性地位至今并未得到充分的体现,其在刑事诉讼活动中的客体化色彩仍较为浓厚。有学者多年前提出的"由于缺乏立法及司法双重层面上足够的权利保护,因而这种诉讼主体地位在事实上没有得到充分实现"的论断,[①]依然适用于当前的司法实践。面对强大的国家追诉行为,诉讼地位的客体化无疑会进一步恶化被追诉人合法权利难以得到有效保障的尴尬处境,实施"以非法证据排除规则为中心的二阶层控制模式",则可以为树立被追诉人的诉讼主体性地位和保障被追诉人的权利提供现实的助益。

1.二阶层控制模式赋予了被追诉人的诉讼主体地位

按照"以非法证据排除规则为中心的二阶层控制模式"的控权理论,在第一阶层的审前阶段,将形成以检察机关居中判断,侦查机关与被追诉人分处"两造"的准司法程序。检察机关在审前阶段通过适用非法证据排除规则,判断侦查机关与被追诉人之间的非法证据排除纠纷。在第二阶层的审判阶段,人民法院在审理案件过程中,通过召开庭前会议、法庭调查、法庭质证等方式,居中裁判公诉机关与被追诉人间的非法证据排除纠纷。人民法院在审理国家

---

① 参见陈卫东、刘计划:《论犯罪嫌疑人的诉讼主体地位》,载《法商研究》2003 年第 2 期。

赔偿案件中也涉及侦查机关因非法收集证据行为对被追诉人造成侵害的赔偿问题。在人民法院裁判非法证据排除及相关问题时,被追诉人作为当事人一方出现,且可以行使相应的诉讼权利。在"以非法证据排除规则为中心的二阶层控制模式"的构造中,被追诉人在审前阶段和审判阶段均以诉讼主体的身份参与非法证据排除的裁判程序,表达自身的诉求和意见,其在第二阶层的审判阶段更是可以作为享有一系列诉讼权利的当事一方,在客观中立的法官面前与侦查机关进行平等对抗,这显然有利于其诉讼主体地位的完整彰显。

2. 二阶层控制模式强化了被追诉人的权利保障

在一定程度上,刑事追诉程序的推进过程同时也是被追诉人权利受国家公权力机关,特别是侦查机关限制的过程。对于侦查机关的合法侦查行为,被追诉人具有容忍的义务。但是,受多种因素的影响,侦查机关历来秉持的强烈追诉倾向和难以坚守如一的守法意识,会导致侦查机关实施违反法律规范的侦查行为。而这其中,以非法方式收集证据的行为居多。依据1979年《刑事诉讼法》和1996年《刑事诉讼法》的规定,被追诉人面对侦查机关的刑讯逼供等非法取证行为,并没有明确有效的反制措施。实行"以非法证据排除规则为中心的二阶层控制模式",为被追诉人提供了审前阶段向检察机关申请救济以及审判阶段向人民法院申请救济的渠道,形成了由检察机关和人民法院分别负责审前阶段和审判阶段的非法证据排除工作的格局。而且,非法证据排除程序中被追诉人诉讼主体地位的确立,使得被追诉人可以更方便地在中立的第三方面前表达诉求,这无疑是加强了其诉讼权利的保障力度。

三、兼顾了现实合理性和结构前瞻性

1. 二阶层控制模式具有现实合理性

上已述及,我国侦查权程序控制的方案设计应该兼顾现实司法改良与未来立法变革的需要,关注两者间的依次递进关系。具体而言,立足于现实和发展趋势,我国侦查权的程序性控制模式发挥作用的路径是,通过中心结构的整合使控制体系的内部得以融洽,同时重点改造侦查权控制的关联系统,对刑事诉讼中的权力运作方式进行法治化引导,从程序性控制的角度设定侦查权的边界。基于此,笔者提出以非法证据排除规则为后盾,通过与其他控权机制的体系性链接,建立起审前阶段中以检察机关为中心、审判阶段中以法院为中心的二阶层控制模式,通过制裁合力、案例指导制度倒逼侦查方式和侦查技术的改良,进而助益于改革远景目标的实现。总体而言,就是在现有制度的基础上,遵循制度间的同构性和相似性进行制度"挂钩"。这些既存的制度不需要经历创建的准备期和适用磨合期,可以"招手即用"。同时,这些制度之间还存在某些"共性",可以最大限度地减少"排异"情况的出现,增强制度并用的"合力"。

2. 二阶层控制模式具有结构前瞻性

走出我国侦查权程序性控制的司法困境,既需要立足现实的制度探索,也需要面向未来的立法完善。程序性控制的理论模型依靠控权规范结构的运转而发生作用。我国侦查权程序性控制的制度近景的规范结构是二阶层控制模式,该模式立足于现行的法律框架,将以检察机关为中心的审前控制作为第一阶层控制。从人类社会解决纠纷机制的角度看,刑事诉讼在本质上是国家司法机关运用司法权解决当事人之间的争议与纠纷的活动。而司法权的被动性都要求,不管是民事诉讼还是刑事诉讼,司法的裁决都必须在当事人的请求和抗辩的基础上进行。[1] 二阶层控制模式中第一阶层向第二阶层的推进,就是要在诉权的推动下向以法院为中心的第二阶层的审判权控制递进。通过被追诉人等主体的诉权行使,一是可以进一步科学、合理地配置犯罪嫌疑人、被告人在刑事诉讼中的具体诉讼权利,优化当事人的权利结构;二是可以进一步增强我国刑事诉讼程序的对抗色彩,强化控诉权与应诉权、起诉权与辩护权之间

---

[1]　汪建成、祁建建:《论诉权理论在刑事诉讼中的导入》,载《中国法学》2002 年第 6 期。

的对抗;三是可以实现对侦查权的双重制约,即将检察权和审判权进行"串联",形成递进式的侦查权控制格局,从而多维度地从结构上约束侦查权的规范行使。

第二节 第一阶层:检察监督与非法证据排除规则的衔接

一、检察监督与非法证据排除规则衔接的可行性

审前阶段是侦查机关开展实质性侦查活动的密集阶段,亦是法治国家司法机关监督侦查权运行最集中、最有力的阶段。出于历史传统、政治体制等原因,我国立法把该阶段监督侦查的职责象征性地赋予了检察机关。之所以说是"象征性"的,是因为我国的《刑事诉讼法》虽然明确规定了检察机关依法对刑事诉讼实行法律监督,并针对部分侦查行为规定了相应的监督手段,但正如前文所分析的,现有的侦查权控制体系是以内部自律的科层控制为主要方式的,检察监督的范围、方式和效力在不同程度上均受到限制。2012 年和 2018 年修改的《刑事诉讼法》虽对此种局面有所察觉和调整,但不显深刻,并未撼动侦查权内部自律科层控制的根基,亦未涉及搜查、扣押等强制侦查措施的第三方审查制度。当然,2012 年《刑事诉讼法》在侦查监督的范围和方式的规定上还是有一些突破,如赋予检察机关在审前阶段排除非法证据的权力,这为构建审前阶段以检察机关为中心的第一阶层控制体系提供了条件。如何做好审前检察监督与非法证据排除规则的衔接以进一步释放侦查监督的活力,不仅直接影响着检察监督效力的发挥,也是现行侦查监督制度必须回应的关键问题。

我国现行检察监督的最大难题是监督效力的匮乏。面对检察机关的侦查监督,公安机关往往只是在程序流转上接受而在行动上予以消极对待,只要违

法侦查行为尚未达到犯罪的程度,一般来说侦查监督就不会引起重视,以致通常会出现检察机关边监督、侦查机关边违法办案的情形。① 2012 年《刑事诉讼法》赋予检察机关在审前程序中排除非法证据的权力,这无疑增加了侦查监督的威慑力。然而,这种威慑力能在多大程度上解决固有难题则取决于非法证据排除规则在侦查监督中的地位和贯彻力度。为此,应该思考侦查监督与非法证据排除规则能否有效衔接这一问题。

首先,侦查监督与审前程序中的非法证据排除规则在制度上具有同构性,这是二者衔接的基础。二者的同构性体现在职权主体和权力指向这两个方面。职权主体上的同构性是指侦查监督的职能部门与非法证据排除的职能部门的一致性,二者都由检察机关内部中承担侦查监督职能的部门和承担公诉职能的部门承担,即侦查阶段由承担侦查监督职能的部门负责,审查起诉和审判阶段由承担公诉职能的部门(“捕诉一体化”改革后这两个部门被整合为负责捕诉的部门)负责。权力指向上的同构性是指二者共同指向的核心是违法侦查行为。略有区别的是,侦查监督所指向的内容包括审查逮捕、审查起诉中的事实认定、法律适用和侦查活动中的违法侦查;排除规则指向的是违法侦查所获取的证据。

其次,侦查监督与非法证据排除规则在违法信息获取方式和价值取向上也具有相似性。一方面,二者获取违法信息的方式主要有两种:一是主动介入获知。非法证据的线索可以是检察机关履行侦查监督职能过程中主动发现的,而违法侦查的线索也可以是检察机关主动介入侦查或者在审查逮捕、审查起诉、讯问犯罪嫌疑人过程中发现的;二是被动接收获知。二者都可以通过当事人、辩护人、诉讼代理人及利害关系人对违法侦查行为的控告,获知违法侦查行为的线索。获取信息途径的相似性可以使侦查监督与非法证据排除程序在初查过程中相互转化或者同时进行。另一方面,二者共同倾向于维护多元

---

① 罗海辉:《试论强制侦查措施的检察监督机制完善》,载《上海公安高等专科学校学报》2011 年第 3 期。

的价值观,事实的发现、人权的保障、程序的公正、公务行为的廉洁性都是它们所关注的。① 排除以非法方法获取的证据和纠正违法侦查行为是维系价值多元化的必然结果。侦查监督与非法证据排除规则在以上方面所具有的同构性或相似性为二者的衔接奠定了基础。

最后,侦查监督和非法证据排除规则在目的追求和效果生成上具有同质性。对于刑事纠纷解决而言,侦查程序的存在价值在于查清案件事实、查获犯罪嫌疑人,为提起公诉和作出裁判做好准备。也就是说侦查活动的指向目标是刑事裁判的产出。侦查活动是国家公权力机关接触刑事案件的"一线",也是国家机关对案件事实了解最为匮乏的时期,所以立法机关赋予了侦查机关强大的侦查权限,以便于其能及时有效地收集案件证据。在侦查实践中,存在着部分公安机关为了尽快实现破案目标而实施一些违法侦查行为的情形。这些违法侦查行为往往指向了证据材料的收集,并对法院作出裁判造成了代价昂贵的社会影响。②"许多实证研究指出,错误裁判最大的肇因乃错误侦查,再好的法官、再完美的审判制度,往往也挽救不了侦查方向偏差所造成的恶果。"③所以,立法机关创设的侦查监督和非法证据排除规则均是为了监督和制约侦查权的运行,以进一步规范侦查机关的侦查行为,从而杜绝违法侦查为对后续的法院裁判造成误导,以从源头上防范冤假错案的产生。④

---

① 事实上,现代法律程序所包含的价值多元化决定了发现真相的价值并不绝对优越于其他价值。对事实真相的追求仅仅是司法裁判活动的一部分,促进发现真实的那些价值,必须与诸如社会和平、个人尊严、裁判的安定性、诉讼成本等法律程序的其他相反方向的需求达成一种平衡。参见[美]米尔吉安·R.达马斯卡:《比较法视野中的证据制度》,吴宏耀等译,中国人民公安大学出版社 2006 年版,第 4 页。

② 我国近年来媒体报道的刑事冤假错案中,公安机关在侦查阶段实施非法侦查行为获得非法证据,法院并据之做出裁判的不在少数。这类案件的不断出现使得司法机关成为社会舆论的众矢之的,对整个司法公信力一定程度上造成了不良影响。

③ 林钰雄:《检察官在诉讼法上之任务与义务》,载《法令月刊》1998 年第 10 期。

④ 不可否认,侦查监督也包括对不涉及证据问题的违法侦查行为的监督。但笔者认为避免冤假错案的产生是侦查监督的核心目的,具有不可比拟的重要性。

二、检察监督与非法证据排除规则衔接的基本环节

可能性指向的是完成工作或者任务的先天性条件,其决定了目标达成的基础。可行性指向的工作或者任务的路径设计,其表明了为达成目标所实施的具体措施。在认识侦查监督和非法证据排除规则衔接的可能性的基础上,需要进一步厘清的问题是如何实现侦查监督与非法证据排除规则的衔接。笔者认为,二者衔接涉及非法侦查方法的认定、调查程序和处理方法这三个方面。

首先,关于非法侦查方法认定的衔接。对此,关键在于分清二者对于"非法"界定的异同。在进一步分析之前,有必要根据行为的手段或目的是否涉及证据而区分两种不同的违法侦查行为。一种是涉及证据问题的违法侦查行为。该行为的手段或目的涉及证据,其行为的后果是破坏现有的证据或获取被违法行为污染的证据,如把扣押的涉案金条以小换大、故意篡改犯罪嫌疑人口供或者以非法手段获取证据。另一种是不涉及证据问题的违法侦查行为,该行为的手段或后果并不涉及证据,如应当退还取保候审保证金而不退还,或者在搜查过程中损坏被搜查人的财物等。从《刑事诉讼法》和《检察规则》的相关规定来看,非法证据排除规则所界定的"非法"包含了"刑讯逼供等非法方法""暴力、威胁等非法方法""收集物证、书证不符合法定程序"等,这些都是涉及证据问题的违法侦查行为。事实上,非法证据排除规则所界定的"非法"也只能是涉及证据问题的违法侦查行为。而侦查监督所认定的"非法"既包含涉及证据问题的违法侦查行为,又包括非涉及证据问题的违法侦查行为,涵盖了2019年《检察规则》第567条所列举的侦查活动中可能存在的16种违法行为。因此,侦查监督中所认定的"非法"宽松于非法证据排除规则所认定的"非法",囊括了非法证据排除规则所认定的"非法"的所有情形。在此意义上,可以把检察机关排除非法证据的职权视为侦查监督的一种特殊形态。因此,侦查监督部门所认定的所有涉及证据问题的违法侦查行为都有可能成为

非法证据排除规则所认定的非法方法,若要判断这种"可能"是否现实,需借助非法证据排除规则所设定的调查核实程序。①

其次,关于调查程序的衔接。依据现有规定,非法证据的调查程序是,检察机关的案件承办人获取涉嫌非法取证的线索后,报请检察长批准,启动调查核实程序。调查核实由侦查监督部门或公诉部门("捕诉一体化"改革后这两个部门被整合为负责捕诉的部门)负责。其方式主要包括讯问犯罪嫌疑人、询问办案人员、询问在场人员及证人、听取辩护律师意见、调取相关材料等。侦查监督的调查程序并不明晰,现有的规定也较为含糊,只是用"应当受理""及时审查""依法处理"等词一笔带过,虽可操作性不强,但灵活的空间较大。为确保调查的深入和有效性,笔者认为,针对涉及证据问题的违法侦查行为的调查,应实行侦查监督的"审查程序"和非法证据的"调查程序"间的双向联动,把审查程序的灵活性和调查程序的严谨性结合起来。当接收到相关的违法线索后,承办检察官可在侦查监督和非法证据的排除程序中选择适合本案的调查手段,针对重大、疑难的违法侦查案件的调查,其方式可适度司法化,召开由争议双方和利害关系人参加的听证会。其最终目的是建立起专门针对违法侦查行为的统一、规范、有力的特别调查程序。

最后,处理方法上的衔接。职能部门针对违法侦查行为进行调查后,需要根据调查结果采取相应的处理方法。依据现有的规定,侦查监督的处置办法主要有口头提出纠正意见、发出纠正违法通知书、移送本院侦查部门审查以及移交有管辖权的机关处理。非法证据排除规则的处置办法主要有排除非法获取的证据、明确要求对疑问证据补正或做出合理解释、尚未构成犯罪的向被调查人所在机关提出纠正意见、涉嫌犯罪需要追究刑事责任的依法立案侦查。二者在处置办法上的衔接主要表现在,侦查监督的处置办法为排除非法证据

---

① 至于不涉及证据的违法侦查行为,如拒不退还应予退还的取保候审的保证金的,也需要相关的程序进行调查。由于其不涉及证据问题,无法与非法证据排除规则相衔接,只能另作他论。

的处置提供了缓冲地带,而排除非法证据为侦查监督的处置提供了进一步的制裁手段。针对严重违法行为所发出的纠正违法通知书,公安机关不及时回复又不要求复查的,可设置推定条款,推定其承认了违法事实,检察机关可以把该违法行为获取或破坏的证据予以排除,或者视为存疑证据而不作为批准逮捕和提起公诉的依据。值得注意的是,证据被排除或视为存疑证据而不予使用,可能带来放射效力,即如果其他证据不能证明犯罪嫌疑人实施犯罪行为的,案件在审查逮捕阶段的,则不予批准或决定逮捕;案件在审查起诉阶段的,则可将案件退回侦查机关补充侦查或决定不起诉。这种放射效力为排除非法证据增添了实质性的威慑力。需要说明的是,依据实践中的做法,除口头提出纠正意见需作好记录并向本部门负责人报告外,检察官并不具备采取何种处置办法的自主权和决定权,采取处置办法往往需要通过承办人提出意见、部门负责人审核和检察长批准的内部审批程序。设置科层制审批程序的初衷是好的,即帮助承办人把关,显示决定的慎重性和维护决定的权威性,但这种繁琐的程序为追究违法侦查行为设置了人为的程序障碍。因为繁琐的程序必定费时费力,驱使检察官非有必要,不会申请采取以上处置措施,最终可能导致多数违法侦查行为仅被口头纠正或不受处置。在检察官员额制和司法责任制改革正在深入推进的当下,检察机关有必要进一步改良内部的办案方式,变承办人、部门负责人和检察长"三级审批制"为承办人负责制,赋予承办检察官充分的自主权。

第三节 第二阶层:以非法证据排除规则为中心的司法救济

现代型诉讼必然是以审判为中心的诉讼,建立审判权对侦查权的制约和引导机制是审判中心主义的题中之义和重点内容,该目标能否顺利实现关键在于非法证据排除规则能否在审判中得以严格落实。最高人民法院于2015

年 2 月 26 日发布的《关于全面深化人民法院改革的意见——人民法院第四个五年改革纲要(2014—2018)》明确提出至 2016 年底,推动建立以审判为中心的诉讼制度,促使侦查、审查起诉活动始终围绕审判程序进行,并强调"严格实行非法证据排除规则,进一步明确非法证据的范围和排除程序。"该论断可谓一语中的,认识到了社会转型期的司法之所急。2012 年修改的《刑事诉讼法》通过引入非法证据排除规则使法院开始涉足侦查权的控制问题。而在规则层面,最高人民法院也已有所作为,在印发的有关文件中就明确界定了"应当排除"的非法证据的范围,并细化了排除非法证据的程序。① 然而,更为急迫的问题是在实践层面上实现审判权对于侦查权的制约和引导。

一、审判权的介入:指导性案例制度的导向作用

在我国的司法实践中,最高人民法院、最高人民检察院长期以来运用典型案例的形式分别对全国的检察工作和审判工作进行指导,起到了统一理解法律、规范适用法律的重要补充作用。为了更好地为法律的统一适用提供明确的指导,最高人民法院和最高人民检察院积极落实党中央的法治建设精神,分别以专门性规范文件的形式确立了本系统的指导性案例制度。如最高人民法院于 2010 年 11 月 26 日印发了《关于案例指导工作的规定》,明确案例指导工作的目的是"统一法律适用,提高审判质量,维护司法公正",由最高人民法院确定并发布"对全国法院审判、执行工作具有指导作用的指导性案例"。具体至刑事审判领域,最高人民法院不时地集中公布指导性案例无疑有利于推动刑事案件裁判标准的一致性,避免法律适用的地方差异,从而实现刑事诉讼中的同案同判。

1.指导性案例制度对于非法证据排除规则的释疑功能

必须承认,任何一部成文法都不可避免地存在一定的模糊性和不确定性。

---

① 参见《最高人民法院关于适用〈中华人民共和国刑事诉讼法〉的解释》(2012 年)第 95 —103 条、《最高人民法院关于建立健全防范刑事冤假错案工作机制的意见》第 8—9 条。

在很多时候,立法机关适用的语言文字往往难以清楚表达抽象的法律规范内容,存在着法律条文"难以触摸"的规范内容"死角"。同时,法律条文中经常使用的日常用语并不全是外延明确的概念,很多情况下是具有弹性的表达方式,表达的语义也会在一定波段宽度之间摇摆不定,可能有不同的意涵。即使是较为明确的概念,仍然经常包含一些本身欠缺明确性的要素。[1] 非法证据排除规则作为一项新设的刑事程序法律规范,各级法院在适用过程中难免会在规范内容的理解上出现各种各样的困惑。为此,最高人民法院可以借助指导性案例制度推动各级法院积极适用非法证据排除规则。最高人民法院经过遴选、审查和报审等流程,从全国范围内选择具有代表性的适用非法证据排除规则的案例作为指导性案例,并予以公布,供各级人民法院审判类似案例时作为参考。如此,将形成一系列针对非法证据排除规则在实践中运用的难题和应对之策的指导性案例,明确在实践中具有代表性的排除非法证据的情形,从而提炼出排除非法证据的基本条件,使非法证据排除规则更具操作性和指引性。

就实际情况而言,最高人民法院刑事审判庭主办的《刑事审判参考》已选登了部分涉及非法证据排除的案例。例如《刑事审判参考》(总第 101 集)非法证据排除专栏发布 3 个指导案件,即第 1038 号文某非法持有毒品案、第 1039 号李某某运输毒品案和第 1040 号尹某受贿案,明确了对不能排除以非法方法收集的证据应当依法排除、重复供述有必要结合多方面因素进行综合审查判断的具体适用。但是《刑事审判参考》的指导效力有限,应以最高人民法院发布司法解释性质文件的形式予以发布,要求全国各级法院在审判类似案件时予以参照。

2.指导性案例制度对于非法证据排除适用的激励功能

就目前排除规则的运行实践来看,非法证据排除规则的模糊性只是规则

---

[1]　参见[德]卡尔·拉伦茨:《法学方法论》,陈爱娥译,五南图书出版公司 1996 年版,第218 页。

适用遇冷的原因之一。多数法院处于慎用状态,对排除非法证据持观望态度,缺乏敢于适用、主动适用的底气。这一问题的形成既有积之已久的偏重实体公正和顾虑部门关系的办案习惯,也有适用规则不明和适用动力不足的主客观原因。对此,最高人民法院发布非法证据排除规则适用的指导性案例,可以对地方各级法院适用非法证据排除规则起到激励作用。第一,最高人民法院将地方法院在刑事审判中适用非法证据排除规则的案例作为指导性案例甚至以司法解释的形式予以公布,其实是对各级人民法院发出鼓励适用非法证据排除规则的信号,表明国家最高司法机关要求积极适用的态度。第二,指导性案例来自于地方法院的审判实践,既具有地方实践的独特性,也具有普遍适用的广泛性,能够起到激励其他的地方法院主动适用非法证据排除规则的作用。第三,指导性案例还具有上级法院监督下级法院执法办案的作用。人民法院作为国家的审判机关,在办案中理应做到严格公正且统一地适用法律,指导性案例的确认和发布,不仅有助于在法院系统内部建立统一的非法证据排除规则适用标准,也有助于强化上级法院对下级法院执法办案的指导和监督,①从而更好地维护社会的公平正义。

另外,最高人民法院还需要发布一批不予排除的指导性案例,通过这些案例逐步建立起非法证据排除的例外事项,使之更具广延性和现实性。通过正反两方面的指导性案例统一非法证据排除规则的运用,达到激励各级法院在审判实践中敢于"排非"和有效"排非",从而对违法侦查行为起到阻吓作用。

二、规范解释:国家赔偿程序中的释法功能

1.国家赔偿程序中法院释法的正当性

《国家赔偿法》)第1条规定:"为保障公民、法人和其他组织享有依法取得国家赔偿的权利,促进国家机关依法行使职权,根据宪法,制定本法。"由此

---

① 参见孙谦:《建立刑事司法案例指导制度的探讨》,载《中国法学》2010年第5期。

可以推知,国家赔偿制度具有救济和监督的双重目的。不可否认,随着刑事赔偿范围的扩大、前置确认违法程序的取消、多元化归责原则的确立,我国国家赔偿法的救济功能也在得以强化。虽然从制度功能上看,国家赔偿制度是一种向受害者、向弱势群体倾斜的利益分配制度,必然以权利救济作为首要宗旨。① 但必须承认的是,国家赔偿制度依然保有必要的监督侦查行为的功能。《国家赔偿法》第31条规定,赔偿义务机关赔偿后,不仅应当对实施"刑讯逼供或者以殴打、虐待等行为或者唆使、放纵他人以殴打、虐待等行为造成公民身体伤害或者死亡的""违法使用武器、警械造成公民身体伤害或者死亡的"等情形的工作人员追偿部分或者全部赔偿费用,有关机关还应当依法给予处分。构成犯罪的,应当依法追究刑事责任。实践中侦查机关非法收集证据的行为多以刑讯逼供的方式存在,因此国家赔偿制度实质上也对侦查机关以非法方式收集证据的行为构成了监督制约。此外,《国家赔偿法》第14条还规定了不服赔偿义务机关的赔偿决定或赔偿义务机关不作为的,赔偿请求人可以向人民法院提起诉讼。人民法院获得了对于国家赔偿纠纷的最终解决权,可以对国家赔偿案件进行审判。当然,由于法律存在抽象性与滞后性的问题,人民法院在法律适用过程中必然存在大量的裁量空间,②这也使得法院实质上应该享有对《国家赔偿法》中的法律条款进行适用解释的权力。

2.国家赔偿程序中法院释法的可行路径

正如前文所述,面对千变万化的案件事实和抽象模糊的法律条款,法官不可能在每个案件中都可以轻松地找到所对应适用的法律。如何理解法律并根据不同的案件事实情况作出恰当的裁判,是司法裁量的核心要义所在。这一

---

① 参见陶凯元:《正确处理当前〈国家赔偿法〉实施中的若干关系》,载《法律适用》2014年第10期。

② 参见陈明国、左卫民:《中国特色案例指导制度的发展与完善》,载《中国法学》2013年第3期。

过程,本质上也就是"释法"的过程。① 需要特别强调的是,法律解释固然是文义解释优先,然而语言的含义并非总是精确的,在有进一步解释的必要时,应以体系解释、目的解释、合宪解释等论理解释作进一步释明。在我国公民的人权意识正值觉醒及上升之际,作为人权保障法之一的国家赔偿法,其适用或解释的立场应该是在尊重立法文本含义的基础上,倾向于保障人权而非打击犯罪。这不仅是该法的立法目的要求,也是法律解释的社会性质所在,即解释法律必须注意其社会性,亦即就具体事件阐释法律时,应直视社会的实际需要,把握现时具有生命力的社会现象,始不至架空,并为人乐于接受。② 为此,最高人民法院可以在现有的法律框架下出台国家赔偿范围和程序的司法解释和指导案例,明确《国家赔偿法》第 17 条第 4 项"刑讯逼供或者以殴打、虐待等行为或者唆使、放纵他人以殴打、虐待等行为造成公民身体伤害或者死亡"中的"等行为"和第 18 条第 1 项中的"违法对财产采取查封、扣押、冻结、追缴等措施"中的"等措施"的含义,并把违法侦查所造成的公民人身伤害或财产损失都纳入到国家赔偿的范围中。同时利用好第 35 条"造成严重后果的,应当支付相应的精神损害抚慰金"的规定,针对违法侦查造成公民精神损害的,综合全案情况从宽解释"严重后果"的含义,在难以判断是否造成"严重后果"时向人权保障的方向倾斜,以与《刑事诉讼法》中的"尊重和保障人权保障"条款相呼应。

三、责任机制:司法建议的针对实施

审判权对侦查权进行制约和引导还可体现在司法建议领域。依据我国现有的规定,人民法院可以通过司法建议的方式制裁违法侦查行为。针对非法证据排除案件和国家赔偿案件中实施违法行为的侦查人员,人民法院应充分

---

① 参见杨柳:《释法抑或造法:由刑法历次修正引发的思考》,载《中国法学》2015 年第 5 期。

② 杨仁寿:《法学方法论》,中国政法大学出版社 2012 年版,第 135 页。

发挥其司法建议权,构成犯罪的,建议人民检察院立案侦查或监察机关进行立案调查;尚不构成犯罪的,建议公安机关或者监察机关给予处分。如果违法侦查行为实施的依据是相关文件或内部规定,应同时建议有关机关纠正此类违法行为并撤销作为此类行为依据的文件或规定。通过综合运用非法证据排除、国家赔偿案件的裁判和司法建议等方式,形成制度合力,使违法侦查行为受到应有的惩戒,通过司法制裁方式给予违法侦查行为否定性的评价,以切实阻吓和有效防止违法侦查行为的发生。

第四节　配套机制:程序法定中的有效辩护

在某种程度上,刑事诉讼的历史,就是辩护权不断扩大的历史。[①] 改革开放以来,我国刑事诉讼中被追诉人的权利保障得到了很大程度的改善,这主要表现在被追诉人辩护权的内容不断得以扩充、辩护权的行使方式也更加多样。但是,由于自身综合素质和知识水平的不足,被追诉人往往无法有效地行使辩护权。同时,刑事诉讼活动所涉及的复杂的程序性规定和晦涩的实体法内容,也会给被追诉人行使辩护权带来障碍。正如有学者所指出的那样,一般来说,没有法律知识的人受犯罪嫌疑时,即使说有辩护权,而事实上想要充分行使这种权利是困难的,因此,有必要保障其委托辩护人辩护的权利。[②] 辩护律师的介入无疑可以在加强被追诉人防御能力的同时,通过权利制约权力机制的运行,在侦查权的程序性控制过程中发挥着至关重要的作用。

一、侦查权程序性控制中有效辩护的制度意义

有效辩护强调辩护活动与控诉的针对性,重视辩护人特别是辩护律师在

---

① ［日］田口守一:《刑事诉讼法》,刘迪等译,法律出版社 2000 年版,第 89 页。

② ［日］村井敏邦:《日本的刑事辩护问题》,刘明祥译,载《走有中国特色的律师之路》,法律出版社 1997 年版,第 90 页。

刑事诉讼过程中的"尽职尽责",也就是"忠实于委托人的合法权益,尽职尽责地行使各项诉讼权利,及时精准地提出各种有利于委托人的辩护意见,与有权作出裁决结论的专门机关进行了富有意义的协商、抗辩、说服等活动。"① 对于"以非法证据排除规则为中心的二阶层控制"模式而言,排除非法证据程序中的对立双方是被追诉人和行使侦查及公诉权的国家机关,被追诉人能否获得辩护律师的有效辩护显然会直接影响非法证据排除的最终结果。

1. 有效辩护能增强被追诉人的权利行使能力

被追诉人获得有效辩护能够增强其对于诉讼权利的行使能力。首先,有效辩护有助于被追诉人对于非法证据排除规则的理解。非法证据排除规则是刑事程序法律规范中实体内容复杂性和程序实施技术性程度都比较高的规范机制。实体性内容是非法证据排除规则的"实体构成性规则",具体包括了非法证据的种类和范围、法官排除非法证据的裁量权、非法证据排除后的结果、非法证据排除的例外情况等。程序性内容是非法证据排除规则的"程序实施性规则",包含排除非法证据的启动程序、立案标准、司法裁判方式、证明责任分配以及相关救济机制等内容。② 面对这一内容复杂、结构缜密的规范机制,具有一定法律知识基础的法律人也可能是"一头雾水",更何况普通的被追诉人。在这种情况下,如果深谙刑事诉讼规则的辩护律师及时介入,并为被追诉人提供有效辩护,将有助于被追诉人对于非法证据排除规则的理解。其次,有效辩护有助于被追诉人行使申请排除非法证据的权利。非法证据排除规则的价值不能止步于被追诉人对于规则内容的理解,必须体现在具体的实践运用中。被追诉人作为非法证据收集的直接受害者,其主动、正确地行使权利要求司法机关排除非法证据将对规则的适用产生重大影响。辩护律师介入刑事案件并提供有效辩护,就需要根据案件的实际情况,针对非法取证行为拟定合法合理的排除非法证据策略,并收集相关的证据材料,代表被追诉人或指引被追

---

① 陈瑞华:《有效辩护问题的再思考》,载《当代法学》2017 年第 6 期。
② 参见陈瑞华:《非法证据排除规则的中国模式》,载《中国法学》2010 年第 6 期。

诉人行使权利请求检察机关和法院排除非法证据。

2.有效辩护能提高非法证据排除的准确性

作为一项移植的法律制度,非法证据排除规则在我国的广泛适用必然要经历一个较长的"本土化"过程。这一过程可以概括为,在我国语境下如何实现非法证据排除规则的特性与司法实际的有效衔接。有学者将非法证据排除规则的特性总结为非法证据界定的模糊性、非法证据排除规则的灵活性、非法证据排除规则适用的疑难性及规范性,[①]非法证据排除规则的这些特性给其在司法中的具体运用带来了一定难度。而辩护律师如果能够介入并提供有效辩护,将会有助于检察机关和法院应对非法证据规则的特性,提高排除非法证据的准确性。第一,在辩护律师的有效帮助下被追诉人提出排除非法证据的申请,相当于给非法证据排除程序增设了前置程序,增强了排除非法证据程序的过滤性。辩护律师通过了解侦查活动的相关情况,并形成是否提出以及如何提出排除非法证据的申请方案,可以增强排除程序启动的合法性和效率性,有助于检察机关和法院准确排除非法证据。第二,通过辩护律师的有效辩护,被追诉人一方提出排除非法证据申请,有助于增强申请方与被申请方的对抗性。辩护律师的有效辩护可以改善被追诉人与国家公权力机关之间力量的"失衡状态"。被追诉人可以在辩护律师的指导下,与侦查机关、检察机关进行平等对抗,进而有助于检察机关或法院准确地作出排除非法证据的决定。

二、侦查权程序性控制中有效辩护的实现

随着法治文明的发展和法治社会的逐渐形成,"以律师垄断刑事辩护业务为基本条件的刑事辩护专业化早已成为法治发达国家成熟的司法制度"。[②]由此形成的以犯罪嫌疑人、被告人的辩护权为核心,以律师或其他适格辩护人的参与为支撑的刑事辩护制度,已成为现代司法制度中不可或缺的重要制度

---

① 何家弘:《适用非法证据排除规则需要司法判例》,载《法学家》2013 年第 2 期。

② 冀祥德:《刑事辩护准入制度与有效辩护及普遍辩护》,载《清华法学》2012 年第 4 期。

之一,是确保被追诉人获得公正的法庭审判并避免受到不公正定罪和判刑的主要屏障之一。① 根据我国实际,应从以下方面推进辩护律师在侦查权程序性控制过程中提供有效辩护。

1. 强化辩护律师的功能发挥

辩护律师是提供有效辩护的重要主体。欲实现被追诉人获得有效辩护保障,离不开辩护律师功能的充分发挥。而辩护律师功能的发挥,必须以辩护律师权利的充分且有效行使为前提。一是切实尊重辩护律师的各项辩护权利。司法行政机关应积极支持和配合辩护律师行使权利,彻底革除律师辩护的"老三难",杜绝律师辩护的"新三难"等权利行使难题,②确保辩护律师可以在侦查阶段充分行使权利。二是强化辩护律师的权利保障。进一步完善律师投诉机制、申诉控告机制等律师执业权利的救济机制,健全侵犯律师执业权利的责任追究机制,确保律师在执业权利受到侵害时,有渠道反映问题、有办法解决问题以及责任主体受到追究。三是推进法律援助辩护律师覆盖刑事案件的侦查、审查起诉环节。随着值班律师制度写入 2018 年《刑事诉讼法》和律师辩护全覆盖试点工作推广至全国,③刑事案件律师辩护全覆盖的制度实践正式步入高潮。全国各地法院积极贯彻落实文件的要求,在普通程序案件中被告人全面获得辩护律师帮助的情况下,逐步将简易程序、速裁程序案件也纳入了律师辩护全覆盖的范围,审前阶段特别是侦查阶段也应做好相应的工作对接。辩护律师直接介入侦查阶段,是对侦查权进行控制的一种有效方式。为此,应该鼓励司法资源丰富的地区率先试点,探索法律援助律师覆盖刑事案

---

① 参见李学军:《当事人主义下辩护律师的地位、权利及制度保障》,载《载法学家》2002 年第 3 期。

② "老三难"指会见难、阅卷难、调查取证难;"新三难"指发问难、质证难、辩论难。此外,还有申请变更强制措施难、申请证人作证难、申请排除非法证据难等问题。

③ 2018 年 12 月 27 日,最高人民法院、司法部联合发布《关于扩大刑事案件律师辩护全覆盖试点范围的通知》,决定从 2019 年 1 月起,将自 2017 年 10 月开始的刑事案件律师辩护全覆盖试点期限延长,工作范围从先前的 8 个省(直辖市)扩大到全国 31 个省(自治区、直辖市)和新疆生产建设兵团。

件全阶段的方式方法。对于司法资源不发达地区,通过设置一段时间的过渡期,过渡期内赋予值班律师必要的会见权、阅卷权等权利,由值班律师在侦查阶段、审查起诉阶段为犯罪嫌疑人提供法律帮助,以弥补短期内法律援助辩护律师资源的不足。待法律援助资源充足后,由法律援助辩护律师承担刑事案件全阶段的律师辩护全覆盖职责。①

2.畅通值班律师的介入渠道

当前,我国刑事诉讼程序中仍存在辩护律师有效介入的"空白地带",而侦查权程序性控制的关键区间多位于这些地带。依据现行的规定,值班律师被定位为刑事诉讼中被追诉人合法权益的维护者和辩护律师的协助者。完善侦查权的程序性控制机制也应当发挥值班律师在辩护律师介入前的积极作用。具体而言:一是关于值班律师的介入时间。理想情况下,刑事诉讼程序启动后,在辩护律师提供法律帮助之前的阶段,值班律师应该及时介入为被追诉人提供法律帮助,进而规范侦查机关的侦查行为。考虑到当前值班律师资源的有限性,可以实行申请制,即犯罪嫌疑人第一次被讯问或采取强制措施时,应被详细告知有权申请值班律师提供法律帮助,并书面签署是否申请法律帮助的意见。犯罪嫌疑人提出申请时,不需明确详细的咨询内容,只要明确表达获得法律帮助的意愿即构成申请的有效提出。二是关于值班律师的权利保障。为实现犯罪嫌疑人与追诉机关之间的"平等武装",应赋予值班律师以必要的权利。② 全面贯彻"约见制度",保障犯罪嫌疑人可以有效约见值班律师。会见的形式应是值班律师与犯罪嫌疑人"一对一"会见,杜绝部分地区实践中

---

① 参见詹建红:《刑事案件律师辩护何以全覆盖——以值班律师角色定位为中心的思考》,载《法学论坛》2019 年第 4 期。

② 实践中,部分地方也开始强化值班律师权利的探索。广东省《关于开展法律援助值班律师工作的实施意见》(粤司规〔2018〕7 号)规定,值班律师办理认罪认罚从宽案件,享有会见权、阅卷权、参与量刑协商和证据开示、向检察机关提出建议权。值班律师对刑讯逼供、非法取证情形代理申诉、控告的,享有阅卷权;协助申请调取特定讯问录音录像、体检记录等证据材料;协助申请排除非法证据,协助提供涉嫌非法取证的人员、时间、地点、方式、内容等相关线索或者材料等权利。

的"一对多"做法。会见可以采取现场会见、视频会见等方式,会见过程中不得监听,会见时间不受不当限制。立法者应尽快通过国家立法的形式明确值班律师拥有充足的阅卷权、调查取证权,①并细化权利行使的程序规范,提高权利行使的实质效力。为此,还应建立值班律师权利救济机制,保障其在权利受阻碍或侵害时,可以得到及时救济。此外,为鼓励值班律师提供有效法律帮助,可以探索值班律师转为辩护律师做法,即对于符合法律援助的犯罪嫌疑人,值班律师可以接受法律援助机构指派成为法律援助辩护律师;值班律师也可以接受法律帮助对象的委托成为辩护律师。

---

① 根据最高人民法院、最高人民检察院、公安部、国家安全部、司法部于 2019 年 10 月 24 日联合发布的《适用认罪认罚从宽制度的指导意见》第 12 条的规定,自人民检察院对案件审查起诉之日起,值班律师可以查阅案卷材料、了解案情。人民法院、人民检察院应当为值班律师查阅案卷材料提供便利。这一规定无疑具有一定的进步意义,但还是比较保守且规范效力的位阶较低,执行力存疑。笔者认为,不应以值班律师的"应急性"或"临时性"身份,而对其权利进行克减。为保证广义意义上的辩护律师提供"法律帮助"的质量,值班律师在阅卷、调查取证方面应享有与辩护律师同等的权限。

第八章　我国监察机关调查权程序性控制的制度性思考

　　国家监察体制改革是事关我国事业发展全局的重大政治体制改革,其缘起于整合优化国家反腐败力量,致力于实现对所有行使公权力的公职人员的监督,增强打击腐败犯罪能力。由于监察机关处于政治领域与司法领域的"临界地带",监察体制改革的外部效应将不可避免地波及刑事司法领域。检察机关对于职务犯罪案件的侦查权,被转化为国家监察机关的调查权。根据《中华人民共和国监察法》(以下简称《监察法》),监察机关被定位成行使监察权的专责机关,行使职务违法和职务犯罪的调查权。职务犯罪案件办理的方式从传统的"侦查机关侦查——检察机关起诉——法院审理"模式转变成"监察机关调查——检察机关起诉——法院审理"模式。① 至此,监察机关一跃成为职务犯罪案件办理流程的"上游"主体,掌控着职务犯罪案件进入司法程序的"流量阀门"。但是,由于在日前的制度框架下,监察机关的调查行为不受刑事诉讼法的约束,监察权力运行呈现出较强的封闭性和神秘性,存在职务犯罪案件移送数量被压缩的可能,从而架空司法权,侵害司法的公正性,从监察调查权具有查明刑事案件事实的功能出发,研究侦查权的程序性控制显

---

　　① 参见李奋飞:《"调查—公诉"模式研究》,载《法学杂志》2018 年第 6 期。

然无法完全回避监察机关调查权的规范运行这一问题。为规范国家监察权力的行使,保障刑事司法权之于职务犯罪领域的有效运行,亟待对改革后职务犯罪案件移送情况进行实证分析,并以此为契机进一步深化国家监察体制改革。

第一节 职务犯罪案件移送情况的实证分析

受数据来源的限制,笔者未能掌握全国监察机关移送职务犯罪案件情况的准确信息,[①]所以此处主要依据部分地区(特别是先行试点的三个地区)的实证数据进行反向推导,即以若干地区检察机关受理(立案侦查)[②]职务犯罪案件和法院受理职务犯罪案件的相关数据为参考指标,推测监察机关移送职务犯罪案件的动态变化。固然,间接数据在反映目标对象的特征时可能存在偏差。但在我国的监察实践中,监察机关移送的职务犯罪案件被检察机关退回补充调查的极为少见,基本呈检察机关"照单全收"的态势。[③] 同时,法院对于公诉案件的庭前审查属于程序性的书面审查,仅判明提起公诉的案件是否

---

① 笔者搜集到 2015 年、2016 年全国纪检监察机关移送涉嫌职务犯罪嫌疑人数分别为 1.4 万人、1.1 万人,而自国家监察体制改革后,全国监察机关移送职务犯罪案件情况的数据信息尚未完全公开,相关信息只有 2015 年至 2017 年 10 月立案审查严重违纪涉嫌违法(包括职务违法和涉嫌职务犯罪)11.9 万人次,占总处分人次的 5.8%;2018 年上半年全国纪检监察机关立案审查严重违纪涉嫌违法 2.1 万人次,占总处分人次的 3%。所占比例的下降,折射出职务违法和涉嫌职务犯罪的情形在党纪处分、政务处分中越趋少数。数据来源:中国共产党第十八届中央纪律检查委员会第六次、第七次全体会议工作报告,十八届中央纪律检查委员会向中国共产党第十九次全国代表大会的工作报告;其中 2018 年的数据信息,参见姜洁:《上半年全国纪检监察机关处分 24 万人》,载《人民日报》2018 年 7 月 20 日第 4 版。

② 为便于分析对比,笔者也搜集了国家监察体制改革前检察机关立案侦查职务犯罪案件的数据信息。

③ 支持笔者这一观点有以下佐证。一是 2017 年 1 月至 8 月,北京、浙江、山西三地检察机关共受理监察委移送案件 219 件,其中仅 2 件退回补充调查。二是 2018 年 3 月,时任浙江省纪委书记、监察委员会主任的刘建超介绍"浙江目前没有出现这样(退回补充调查)的情况,因为我们在调查取证过程中,应该说证据非常确凿"。参见《国家监察体制改革试点取得实效——国家监察体制改革试点工作综述》,载《人民日报》2017 年 11 月 6 日第 06 版;谭畅、郑可书:《"我无权单独对一个案子拍板"——专访浙江省监察委员会主任刘建超》,载《南方周末》2018 年 3 月 15 日第 5 版。

具备开庭条件,能被退回检察机关的法定情形较少,[1]实践中的审查结果是法院对于检察机关提起公诉的案件多予以受理。[2] 基于此,可以得出一个初步结论:检察机关、法院受理的职务犯罪案件情况与监察机关移送审查起诉的职务犯罪案件数量应保持高度的相关性和一致性。基于这样的思路,以下拟对检察机关、法院受理职务犯罪案件情况在国家监察体制改革前后近几年的数据进行对比,并以之作为分析监察机关移送职务犯罪案件情况的参考数据,进而观察监察机关移送职务犯罪案件情况对于司法机关及其权力行使产生的影响。

由于国家监察改革全面开展时间较短,案件办理的数据信息汇总周期尚未结束,所以笔者选择改革实施较早的试点省(市)为样本数据的来源,通过统计试点地区检察机关、法院公布的官方数据,并结合与邻近省份相关数据的对比,以揭示监察机关移送职务案件情况的"庐山真面目"。

一、陡降的职务犯罪案件数量:以检察机关办案为视角

(一)国家监察体制改革试点地区的考察

笔者根据山西、浙江、北京三地检察机关的官方数据,统计分析了2013年至2018年山西等三地检察机关查办职务犯罪嫌疑人数量情况(见表8-1)。[3]其中,2013年至2016年的数据是山西等三地检察机关立案查处职务犯罪嫌疑人数量,2017年至2018年的数据是山西等三地检察机关受理当地各级监

---

① 我国法院对公诉案件的庭前审查的处理方式中"应当退回检察院"的情形仅包括:案件属于告诉才处理的;不属于本院管辖或者被告人不在案的;准许撤诉后没有新的事实、证据重新起诉的;符合《中华人民共和国刑事诉讼法》第16条第2项至第6项规定情形的。

② 以2015年为例,全国检察机关提起贪污贿赂、渎职侵权公诉案件31452件,而全国法院受理贪污贿赂、渎职侵权一审案件34846件。数据来源:《中国法律年鉴》(2016年卷),中国法律年鉴出版社,第1297、1302页。

③ 数据分别来源于2014年至2019年山西省人民检察院工作报告、浙江省人民检察院工作报告、北京市人民检察院工作报告。

察机关移送的职务犯罪嫌疑人数量。①

表 8-1　山西、浙江、北京三地检察机关查办职务犯罪案件情况一览表

（单位：人）

地区	2013 年	2014 年	2015 年	2016 年	2017 年	2018 年
山西省	1829	1991	1989	1766	368	863
浙江省	1757	1597	1803	1217	239	683
北京市	438	505	402	526	18	229

从表 8-1 可以看出，山西、浙江、北京三地检察机关查办职务犯罪案件情况具有显著的一致性。具体表现在以下两个方面，一是 2013 年至 2016 年三地检察机关查办职务犯罪嫌疑人数量基本保持稳定，期间内的每年查办职务犯罪嫌疑人的数量变化幅度较为平缓，未出现剧烈变化。二是 2017 年三地检察机关查办职务犯罪嫌疑人数量突现"断崖式"下降，降幅均超过了 79%，呈现出"\"型变化。虽然 2018 年这三地检察机关查办职务犯罪嫌疑人数开始小幅反弹，但 2018 年的数据仍仅为 2016 年三地检察机关查办职务犯罪嫌疑人数的一半左右（见图 8-1）。

至此，可以发现一个令人心生疑窦的问题，为何山西、浙江、北京三地检察机关查办职务犯罪嫌疑人数量在保持 4 年的稳定态势后，突然在 2017 年同时出现大幅度的下降？这样的异常变化是否与三地于 2016 年底开展的监察体制试点改革有关？为验证这一猜测，接下来需要与非国家监察体制改革试点地区检察机关查办职务犯罪情况进行对比分析。

---

① 由于北京市检察机关官方未公布 2017 年受理监察机关移送职务犯罪案件犯罪嫌疑人数，只能通过计算得出，计算方法是用 2018 年北京市人民检察院工作报告公布的 2013 年至 2017 年起诉职务犯罪嫌疑人总数，减去工作报告公布的 2013 年至 2016 这 4 年查办职务犯罪嫌疑总人数。

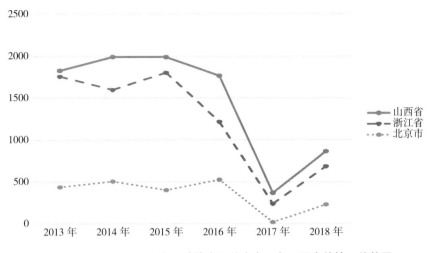

图 8-1　山西、浙江、北京三地检察机关查办职务犯罪案件情况趋势图

(二)与非国家监察体制改革试点地区的对比

笔者选取河北、江苏、天津等三个非国家监察体制改革试点地区。选择的理由是河北、江苏、天津三地分别与监察体制改革试点地区的山西、浙江、北京毗邻,在经济发展水平和政治文化生活方面相近,地区之间职务犯罪的发案情况具有较高的相似性,通过搜集河北、江苏、天津三地省级检察机关的官方数据,①笔者得出了 2013 年至 2018 年河北、江苏、天津三地检察机关查办职务犯罪嫌疑人数量情况(见表 8-2)。其中,2013 年至 2017 年的数据是河北等三地检察机关立案查处职务犯罪嫌疑人数量,2018 年的数据是河北等三地检察机关受理当地各级监察机关移送的职务犯罪嫌疑人数量。②

①　数据来源于 2014 年至 2019 年河北省人民检察院工作报告、江苏省人民检察院工作报告、天津市人民检察院工作报告。

②　其中 2018 年河北省检察机关、江苏省检察机关查办职务犯罪案件情况数据为当年两地检察机关提起职务犯罪公诉人数。在我国司法实践中,检察机关公诉人数会略细小于查办人数,但二者相差不大。

表8-2 河北、江苏、天津三地检察机关查办职务犯罪案件情况一览表

（单位：人）

地区	2013年	2014年	2015年	2016年	2017年	2018年
河北省	2881	3030	2990	2583	2889	976
江苏省	2155	2011	2022	1996	2021	761
天津市	397	397	396	360	344	179

从表8-2可以发现,2013年至2017年河北、江苏、天津三地检察机关查办的职务犯罪嫌疑人数量基本平稳,每年查办的犯罪嫌疑人数量波动不大,都在各自年均值人数的上下轻微浮动,年平均波动幅度分别是4.06%、2.23%和5.66%(见图8-2)。2017年河北、江苏、天津三地检察机关查办职务犯罪案件的情况是,除天津市检察机关查办职务的犯罪嫌疑人数量较上年略有下降(降幅为4.44%)外,河北、江苏两地检察机关查办的职务犯罪嫌疑人数量较上年不减反增,涨幅分别为11.85%和1.25%。进一步从全国范围来看,2017年非监察体制改革试点地区检察机关查办职务犯罪嫌疑人数较2016年上升明显。根据最高人民检察院的工作报告,2017年全国非试点地区检察机关坚持"惩治腐败力度绝不减弱、零容忍态度绝不改变,为(国家监察体制)改革创造良好氛围和环境。"仅2017年1月至9月,非试点地区检察机关共立案查办职务犯罪43614人,同比上升21.2%。[①]

值得注意的是,随着2017年底国家监察体制改革在全国范围内推广,2018年河北、江苏、天津三地检察机关查办职务犯罪嫌疑人数也呈现出"断崖式"下降,三地平均降幅为58.85%,其中河北省降幅达66.22%。这三地2018年查办职务犯罪嫌疑人数的变化趋势与前文介绍的山西、浙江、北京三地2017年查办职务犯罪嫌疑人数的变化趋势存在着惊人的相似。

---

① 曹建明:《最高人民检察院关于人民检察院全面深化司法改革情况的报告——2017年11月1日在第十二届全国人民代表大会常务委员会第三十次会议上》,资料来源于正义网 http://news.jcrb.com/jxsw/201711/t20171102_1811446.html,2018年8月18日访问。

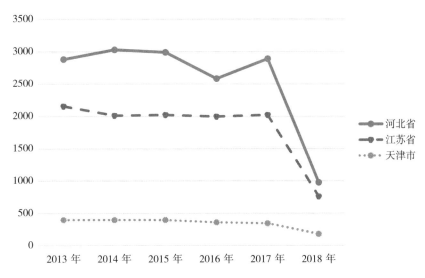

图 8-2　河北、江苏、天津三地检察机关查办职务犯罪案件情况趋势图

综上所述,2013 年至 2016 年,山西、浙江、北京三地(监察体制改革试点地区)检察机关行使职务犯罪侦查权期间,职务犯罪嫌疑人数量总体保持平稳,但自监察体制改革试点后,2017 年山西、浙江、北京三地检察机关查办职务犯罪嫌疑人数量突显"断崖式"下跌。与之形成鲜明对比的是,2013 年至 2017 年,河北、江苏、天津三地(非监察体制改革试点地区)检察机关查办职务犯罪嫌疑人数量保持了较强的稳定性,其中,2017 年河北、江苏两省检察机关查办职务犯罪嫌疑人数量反而稳中有升。另从全国范围来看,2017 年全国非改革试点地区检察机关查办职务犯罪嫌疑人数量较上年也呈增长趋势。而随着国家监察体制改革在全国范围内展开,2018 年河北等三地检察机关查办职务犯罪嫌疑人数也呈现出"断崖式"下降趋势。

二、进一步的印证:以法院收案为视角

前文介绍了检察机关办理职务犯罪案件的情况,为进一步了解监察体制改革背景下职务犯罪案件移送实践对于刑事司法产生的整体影响,笔者考察

了浙江省、江苏省和广东省法院一审职务犯罪案件受理情况。根据浙江省高级人民法院、江苏省高级人民法院和广东省高级人民法院的官方数据,得出了2015年至2018年浙江、江苏、广东三地法院一审职务犯罪案件受理情况(见表8-3)。①

表8-3　浙江、江苏、广东三地法院一审职务犯罪案件收案情况一览表

（单位:件）

地区	2015 年	2016 年	2017 年	2018 年
广东省	2281	1752	2297	1847
江苏省	1417	1263	1326	1123
浙江省	1032	820	407	461

　　首先来看浙江省的数据,2015年至2017年浙江省全省法院受理一审职务犯罪案件数量逐年下滑,且降幅逐步增大,下降比例从2016年的20.54%增至2017年的50.37%,整体呈"＼"型变化。至2018年,浙江全省法院受理一审职务犯罪案件数量开始小幅回升。该变化趋势也与前文提到的浙江省检察机关查办职务犯罪嫌疑人数量变化趋势基本吻合。再来看江苏、广东两省的数据,两省法院受理一审职务犯罪案件数量变化趋势与浙江省既有相似之处,也有明显的差异。相似之处是,2015年至2016年,广东、江苏两省法院受理案件数也出现下降趋势,降幅分别是23.19%和10.87%。差异之处是,2017年,广东、江苏两省法院受理一审职务犯罪案件数量止跌回升,并基本恢复至2015年的数量。但到了2018年,广东、江苏两地判决职务犯罪案件被告人数同时出现下降,与浙江省小幅上扬正好相反。整体看来,2015年至2018年,广东、江苏两省法院受理一审职务犯罪案件数量呈"＼/"型变化(见图8-3)。

---

　　① 其中江苏、广东两省2018年的数据为审结职务犯罪案件数,数据来源于两省高级人民法院2019年的工作报告。其余数据分别来源于浙江法院公开网 http://www.zjsfgkw.cn/,江苏法院网 http://www.jsfy.gov.cn/index.html,广东法院网 http://www.gdcourts.gov.cn/web/home,2019年3月15日访问。

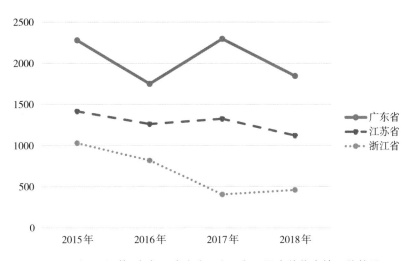

图 8-3　浙江、江苏、广东三地法院一审职务犯罪案件收案情况趋势图

　　总而言之,国家监察体制改革试点前的 2015 年至 2016 年,浙江、江苏、广东三省法院受理一审职务犯罪案件数量均出现了不同程度的下降。但监察体制改革试点后,2017 年浙江省法院受理一审职务犯罪案件数量继续下跌,且下降幅度进一步加大,较 2015 年下降近61%。而未参加监察体制改革试点的江苏、广东两省法院受理职务犯罪案件数量经历 2016 年的下降后,2017 年迅速上扬并基本恢复至 2015 年受理职务犯罪案件数量。而在 2018 年,浙江省受理一审职务犯罪案件数小幅回升,广东、江苏两地则在监察体制改革在全国范围内推广后出现审结职务犯罪案件数下降趋势。

　　行文至此,无论是国家监察体制改革试点地区还是非试点地区,监察体制改革实施后,该地区司法机关办理职务犯罪案件数量大幅度下降的事实基本可以得到证实。① 结合职务犯罪案件在司法机关流转的实况分析,还可以进一步得出,国家监察体制改革试点地区监察机关移送职务犯罪案件数量大幅

---

　　① 最高人民检察院第三检察厅厅长尹伊君曾介绍到 2018 年全国检察机关受理监察机关移送的职务犯罪案件数量比 2017 年检察机关立案侦查的职务犯罪数量"下降幅度较大"。参见何强:《最高检第三检察厅厅长尹伊君:去年共办 33 件省部级案件》,资料来源于搜狐网 http://www.sohu.com/a/300653013_114988,2019 年 3 月 15 日访问。

度下降的结论,监察体制改革与司法机关办理职务犯罪案件之间负相关的关联样态"浮出水面"。质言之,监察机关的办案实践减少了职务犯罪案件移送司法机关的数量,监察权力的运行已对司法权之于职务犯罪案件的行使产生了实质性的抑制影响。那么令人不解的是,为何追求强化打击腐败的监察体制改革反而阻碍了司法机关依据刑事法律惩治职务犯罪的可能性? 是什么因素导致最为严厉的刑罚措施被"束之高阁"? 这种异常情况的潜在危害又将会是什么? 对此,有必要作进一步的思考。

第二节　监察机关办案决策机制的形成基础

监察体制改革是我国的一项重大的政治体制改革举措,也是强化党和国家自我监督的重大决策部署。改革的目标是进一步"整合反腐败资源力量,加强党对反腐败工作的集中统一领导,构建集中统一、权威高效的中国特色国家监察体制,实现对所有行使公权力的公职人员监察全覆盖。"① 从试点地区的实效情况来看,监察体制改革之后,"监委(监察委)履职有力有效,保持了惩治腐败高压态势"。2017 年 1 月至 8 月北京、山西、浙江三地监察机关处置问题线索、立案件数和处分人数均同比有明显上升。② 从理论上讲,在职务犯罪案件办理的"监察机关调查——检察机关起诉——法院审理"模式中,监察机关办理职务犯罪案件(问题线索)数量与司法机关的办理案件数量之间应

---

① 李建国:《关于〈中华人民共和国监察法(草案)〉的说明》,资料来源于新华网 http://www.xinhuanet.com/politics/2018lh/2018-03/14/c_1122532994.htm,2018 年 8 月 26 日访问。

② 2017 年 1 至 8 月,北京市处置问题线索 6766 件,同比上升 29.7%;立案 1840 件,同比上升 0.7%;处分 1789 人,同比上升 35.4%。山西省处置问题线索 30587 件,同比上升 40.4%;立案 11261 件,同比上升 26.4%;处分 10557 人,同比上升 11.7%。浙江省处置问题线索 25988 件,同比上升 91.5%;立案 11000 件,同比上升 15.5%;处分 9389 人,同比上升 16.1%。另 3 省(市)共留置 183 人,其中北京市留置 43 人、山西省留置 42 人、浙江省留置 98 人。参见《国家监察体制改革试点取得实效——国家监察体制改革试点工作综述》,载《人民日报》2017 年 11 月 6 日第 6 版。

是正相关关系。如同河流上下游流量变化关系一样,如果处于上流的监察机关办理职务犯罪案件(问题线索)数量大幅度增加,则下游的司法机关也应是"一片繁忙的景象"。但吊诡的却是,实践中监察机关查办案件数量明显增加时,司法机关办理职务犯罪案件数量却大幅度下降。为解答困惑,以下拟从表层原因和深层原因两方面进行探究。

一、表层探究：四种可能的原因

从数量逻辑上讲,北京、山西、浙江三地司法机关 2017 年办理职务犯罪案件数量下降的表层性原因,可能在于以下四个方面:一是试点地区的国家监察体制改革对国家公职人员形成了巨大的威慑力,有效减少了职务犯罪行为的发生,降低了职务犯罪案件的发案率。二是试点地区职务犯罪案件进入案发低谷期,多发的案件是职务违法和违纪案件,所以监察机关移送职务犯罪案件数量也相应减少。三是试点地区监察机关成立初期,各项组织机构的功能未能充分发挥,监察机关查办职务犯罪案件的能力和办案效率有待提高。四是试点地区监察机关在办案过程中的某些做法,构成对职务犯罪案件的分流,使得移送司法机关的职务犯罪案件数量大幅度减少。

理论上讲,以上四个方面的因素都可以导致职务犯罪案件移送数量的下降。但经过进一步分析发现,前三个因素并不成立。首先,职务犯罪案件具有高度隐蔽性,案件本身通常具有无直接被害人、无物理意义上的现场等特征,[1]往往是犯罪行为实施后经过较长的时期才被发现,实践中试点地区监察机关办理的职务犯罪案件也多为"陈年旧案",[2]监察体制改革形成的威慑力

---

① 参见刘忠:《读解双规侦查技术视域内的反贪非正式程序》,载《中外法学》2014 年第 1 期。

② 以 2018 年上半年浙江省各级纪委监察委查处违反中央八项规定精神行为为例,违纪行为发生在 2018 年上半年的仅有 85 起,占比 13.8%。其余违纪行为发生时间分别是 2013 年 113 起,占比 18.3%;2014 年 77 起,占比 12.5%;2015 年 79 起,占比 12.8%;2016 年 101 起,占比 16.4%;2017 年 162 起,占比 26.2%。数据来源自浙江省纪委省监委网站 http://www.zjsjw.gov.cn/ch112/system/2018/08/01/031049306.shtml,2018 年 8 月 22 日访问。

未能溯及改革之前的职务犯罪行为的发生。其次,根据实证犯罪学的"犯罪饱和理论",一定时期内犯罪的数量与环境的比例是整体不变的,犯罪的周期性变化主要受社会环境影响。[①] 监察体制改革前职务犯罪产生的社会环境,在同一区域内的具有高度相似性,职务犯罪的产生和发展趋势也应大体一致,试点地区相近省份的司法机关同期查办职务犯罪案件(犯罪嫌疑人)数量基本保持平稳即是佐证。最后,新成立的监察机关与纪委合署办公,不仅具有中央强有力支持、党的机构的身份等优势,而且调查权力覆盖违纪、职务违法和涉嫌职务犯罪,权力行使不受刑事诉讼程序的限制,并且可以调动其他力量。[②] 可以说,相对于检察机关,监察机关查处职务犯罪案件的能力得到极大提升,在打击腐败的效果方面"宛如猛虎出柙",延续了近年来纪委掀起的"廉政风暴"的强劲势头。也正是基此,"试点工作取得明显成效,加强了各级党委对反腐败斗争的领导,优化了反腐败体制机制,确保惩治腐败力度不减。"[③] 至此,监察机关在办案过程中对职务犯罪案件进行了分流,致使职务犯罪案件移送数量锐减成为"唯一嫌疑"。那么导致监察机关如此作为的深层诱因何在? 这个问题也不容回避。

二、深层探究:案件为何得以分流

(一)"收支两条线"制度下的涉案财物移送策略

职务犯罪案件的办理基本上都会涉及涉案财物的处置问题,尤其在涉案

---

① "犯罪饱和理论"代表人物恩里克·菲利认为,犯罪产生的原因在于人类学因素(生理及心理因素)、自然因素和社会因素的相互作用和结合。其中社会因素是影响犯罪周期性变化的主要原因。参见[意]恩里克·菲利:《实证派犯罪学》,郭建安译,中国人民公安大学出版社2004年版,第151—170页。

② 参见张建伟:《法律正当程序视野下的新监察制度》,载《环球法律评论》2017年第2期。

③ 赵乐际:《以习近平新时代中国特色社会主义思想为指导 坚定不移落实党的十九大全面从严治党战略部署——在中国共产党第十九届中央纪律检查委员会第二次全体会议上的工作报告》,资料来源于新华网 http://www.xinhuanet.com/2018-02/12/c_1122410308.htm,2018年8月23日访问。

财物价值几何式增长①和我国刑事案件涉案财物管理体制不健全的背景下，依法处理涉案财物往往成为办案机关无法回避的敏感话题。在国家监察体制改革之前，刑事案件涉案财物的管理并不完善，公检法三机关对于涉案财物的管理呈"流水线"管理模式，三机关在各自管辖的阶段对涉案财物具有较大的自由权限。虽然《中国共产党纪律检查机关监督执纪工作规则（试行）》和《监察法》对纪委和监察机关办理案件涉案财物的处理进行了明确规定，强调属于涉嫌犯罪所得的，应随案移送司法机关依法处理；属于违纪、违法所得的，分别由纪委和监察机关依法收缴，上缴国库。② 但具体的实施保障机制并未明确，缺乏对纪委和监察机关移送涉案财物的有效监督。故刑事司法实践过程中出现的涉案财物移送乱象，③在监察机关办案实践中同样有出现的可能。即使在国家对于监察工作经费支持力度大幅度增加的情况下，也不能彻底消除对监察机关不按照法律规定移送涉案财物的合理怀疑。

在实践操作层面，不移送涉案财物的方法有多种，但通过改变案件的性质，将职务犯罪案件按照违反党纪政纪、职务违法案件处理，再通过"收支两条线"的规定实现办案经费的增加无疑是最为隐蔽又安全的方法。按照规定，监察机关办理的违法案件的涉案财物需要上缴国库，但我国纪检监察机关早在20世纪末就开始实行"收支两条线"制度。④ 在此之后，"收支两条线"一

① 职务犯罪案件涉案财物金额巨大，全国检察机关2013年至2017年立案侦查职务犯罪"为国家挽回经济损失553亿余元"。参见曹建明：《最高人民检察院工作报告——2018年3月9日在第十三届全国人民代表大会第一次会议上》，载《检察日报》2018年3月26日第02版。

② 《中国共产党纪律检查机关监督执纪工作规则（试行）》第43条规定："对被审查人违纪所得款物，应当依规依纪予以没收、追缴、责令退赔或者登记上交。对涉嫌犯罪所得款物，应当随案移送司法机关。"《监察法》第46条规定："监察机关经调查，对违法取得的财物，依法予以没收、追缴或者责令退赔；对涉嫌犯罪取得的财物，应当随案移送人民检察院"。

③ 办案机关囿于部门利益不愿或不及时移送涉案款项和贵重财物，以查扣的赃款赃物来弥补经费缺口。参见葛琳：《刑事涉案财物管理制度改革》，载《国家检察官学院学报》2016年第6期。

④ 参见中共中央纪委、监察部于1998年8月25日印发的《关于纪检监察机关加强对没收追缴违纪违法款物管理的通知》。

直施行于纪检监察领域。① 根据"收支两条线"的规定以及财政经费的拨付实践，监察机关上缴国库的财物数额越多，财政分拨的经费也会相应增加。所以，为了获得更多的经费支持，地方监察机关可能将涉嫌职务犯罪案件按照违纪、职务违法案件处理而不通过正常程序向司法机关移送。

（二）集体决策的权力运行机制

《监察法》赋予了监察机关对于职务犯罪的调查权。从权力继受的角度看，监察机关的调查权演变自检察机关的职务犯罪侦查权，但从目前的实践探索来看，监察机关在有意忽略对检察机关行使多年的职务犯罪侦查权运行模式的借鉴，监察机关办案权的内部运行方式展现出较强的行政化色彩。以山西省为例，山西省监察委将监察职能分为案件监督管理、执纪监督、执纪审查和案件审理等四种职能。其中，案件监督管理职能主要是收集并分流各类问题线索，执纪监督职能是对问题线索提出处置意见，执纪审查职能是查明案件事实，案件审理职能负责审核决定案件办理结果。在这样的案件流转过程中，职务犯罪案件的办理要经手案件监督管理室、执纪监督室、执纪审查（调查）室和案件审理室等四个内设机构（见图 8-4）。而在这一过程中，监察机关的行政式集体会议决策发挥着极为重要的作用。

为便于理解，笔者将山西省纪委监察委办理案件过程中的各种会议分为三类：第一类是内设机构的内部会议，如执纪监督室的问题线索处置研判会议；第二类是某项职能工作的专题会议，如执纪监督专题会议、执纪审查专题会议、案件审理协调会，分别讨论研究各自职能工作中的关键事项办理事宜；

---

① 例如江西省财政厅《进一步做好基层纪检监察机关办案经费保障工作的通知》（赣财行〔2008〕55 号）规定，各地纪检监察机关在查办案件中收缴的违纪款项，在案件查结后，应按照"收支两条线"的要求，全部上缴当地财政。各级财政在安排预算时，应确保本级纪检监察机关办案支出的需要，预算执行中如有缺口，应通过一次性追加办法解决。《中共宁城县纪律检查委员会2017 年度决算公开报告》也提到在财务收支管理方面"严格实行'收支两条线'管理"。

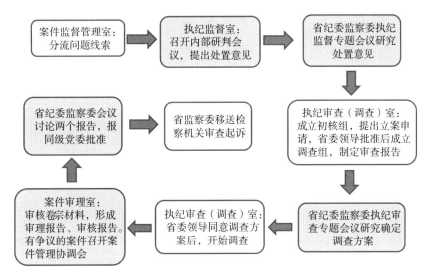

图 8-4 山西省纪委监察委查办案件流程示意图

第三类是省纪委监察委会议,研究决定案件的最终处理结果。

监察机关的行政式集体会议的作用具体表现在:一是执纪监督室内部研判会议拟定处置意见。执纪监督室收到案件监督管理室分流的问题线索后,通过召开内部研判会议拟定处置意见,处置意见分为谈话函问、初步核实、暂存待查和予以了结四种。二是省纪委监察委执纪监督专题会议决定处置意见。执纪监督室将处置意见提交省纪委监察委执纪监督专题会议研究,会议形成会议纪要,明确线索分类处置意见,其中,被列入初步核实一类的线索移交执纪审查(调查)室进一步调查。三是省纪委监察委执纪审查专题会确定调查方案。执纪审查(调查)室收到初核线索后,经初核认为涉嫌违纪违法犯罪提出立案申请,省委领导批准后,成立调查组进行调查并形成调查报告,调查报告提交至省纪委监察委执纪审查专题会讨论决定。四是案件审理协调会议审议处置意见不一致的案件。案件审理室审核卷宗等材料后,认为案件事实不清、证据不足或案件定性有重大分歧时,可以提交案件审理协调会讨论。五是省纪委监察委会议审议审理报告和审核报告。执纪审查室调查终结后将调查结果、案卷和证据材料移交案件审理室;案件审理室审理后出具审理报告和审核报告,其中,审理报告针对被审查(调查)人涉嫌违纪违法事实提出党纪处分、政务处分意见,审核报告针对被审查(调查)人涉嫌职务犯罪提出罪与非罪、此罪与彼罪以及是否移送审查起诉的处理意见。这两个报告须经过省纪委监察委会议讨论决定,并报同级党委批准。①

从上文可以看出,山西省监察委调查的职务犯罪案件从问题线索收集到移送检察机关审查起诉,至少历经四次集体会议研究(如果有争议的案件还要增加一次案件审理协调会讨论研究)。② 这四次会议研究对于案件的办理进展是必不可少的,而且是具有决定性作用,任何一次会议审议结果的否定性评价都会成为案件移送检察机关审查起诉的"阻却事由"。加之,这几类会议的大多数参会人员并非案件承办人,他们之间具有典型的科层控制特征,这无疑会进一步加剧监察机关的行政式集体会议对于移送职务犯罪案件的负面影响。不难预见,这种"层层过滤"的集体会议式的行政决策方式将会成为监察机关办理案件时基本的内部管理和权力控制模式,对职务犯罪案件能否被移送司法机关处理发挥着至关重要的关口作用。

(三)有待完善的办案责任体系

相对于经历了司法责任制改革的法官、检察官群体,监察官职业群体还处于诞生初期,监察官办案责任体系尚不完善。虽然《监察法》第14条规定了我国实行监察官制度,为依法确定监察官的等级设置、任免和晋升等制度确立

---

① 参见霍思伊:《监察体制改革:三试点省市全方位推进》,载《中国新闻周刊》2018年第9期。

② 在其他试点地区,监察机关办案过程中的集体会议决策现象同样普遍存在,只是会议存在的阶段略有不同。比如,北京市海淀区纪委监察委的做法是,有关部门发现问题线索后及时报案件监督管理室,案件监督管理室梳理汇总后提请问题排查会议,研究讨论线索的处置办法,并确定承办的审查调查部门。审查调查部门初核后经集体决策、批准后确定是否立案。参见王珍、李光:《他们这样开展执纪监督和审查调查——各省区市推进监察体制改革试点工作扫描之三》,载《中国纪检监察报》2018年1月7日第5版。

了法律依据。① 但目前看来,该条对于监察官制度的发展和完善仅仅是提供了目标指引,具体的实施路径还不明确。根据法官、检察官队伍建设的经验,监察官制度从初创到最终确立并完善,将会是一个涉及面广泛、牵连部门众多、时间周期较为漫长的过程。在这一过程中,监察官制度的设计者既要参考借鉴法官、检察官、警官制度,又要与之独立并体现自身的特色;既要合理设置监察官的等级层次和扁平化结构,又要设计监察官的任免、考评、晋升等具体机制;既要给予监察官权责对等的工资待遇,又要考虑国家财力负担以及与其他相关队伍工资待遇的协调问题。②

正因为制度建立工程的浩繁,监察官制度的具体完善措施仍未出台,这将直接影响国家监察权的运行效率。在这一问题上,更值得关注的则是监察官办案责任制的缺失。具体表现在:一是监察机关办案主体不明确。在实际中,案件的承办主体是监察机关内设的科室,监察官并非案件的承办责任人,案件的重大决策由行政化会议决定,集体负责制最大的隐患就是"集体负责等于没人负责",办案的责任和压力不能直接传导为监察官的责任和动力。③ 二是监察官的职责和权力未明确。监察官作为监察机关的基本构成单元,对监察官明确的权力赋予和职责划定是确保监察权有效运行的关键,但是目前关于监察官的具体职责和权力范围的规定付之阙如。三是监察机关内部的追责机制不明确。《监察法》对于监察官责任追究采取了概括式立法的方式,偏重于禁止性行为的列举,但对于关键的办案责任如何认定、如何追究并未涉及,无法保障对监察官进行公平合理的责任追究,更遑论以完善的追责机制推动监察机关办案质量和效率的提升。总之,监察机关办案责任体系的不完善,未能给监察官办案提供

---

① 《监察法》第 14 条规定:"国家实行监察官制度,依法确定监察官的等级设置、任免、考评和晋升等制度"。

② 参见《监察法释义:第十四条 国家实行监察官制度,依法确定监察官的等级设置、任免、考评和晋升等制度》,载《中国纪检监察报》2018 年 4 月 8 日第 2 版。

③ 笔者访谈过一些从检察机关转隶到监察机关的监察官,大多受访者表示相对于在检察机关工作时期的任务压力,监察机关的整体工作节奏要慢一些,感觉没有以前那么忙。

足够的授权空间和压力传导,存在监察官消极怠工、效率低下的现实可能。

(四)机关属性的政治定位

经过改革,监察机关整合了行政监察、职务犯罪侦查以及预防腐败等方面的职能,并与党的纪律检查委员会合署办公。职能的"多合一"与机构的"二合一",使得监察机关"所进行的监督、调查和处置等职权具有了同步性和同质性",针对职务犯罪的调查也"同时具有了党纪调查、政纪调查和刑事调查的性质。"①不同性质的权力对于监察机关的影响存在大小差异,党纪调查、政纪调查对监察机关的影响更为突出,赋予了监察机关浓郁的政治属性。在官方主流媒体的表述中,也明确强调监察机关的政治属性,要求将政治属性作为监察机关的第一属性。② 受此影响,在实践中,监察机关展现出较强的政治性,具体体现在以下方面。

首先,监察机关的具体工作接受同级党委的审核批准。同样以山西省为例,在案件(问题线索)办理流转过程中重要环节,山西省监察委需要将办理意见报省委批准,省委批准后案件(问题线索)办理才可以继续进行。一是在立案环节,省委审核批准立案。执纪审查(调查)室初核结束后认定涉嫌违纪违法犯罪,向省委提出立案申请,省委同意后才能予以立案。二是在调查环节,省委审核批准调查方案。调查组拟定对被调查对象采取的措施、谈话方案、外部调查方案、安全方案和防逃方案等,经省纪委监委执纪审查专题会讨论确定后,还需报省委审核批准。三是在审核把关环节,省委审核批准案件处理结果。案件审理室拟定的审理报告和审核报告经省纪委监察委会会议讨论

---

① 陈瑞华:《论监察委员会的调查权》,载《中国政法大学学报》2018 年第 4 期。
② 新华社发文中进一步"明确监察委员会实质上就是反腐败工作机构,和纪委合署办公,代表党和国家行使监督权,是政治机关,不是行政机关、司法机关。在履行监督、调查、处置职责过程中,始终坚持把讲政治放在首位"。参见《积极探索实践 形成宝贵经验 国家监察体制改革试点取得实效——国家监察体制改革试点工作综述》,资料来源于新华网 http://www.xinhuanet.com/2017-11/05/c_1121908387.htm,2018 年 8 月 25 日访问。

通过后,需要报省委审批。

其次,监察机关和纪委在实践中高度融合。纪委是党的机构,监察机关是国家机构,但由于合署办公,二者之间相互交融密不可分。一是从监察机关领导任职情况来看,监察机关领导多由纪委领导兼任。以省级监察委为例,各省级监察委主任和副主任分别由各省(区、市)纪委书记、纪委副书记兼任,监察委委员也主要由纪委常委兼任。① 二是在内设机构设置上,纪委监察委的机构设置与之前纪委的机构设置大同小异,监察机关和纪委的职能工作都由各个内设机构具体承担,在问题线索的处理过程中监察权力和纪委权力相互交织。三是纪委的工作要求同样适用于各级监察机关。其中,对于移送职务犯罪案件影响最大的莫过于"四种形态"的要求。② 多部党内法规先后对此进行了明确。③ 在当前的治理体制下,"四种形态"提出后不仅立即在我国打击和预防职务犯罪领域产生了重大影响,④也影响了纪委监察委内部的权力配置,⑤成为监察机关实际工作的"重要遵循"。笔者认为,"四种形态"既是完善并加强党员干部监督的方法论,以尽快遏制职务犯罪案件的高发态势,也是追求给予违纪违法的党员干部监督处分措施呈由轻到重的"倒金字塔"分布

---

① 参见《全国各省区市纪委监委领导一览表》,资料来源于中共中央纪律检查委员会、中华人民共和国国家监察委员会官方网站 http://www.ccdi.gov.cn/toutu/201802/t20180211_163850.html,2018 年 8 月 25 日访问。

② "四种形态"是由 2015 年 9 月时任中共中央纪委书记的王岐山在福建调研时提出,《中国共产党党内监督条例》进一步将"四种形态"明确为:经常开展批评和自我批评、约谈函询,让"红红脸、出出汗"成为常态;党纪轻处分、组织调整成为违纪处理的大多数;党纪重处分、重大职务调整的成为少数;严重违纪涉嫌违法立案审查的成为极少数。

③ 2016 年以来制定或修订的《中国共产党党内监督条例》《中国共产党纪律检查机关监督执纪工作规则(试行)》《中国共产党章程》《中国共产党纪律处分条例》都明确将"四种形态"作为执纪监督的要求。

④ 前文介绍的山西、浙江、江苏、广东、天津等地检察机关 2016 年查办职务犯罪案件数量均出现不同程度的下降,即是例证。

⑤ 虽然表面看来纪检监察机构是各级纪检监察委的重要组成部分,但是在"工作力量进一步向执纪监督一线倾斜"的要求下,纪委监察委的主要力量是投放在执纪监督机构,如山东省纪委监察委内设 8 个执纪监督室、4 个执纪审查(调查)室,山西省纪委监察委内设 8 个执纪监督室、3 个执纪审查(调查)室。执纪监督更侧重于"四种形态"中的前两种。

的理想状态,冀望通过全面体系化的监督执纪避免党员干部成为严重违纪违法立案审查的对象。客观来看,职务犯罪现象的彻底扭转绝非易事,实现"四种形态"的递减分布绝非"朝夕之功",故当前实践"四种形态"还应以之作为"方法"最为适宜。但是,在"方法"与"目标"混沌不清的状态下,"目标"的尽快实现对于监察机关更具有吸引力,这会诱使监察机关在办案过程中有意通过用较轻的政务处分代替刑事处罚,以控制职务犯罪案件的移送数量。比如,近年来全国纪检监察机关查处违反八项规定给予党纪政纪处分(政务处分)人数总体上升势头不减,2015 年至 2018 年涨幅分别是 43.67%、25.03%、17.9%和 27.78%。① 在强调"四种形态"递减分布的目标指导和业绩观引导下,本应进入司法程序的职务犯罪案件通过会议决策和领导审批被消释在监察机关的调查程序中也就不足为奇。

第三节　监察机关调查权程序性控制机制的完善举措

对于当前监察权力运行可能存在的法治困境问题,理论界已提出了诸多"确保监察委员会调查权在法治轨道上有序运转"的改进建议。② 笔者认为,

---

① 近五年来,我国纪检监察机关查处违反八项规定给予党纪政纪处分(政务处分)的人数分别是 2014 年 23646 人、2015 年 33966 人、2016 年 42466 人、2017 年 50069 人和 2018 年(截止 7月 31 日)31130 人。其中,2018 年的涨幅是与上年度同期相比。资料来源于中共中央纪律检查委员会、中华人民共和国国家监察委员会官方网站 http://www.ccdi.gov.cn/jdbg/sfjds/jsfxc/201712/t20171230_159831.html、http://www.ccdi.gov.cn/special/jdbg3/imgnews_jdbg3/201809/t20180903_179019.html,2018 年 8 月 25 日访问。

② 参见刘艳红:《监察委员会调查权运作的双重困境及其法治路径》,载《法学论坛》2017年第 6 期。这方面的论述还有陈光中、邵俊:《我国监察体制改革若干问题思考》,载《中国法学》2017 年第 4 期;卞建林:《监察机关办案程序初探》,载《法律科学》2017 年第 6 期;龙宗智:《监察与司法协调衔接的法规范分析》,载《政治与法律》2018 年第 1 期;左卫民、安琪:《监察委员会调查权:性质、行使与规制的审思》,载《武汉大学学报(哲学社会科学版)》2018 年第 1 期;陈卫东:《职务犯罪监察调查程序若干问题研究》,载《政治与法律》2018 年第 1 期。

任何一项改革以及对于改革的完善措施都必须植根于中国的特定语境,成功的改革举措必须得到国家层面的支持,也要获得社会层面的认可。国家为"保持惩治腐败高压态势"而成立监察机关,在强化打击腐败犯罪力度的同时,弱化了对于被调查(审查)人的权利保障以及司法权力对于监察权力的制衡的做法虽然饱受法学界的异议,但在国家层面和社会层面,执政的政治实体和社会公众都表露出空前一致的积极认可,表现出对于改革措施"瑕不掩瑜"的高度包容和大度理解。有感于此,笔者认为当前阶段对于监察机关移送职务犯罪案件的完善建议也应遵从中国的现状,在被接受允许的空间内按照"由点及面、由里到外"的策略,先推行近期能够获得支持的解决之道,并以之为基础塑造国家监察体制改革远期完善的可行之路,以实现国家监察权运行的法治化。

一、近期之道：监察权内部运行的机制完善

(一)建立违纪案件和涉嫌职务犯罪案件的分流机制

当前监察实践对违反党纪政纪、职务违法和涉嫌职务犯罪的问题线索(案件)未做任何区分,统一纳入到监察调查(审查)程序。犹如通过一条生产线生产多种不同规格的产品一样,不同性质的案件具有不同的证明标准和程序要求,将之杂糅在一起会导致监察机关案件审查(调查)部门工作时面临混淆和阻碍。考虑到职务犯罪案件调查程序的启动条件和证明标准明显高于违纪案件,笔者认为应在纪委监察委内部①建立违反党纪政纪案件和职务违法、涉嫌职务犯罪案件的分流机制,②将案件线索分为两个审查(调查)程序,并配之必要的辅助性措施。

---

① 由于案件分流涉及违反党纪案件,此类案件是由纪委负责,所以这里使用了纪委监察委的表述。

② 为便于操作,普通的职务违法案件也应统一纳入涉嫌职务犯罪案件的办理流程中。

　　首先,在问题线索的梳理分析阶段将违反党纪政纪案件和涉嫌职务犯罪案件进行分流。其中,对于涉嫌职务犯罪案件线索分流应采取严格标准,凡可能构成职务犯罪的案件线索必须分入监察机关的职务犯罪案件办理程序。对于职务违法的案件线索,考虑到违法行为和犯罪行为的模糊性和难分辨性,故也应纳入职务犯罪案件办理程序。职务违法行为人和职务犯罪嫌疑人的党纪、政纪调查也一起并到职务犯罪案件办理程序。当然,这种分流并非绝对不变,如果随着审查(调查)工作的进行,发现案件应归入另一办案程序的,可以进行转换,但应履行严格的审批程序,以防肆意转换程序。同时,也应配套必要的分流监督机制,强化对负责问题线索分流的监察官的监督和责任追究。其次,涉嫌职务犯罪案件的调查程序应严格参照刑事侦查程序,证据的收集规范、案件事实的证明标准等要主动向刑事程序法的要求"看齐",以便于移送司法机关时的"无缝对接"。最后,成立职务犯罪案件调查组织,专职负责职务犯罪和职务违法案件的调查。从可行性的角度,目前可以考虑在案件审查(调查)室组建若干职务犯罪案件调查组,专门负责职务违法和职务犯罪案件的调查。待时机成熟时,将案件审查(调查)机构分为并行的纪律调查机构和刑事调查机构,由纪律审查机构行使党纪、政纪调查权,刑事调查机构行使刑事调查权。[1]

(二)明确监察官办案责任制

　　伴随着国家监察体制改革的全面推进,监察官成为国家工作人员队伍中的新生群体。监察官作为监察机关职能工作的具体执行者,对于监察权力的运行具有重要意义。当前监察官队伍建设正处于起步阶段,监察官的任职、晋升、薪酬等方面的具体制度还在研究中。从长远发展来看,建立监察官办案责任制,充分赋予监察官办案职权、明确监察官的办案责任应是监察官队伍建设

---

　　[1]　参见陈瑞华:《论监察委员会的调查权》,载《中国人民大学学报》2018年第4期。

的必然趋势。由于与检察官、法官群体高度的相似性,监察官队伍建设应充分借鉴检察官、法官队伍建设的经验和教训,尤其注意汲取司法责任制改革的宝贵经验。

　　明确监察官办案责任制的目的是,在监察机关内部,通过逐步认可并树立监察官办案的主体地位,进一步规范监察机关内部权力运行,并为远期的司法机关介入监察程序做好铺垫。主要的措施有两个:一是明确监察官的职权范围,充分赋予监察官在职权范围内办理案件的独立自主权。当前监察机关办案是以部门科室为办案主体,监察官个体对于案件的办理并无作出决定的权限。为避免集体办案负责制的潜在危害,应对监察官进行合理且必要的授权,科学制定各级监察官的权力清单,明确不同职级监察官的职权范围,并确保监察官在各自职权范围内独立自主地行使职权。由于监察机关在组织结构上呈较强一体化的特征,可以将立案、采取留置措施等重大事项的决定权交由高级监察官(监察委主任较为适宜),以实现监察官自主办案和监察机关的领导监督约束监察官办案的有机融合。在监察官办案责任制实施初期,也可以设置 1 至 3 年的过渡时期,过渡期内的重大事项的决策仍由监察机关集体会议决定。二是明确监察官的责任承担,实现权责的统一。"权力在运作过程中,必须以其相应的责任为基本保证。责任为权力设立了一种合理的界限,使权力的运作成为主体所施发的一种具有负责精神的行为过程,一旦这种界限被突破之后,就成为一种义务追加的依据,没有责任的权力就是一种被滥用的权力,就是权力的腐败。"[1]赋予监察官权力的同时,应尊重权力运行的规律和理性,构建完善合理的监察官问责体系。具体包括监察案件错案认定和追责启动机制、办案责任的合理划分、具体责任承担及豁免、惩戒措施体系及适用机制等方面,确保通过必要的责任压力督促监察官提高办案责任心和办案能力,合法有效地运用手中的监察权。同

---

　　① 刘金国:《权力腐败的法律制约》,载《中国法学》2000 年第 1 期。

时,追责压力的大小也应该控制在适度范围,避免给监察官办案产生不合理的压力负担。

二、远期之途:监察权外部制约的规范与加强

(一)规范党委(纪委)对于监察机关的影响方式

立法者通过把检察机关的侦查职务犯罪能力转移到监察机关,再实行监察机关和纪委合署办公的机构设置,巧妙地将国家职务犯罪侦查能力予以保存,并与纪委较强的问题线索收集能力予以结合,形成了监督对象全覆盖、问题线索来源广泛、查处力度强劲的打击职务犯罪新局面。笔者坚决拥护党中央严厉打击贪污腐败行为的重大决策,高度赞成当前打击贪污腐败的一系列举措,但认为具体措施的实施应根据实际情形的变化而及时调整。我国当前的监察权力运行的重心在于迅速遏制贪污腐败行为的高发态势,而权力之间的制衡和被调查人的权利保护处于相对的边缘位置。随着监察权力的运行,职务犯罪案件发案率明显下降后,反腐的重心应转移至"法治反腐",立法者应加重对于监察权制约和对被审查(调查)人的权利保障的砝码,及时调整失衡的法益天平。而这其中,规范党委(纪委)对于监察机关的影响方式具有关键性意义。

首先,必须认清和承认的是,党委(纪委)对于监察机关的影响将长期存在是必须面对的现实和未来趋势,监察机关在党建等方面要接受党委的领导,在案件办理方面也需要党委的支持,决不能脱离党的领导。其次,党委(纪委)对于监察机关办理案件的影响应偏重于监督性影响,而非干预性影响。党委(纪委)对监察机关办理职务犯罪案件的影响应遵循"终端把控、逆向审批、正向监督"的原则。"终端把控"是指党委(纪委)对于监察机关案件办理结果进行审核,形成终结性结果把控,以统一监察机关查办案件的适用标准和结案方式。由党委(纪委)审核结果的案件范围不宜过广,可以由省级党委

（纪委）针对省部级以上党员干部的涉嫌职务犯罪案件和具有重大影响的、社会广泛关注的案件进行审核，其他级别公职人员的案件可由相应级别的监察机关全权处理。党委（纪委）不同意案件处理结果的，不能直接更改处理结果，而应退回至监察机关重新调查。这样就将特殊案件办理的法律责任落实给监察机关，而将政治责任赋予党委，可以避免党委直接审批案件带来的责任界限不清晰的问题。① "逆向审批"是指党委（纪委）对于监察机关办理案件的程序倒流及中止情况进行审批，具体包括案件撤销立案、终止调查程序、不移送审查起诉、违纪案件和涉嫌职务犯罪案件调查程序的相互转换等特殊情形，保证监察机关案件办理的公正性和合法性。"正向监督"是党委（纪委）不直接监督具体案件的办理，对于正常的案件办理流转过程只进行间接监督，主要方式是接受被审查（调查）人及其近亲属控告申诉、社会举报等。

（二）允许司法机关适度参与监察程序

欲达到监察权力规范运行的理想状态，外界力量的监督制约必不可少，而司法权则无疑是最适合的"角色担当"。对于这一命题，学界已有诸多不乏建设性的论述，中央高层也指出了监察机关与司法机关应形成相互配合又相互制约的体制机制。② 笔者认为，司法权实现对监察权进行实质性制衡必定是一个长期的过程，当前阶段并不具备一蹴而就的现实条件，只有在上述三项完善措施得到较好实施后，司法权制衡监察权的阻力才会被削弱，实施的过程才

---

① 参见龙宗智：《监察与司法协调衔接的法规范分析》，载《政治与法律》2018 年第 1 期。

② 中纪委书记赵乐际在十九届中纪委第二次全体会议上的工作报告中指出，要"加强监察机关与审判机关、检察机关、执法部门的工作衔接，形成既相互配合又相互制约的体制机制"。参见赵乐际：《以习近平新时代中国特色社会主义思想为指导 坚定不移落实党的十九大全面从严治党战略部署——在中国共产党第十九届中央纪律检查委员会第二次全体会议上的工作报告》，资料来源于新华网 http://www.xinhuanet.com/2018-02/12/c_1122410308.htm，2018 年 8 月 23 日访问。

会更加顺畅。

司法机关适度参与监察程序,是司法权制衡监察权的重要手段。鉴于职务犯罪案件往往具有调查取证难的特点,监察机关应被赋予更大权限,即不能完全以普通刑事案件中司法机关对侦查活动的制约作为标准,而应当采取相对有限、事中或事后的司法参与方式。① 同时,必须明确的前提是,司法机关对监察程序的参与必须保持在我国宪法所设定的在办理职务违法和职务犯罪案件领域中监察机关与法院、检察机关"互相配合,互相制约"的关系框架内。具而言之,司法参与的目标对象仅限于涉嫌职务犯罪的案件和办理案件的监察官,不涉及党纪处分、政务处分案件,更不涉及监察机关整体及其他方面的工作职能。这样一来,司法权对于监察权的制衡就具化为对"事"的监督和对"人"的监督两类。② 对"事"的监督是指,对于监察机关办理的职务犯罪案件的具体情况,检察机关和法院必要时可以进行程序性监督和程序性制裁,具体包括立案监督、调查监督、审查起诉监督和非法证据排除等。对"人"的监督是指,检察机关对于监察官在办理职务犯罪案件过程中可能存在的渎职行为,如徇私枉法、对被调查人实行刑讯逼供或者使用暴力逼取证人证言、违法处置被查封、扣押、冻结的款物等,有权进行调查核实。涉嫌构成犯罪的,检察机关应该予以立案侦查。

如何开展上述司法机关对于"事"和"人"的监督?在检察监督方面,一是检察机关发现案件办理有违反法律规定或监察官涉嫌渎职,认为应当调查核实的,由检察长批准,委托监察机关进行调查;监察机关及时将调查结果反馈

---

① 参见左卫民、安琪:《监察委员会调查权:性质、行使与规制的审思》,载《武汉大学学报(哲学社会科学版)》2018 年第 1 期。

② 强化对于监察机关办案的监督在现阶段也确有必要。有学者就曾指出部分职务犯罪案件的办理质量堪忧,尤其是贿赂犯罪案件在程序的展开、证据的取得、事实的认定等方面"出现了一些不容忽视的问题,有些问题还较为严重"。参见龙宗智:《论贿赂犯罪证据的客观化审查机制》,载《政法论坛》2017 年第 3 期。

至检察机关；必要时，检察机关可以与监察机关共同进行调查；①二是明确将监察机关办理的职务犯罪案件纳入非法证据排除规则的适用范围，检察机关在审查批准逮捕和审查起诉时可以对非法证据予以排除。在法院监督方面，法院应充分发挥法庭审理的决定性作用，严把非法证据排除的最后关口，检察机关应对职务犯罪调查过程中证据收集的合法性负有证明责任，证明的方法包括出示监察机关的讯问笔录、播放留置期间的录音录像等，必要时可以要求承办案件的监察官出庭说明情况。② 随着改进措施的深入进行，应逐渐扩大检察机关、法院参与监察程序的权限，限制监察机关对于司法机关介入的影响，最终实现司法机关独立自主地决定介入监察程序，并在职务犯罪案件调查和监察官渎职行为方面进行实质性的监督约束。

此外，还有颇受学界关注的辩护律师介入监察程序的问题。诚然，维护被调查人获得律师帮助的权利也应是国家监察体制改革后期必须完善的重点议题，但是在司法机关介入监察程序尚未得到立法确认的情况下，律师介入监察机关对于职务犯罪案件调查程序的制度与机制建构问题虽然值得期待和呼吁，但要落到实处应该会是有待时日。所以，对于律师介入监察程序的完善建议将是另一个值得探讨的话题，此处不做过多的讨论。

（三）小结

国家监察体制改革是对国家权力的重新配置，新设的监察权打破了之前均衡的国家权力配置格局，引起国家各项权力之间新一轮的协调融合。从历

---

① 　这种做法在检察机关调查国家安全机关工作人员渎职行为过程中已经存在。最高人民法院、最高人民检察院、公安部、国家安全部、司法部《关于对司法工作人员在诉讼活动中的渎职行为加强法律监督的若干规定（试行）》第 5 条规定："人民检察院认为需要核实国家安全机关工作人员在诉讼活动中的渎职行为的，应当报经检察长批准，委托国家安全机关进行调查。国家安全机关应当及时将调查结果反馈人民检察院。必要时，人民检察院可以会同国家安全机关共同进行调查。对于公安机关工作人员办理危害国家安全犯罪案件中渎职行为的调查，比照前款规定执行。"

② 　参见陈光中、邵俊：《我国监察体制改革若干问题思考》，载《中国法学》2017 年第 4 期。

史经验来看,国家权力配置的新均衡局面绝非短时间内所能形成,必将经历激烈的权力博弈,发展的过程注定是反复和曲折的螺旋式发展。欲推动这一发展进程必须对客观存在的背景和现实环境有清楚且深刻的认知,即对于属性更接近于行政权的监察权,其机构载体的纪委和监察机关的"二合一"结构以及调查权蕴含党纪调查、政纪调查、刑事侦查等性质的"三合一"特征,契合了当前我国国家权力所置身的语境要求,满足了迅速遏制腐败犯罪高发态势的客观需要和社会公众要求打击贪污腐败行为的主观需求。这些背景性因素的存在,为当前阶段监察权游离于司法权的制衡之外以及被调查人权利保障的被淡化提供了一定的合理性解释,而且支撑这一合理性解释的背景性因素短期内不会弱化。

基于此,笔者认为学界对于国家监察体制改革的研究不能回避上述事实,在我国现行法律体制和治理体系上谋求监察权规范运行的立竿见影效果,是短期内无法实现的"诗与远方"。故笔者提出国家监察体制改革的后期完善,应采取"由点及面、由里到外"的改进策略,以开拓改革完善路径,最大限度减少改革阻力。即以监察权力运行的细小方面为视角,以监察机关内部机制改革为切入点,推广至对于监察权力运行的内在规范和外界制约的完善,以求能在现行体制允许的空间内为监察权力运行的规范化、法治化提供有益的见解。

责任编辑:茅友生

封面设计:胡欣欣

图书在版编目(CIP)数据

我国侦查权程序性控制研究/詹建红,崔玮 著. —北京:人民出版社,2021.9

ISBN 978－7－01－023364－2

Ⅰ.①我… Ⅱ.①詹… ②崔… Ⅲ.①刑事侦查-研究-中国 Ⅳ.①D918

中国版本图书馆 CIP 数据核字(2021)第 077275 号

我国侦查权程序性控制研究

WOGUO ZHENCHAQUAN CHENGXUXING KONGZHI YANJIU

詹建红　崔　玮　著

人 民 出 版 社 出版发行

(100706　北京市东城区隆福寺街 99 号)

北京中科印刷有限公司印刷　新华书店经销

2021 年 9 月第 1 版　2021 年 9 月北京第 1 次印刷

开本:710 毫米×1000 毫米 1/16　印张:18

字数:315 千字　印数:0,001-5,000 册

ISBN 978－7－01－023364－2　定价:88.00 元

邮购地址 100706　北京市东城区隆福寺街 99 号

人民东方图书销售中心　电话 (010)65250042　65289539